湖南省金融创新特色产业园支持计划

湖南省高校科技创新团队支持计划

湖南省普通高等学校哲学社会科学重点研究基地支持计划

北京市教育委员会项目"北京市P2P网贷平台风险评级与防范策略研究"支持

P2P 网贷基金

杨　立　主编

中国金融出版社

责任编辑：吕　楠
责任校对：孙　蕊
责任印制：丁淮宾

图书在版编目（CIP）数据

P2P 网贷基金（P2P Wangdai Jijin）/杨立主编. —北京：中国金融出版社，2016.1
ISBN 978 - 7 - 5049 - 8289 - 6

Ⅰ.①P…　Ⅱ.①杨…　Ⅲ.①互联网络—应用—借贷—研究
Ⅳ.①F830.49

中国版本图书馆 CIP 数据核字（2016）第 003628 号

出版
发行　**中国金融出版社**

社址　北京市丰台区益泽路 2 号
市场开发部　（010)63266347，63805472，63439533（传真）
网 上 书 店　http：//www.chinafph.com
　　　　　　（010)63286832，63365686（传真）
读者服务部　（010)66070833，62568380
邮编　100071
经销　新华书店
印刷　北京市松源印刷有限公司
尺寸　169 毫米×239 毫米
印张　20
字数　269 千
版次　2016 年 1 月第 1 版
印次　2016 年 1 月第 1 次印刷
定价　48.00 元
ISBN 978 - 7 - 5049 - 8289 - 6/F.7849
如出现印装错误本社负责调换　联系电话（010)63263947

编　委　会

自　序

融资难、融资贵一直是媒体、政府、实体企业等热议的话题，而另一方面，广大投资者投资渠道有限，集中在房产、银行存款等渠道，造就了不断推高的房地产黄金十年。政府、银行以及企业做了很多尝试和探索，直到 2013 年余额宝的推出，该产品发布仅一个月时，其资金规模已超过百亿元，远超银行存款利益的收益以及低门槛的优势使周围的人群纷纷都将银行存款提出来放进余额宝，人们开始发现，金融遇上互联网会产生神奇的"化学反应"。

彼时，互联网技术的普及，作为金融行业底层基础的第三方支付技术、征信技术取得了重大发展，这使得互联网金融快速普及推广成为可能，移动支付、网络支付解决了资金快速流转的问题，征信技术解决了借贷双方的信用评价问题；同时，在大数据、云计算等互联网技术的支撑下，反过来为互联网金融行业支付、征信等环节提供了更有效的解决方案，在互联网的放大效应下，人们看到了解决融资、投资两难困境的一种方案——P2P 网络借贷。

所以，2013 年下半年，互联网金融的春天来了。从 2007 年拍拍贷上线开始以来到 2012 年底 P2P 平台数量才 200 余家，处于缓慢增长态势；2013 年之后，行业迎来了爆发性的增长，一个月上线平台的数量比过去一年还要多，截至 2015 年 10 月平台发展数量已达 3500 余家，累计投资额已超万亿元人民币。所以，P2P 网络借贷，给我们的中小微企业以及个人带来了很大的改变。

出于研究小额信贷市场的需要，我从 2009 年开始接触 P2P，迄今已经将近 6 年，见证了 2011 年平安建立陆金所、2013 年余额宝的推出、2014 年 Lending Club 的上市，以及整个 P2P 行业的起起伏伏。作为行业发展的观察者和研究者，我为行业的快速发展感到由衷的高兴，也对其快速发展中出现的问题感到深深的担忧。在行业野蛮成长背景下，平台跑路、诈骗等问题层出不穷，很多平台流动性、风险控制、运营模式等方面存在重大漏洞，而这些问题产生的后果均由广大投资者承担。这一个个承受损失的投资者背后，是一个个家庭和梦想，他们在没有接受市场风险教育的环境下，被猝不及防地推到了中国互联网金融的这股浪潮中。

这是一个具有巨大潜力的市场，也是一个充满风险的市场。基于此，我更加坚定了对中国 P2P 网络借贷行业及风险管控进行深入研究的方向。在对国内外 P2P 平台运营模式、风控水平的长时间跟踪和研究下，结合自己多年的 P2P 借贷投资经验，我将投资 P2P 平台的上百个关注要点设计成指标，并从定性分析、定量分析等角度进行设计，最终形成 IFDC 风险控制方案，所以我的博士论文也是《基于社交网络的 P2P 借贷风险管理研究》。在对模型进行将近一年的测试及完善后，其风险已处于完全可控水平之下，我萌生了做一个网贷基金产品的想法，于是就有了今天的星火钱包。所以，星火钱包诞生、发展的根基就是对风险控制水平的不断深入，以及对行业发展的不断研究。

近一年，网贷基金行业发展很快，也出现了网贷基金有无存在价值的争议。其实，任何投资产品从长期来看必定是机构投资者参与的市场。首先，个人投资者在时间、专业以及经验等方面是存在不足的；其次，网贷基金提供了低门槛、风险分散化的投资模式，还通过"随时赎回"提高了流动性，这一模式实现了和余额宝类似的功能，收益却比余额宝高得多；最后，在对平台进行尽职调查，以及发生违约、逾期后进行追偿等方面，机构投资者拥有比个人投资者更高的谈判地位。所以，这就是网贷基金存在的意义，P2P 个人投资者参与 P2P 投资必将经历一个"再中介"的过程。

在这一年中，有的网贷基金规模呈现快速增长，经常有投资人向公司反映：想要投很多却因等级没有升上去而被限额，而同行早就放开限额投资了，这样会限制星火钱包规模的快速增长，因为互联网金融就是要尽快地把规模做上去。其实，我们是希望通过循序渐进的方式，让我们的投资人在投资等级的增长中慢慢接受风险理念与教育，对产品了解更深后再进行下一步的投资。星火钱包始终将风险控制和技术研发作为第一目标，将传播 P2P 投资理念及风险控制方法作为己任。正因为如此，我们开展了O2O 线下调研，线下调研了将近 100 家平台，在调研中邀请了感兴趣的投资者一同前往，同时将我们的调研结果编制成深度调研报告，并将其免费公布供投资者查阅。

未来 P2P 投资的核心是风控，其实更准确地说应该是风险定价。无论是银行，还是 P2P 网络借贷，都是在综合借贷主体的信用风险、市场风险和利率风险等各种情况下进行的风险定价。我们喜欢跟银行比，因为银行找了风险很低的客户，正是因为很多有风险的客户没有人做，才有了 P2P 广阔的发展空间。传统金融经过多次金融危机始终屹立不倒，互联网金融作为新生事物，还没有经过任何大型经济危机的考验，一旦危机来临，风控如果做得不好就变成裸泳了。所以，未来 P2P 的发展空间一定会壮大，但是竞争也会更加激烈，拥有核心风控能力的企业才能活到最后。也正因为如此，我相信对于投资者而言，未来也将是百花齐放的投资市场，放到更大的层面来看，2015 年，以存款保险、大额存单、注册制、大资管等改革措施实施为标志，投资者将有更多的投资渠道和投资产品，从股票到基金、从 3A 到垃圾的债券都可以投资，唯一不足的是，投资者的风险识别能力、风险教育水平还远远不能跟上风险产品的发展步伐。这也是星火钱包和这本书存在的价值——以专业化的网贷基金产品控制风险，以专业化的研究水平传播风险控制理念。

本书在星火钱包对将近 100 家 P2P 平台线下调研的实践经验上，将星火钱包 IFDC 风控体系中 31 个定性筛选指标、78 个定量分析指标、五大类线下尽调指标逐一讲解并对其进行案例解读；同时在对 P2P 平台担保法律关系、担保公司深入研究基础上，对作为 P2P 投资主流的房贷、车贷、信贷、融资租赁、保理、票据等细分资产的投资模式及风险关注点进行详细剖析；并对网贷基金的兴起过程、网贷基金产品设计方法、中外网贷基金典型案例集、网贷基金未来发展方向等进行系统总结与展望，希望与各位 P2P 个人投资者、从业者、互联网金融爱好者进行探讨交流。

本书的主要撰写人员为星火互联网金融研究院和信金研究院成员，在写作过程中得到了各位同行、投资人的大力支持，在此一并表示感谢，同时我们也恳请广大读者提出宝贵意见，为中国普惠金融的明天共同努力！

杨立

2015 年 12 月 1 日

目　　录

第一篇　网贷基金简介 ·· 1

1　网贷基金是什么 ·· 3

1.1　P2P借贷 ·· 3

1.1.1　P2P借贷是互联网与民间借贷相互作用的产物 ·········· 4

1.1.2　P2P借贷是传统金融模式的有效补充 ·················· 5

1.1.3　P2P借贷的主要问题 ······························· 7

1.2　网贷基金 ··· 10

1.2.1　网贷基金是P2P网贷行业发展衍生的必然产物 ········· 11

1.2.2　网贷基金的运作还需进一步规范 ····················· 12

1.2.3　P2P网贷去担保的大趋势将促进网贷基金发展 ·········· 14

1.2.4　网贷基金的运作模式将更加多元化 ··················· 15

1.2.5　网贷基金的发展现状及主要代表 ····················· 15

2　网贷基金如何运作 ·· 17

2.1　广义的网贷基金运作模式详解 ··························· 17

2.1.1　有限合伙模式——Prime Meridian Income Fund ········ 18

2.1.2　上市基金模式——P2P Global Ivestments Funds ········ 19

2.1.3　网贷平台涉足基金项目模式——Funding Circle ········· 19

2.2　狭义的网贷基金运作模式详解 ··························· 20

2.3　不同运作模式的比较 ··································· 23

3 网贷基金发展历程 ·································· 25

3.1 网贷基金之兴起时间线 ······················· 25

3.2 网贷基金之融资进程线 ······················· 26

3.3 网贷基金之成长发展线 ······················· 27

第二篇 网贷基金产品设计 ························ 29

4 网贷基金产品类型 ································· 31

4.1 类 ETF 基金和类 LOF 基金 ················· 31

4.2 类封闭式债券基金 ···························· 33

5 网贷基金设计要素 ································· 35

5.1 安全性要素 ·································· 35

5.2 收益性要素 ·································· 37

5.3 流动性要素 ·································· 37

6 产品运营模式 ····································· 39

6.1 从产品设计链条视角分析 ····················· 39

6.2 从资金链条视角分析 ························· 40

6.3 从信息链条视角分析 ························· 41

7 网贷基金产品设计发展方向 ······················ 43

7.1 强化资产端配置，创新结构化产品 ··············· 43

7.2 发力纵向整合，建立自控网贷资产端 ············· 44

7.3 加强投研能力，深挖风控能力 ················· 44

7.4 构建互联网金融入口端，实施流量转化 ··········· 45

7.5 创新组织形式，采用有限合伙基金 ··············· 45

第三篇 网贷基金风险控制 ························ 47

8 IFRM 网贷基金风险控制体系概述 ················ 49

8.1 IFRM 风险控制系统原理 ···················· 49

8.2　IFRM 风险控制关键要素 ……………………… 50

9　IFRM 风险控制平台精选指标体系详解 ………… 53

9.1　FOW 指标体系 ………………………………… 53

9.1.1　F 禁止类指标解析 ……………………… 55

9.1.2　O 观察类指标解析 ……………………… 60

9.1.3　W 预警类指标解析 ……………………… 64

9.2　TOS 指标体系 ………………………………… 66

9.2.1　平台基础实力 …………………………… 67

9.2.2　平台运营实力 …………………………… 80

9.2.3　安全保障实力 …………………………… 88

9.2.4　信息透明度 ……………………………… 93

9.2.5　用户体验及其他 ………………………… 99

9.3　O2O 指标体系 ………………………………… 100

9.4　DW 动态监测要素 ……………………………… 101

10　IFRM 风险控制执行系统 ……………………… 102

10.1　IFRM 执行系统简介 ………………………… 102

10.2　IFRM 两会制度 ……………………………… 103

10.2.1　评级委员会制度 ……………………… 103

10.2.2　风控质询委员会制度 ………………… 104

11　网贷基金风险控制之资产项目分析 …………… 106

11.1　P2P 平台担保分析 …………………………… 106

11.1.1　担保的法律关系 ……………………… 107

11.1.2　担保公司 ……………………………… 116

11.2　P2P 平台风险分析——业务逻辑视角 ……… 128

11.2.1　小微信贷类 …………………………… 128

11.2.2　车贷类 ………………………………… 137

11.2.3　房贷类 ………………………………… 142

    11.2.4　融资租赁类 ·· 144

    11.2.5　保理类 ·· 146

    11.2.6　票据类 ·· 150

  11.3　P2P 平台创新模式分析 ·· 161

12　当前 P2P 网贷投资八大误区 ································ 168

  12.1　误区一：网站安全认证标签，从何而来？ ············· 168

  12.2　误区二：第三方资金托管，万事大吉？ ·················· 169

  12.3　误区三：管理团队、顾问团队：看起来很美 ············· 170

  12.4　误区四：风投机构和知名合作机构：大树底下好乘凉 ··· 171

  12.5　误区五：担保，乱象纷纷如何辨识 ······················ 172

  12.6　误区六：注册资本越高越靠谱？ ·························· 173

  12.7　误区七：标的实际收益：怪我数学没学好？ ············· 175

  12.8　误区八：保险公司合作，资金 100% 保障？ ············· 176

第四篇　网贷基金投资策略 ································ 183

13　P2P 网贷评级 ·· 185

  13.1　P2P 网贷评级历程 ·· 185

  13.2　买方市场评级 ·· 187

  13.3　网贷基金动态评级 ·· 190

    13.3.1　当前网贷评级存在的问题 ···························· 190

    13.3.2　网贷基金动态评级思路 ······························ 194

    13.3.3　网贷评级的方向 ······································ 197

    13.3.4　星火互联网金融研究院评级 ························ 199

  13.4　P2P 网贷评级要素 ·· 200

14　基于评级的投资额度控制 ······························ 202

15　网贷基金流动性管理 ·································· 205

  15.1　流动性管理基本要求 ··· 205

15.2　投资端流动性管理 ·················· 207

15.3　销售端流动性管理 ·················· 209

15.4　"债权转让"的误解 ·················· 209

第五篇　中外网贷基金典型案例 ·········· 211

16　国外网贷基金案例 ·················· 213

16.1　全球首家网贷基金公司——Prime Meridian Income Fund
（US） ·················· 213

16.2　掌管 3000 亿美元资产的黑石主管加盟——Blue Elephant
Consumer Fund（US） ·················· 215

16.3　第一只全球化投资的网贷基金——Symfonie Lending Fund
（UK） ·················· 216

16.4　英国第一个上市网贷基金——Global Investments Fund ········· 218

16.5　Funding Circle、LendInvest 涉足上市基金项目 ········· 221

17　国内网贷基金案例 ·················· 222

17.1　中国网贷基金先锋：火球计划 ·········· 222

17.2　中国网贷基金运营高手：真融宝 ·········· 224

17.3　中国网贷基金风控之王：星火钱包 ·········· 227

18　小结 ·················· 232

第六篇　中国网贷基金未来展望 ·········· 233

19　网贷基金产品的三个层级 ·········· 235

19.1　第一层次——融资主体及底层权益 ·········· 235

19.2　第二层次——产品设计层 ·········· 240

19.2.1　标准资产、非标准资产与衍生工具 ········· 240

19.2.2　对非标准资产和非标准转标的再思考 ········· 242

19.2.3　权益登记、转让、抵质押对产品设计的影响 ·········· 243

19.2.4 网贷基金产品设计的深入方向 …………… 244

19.3 第三层次——交易市场层 …………………………… 245

19.3.1 增信、信用评级与产品定价 …………… 246

19.3.2 市场交易主体 ………………………… 250

19.3.3 对网贷基金在交易市场定位的不同视角 …… 254

20 未来展望 ………………………………………………… 256

20.1 产品设计的深入 …………………………………… 256

20.2 创新交易结构设计 ………………………………… 257

20.3 更加精细化的风险定价和风险管理控制 ………… 258

20.4 法律监管分析 ……………………………………… 259

附件 星火互联网金融研究院 P2P 平台风评报告案例
——可溯贷 ……………………………………… 264

第一篇　网贷基金简介

1　网贷基金是什么

2　网贷基金如何运作

3　网贷基金发展历程

1

网贷基金是什么

1.1　P2P 借贷

P2P 借贷，最初源于欧美，是英文"Peer－to－Peer Lending"的简称，其中 Peer 在英语里有"对等者"和"伙伴"的意思。2011 年 8 月 23 日发布的《中国银监会关于人人贷有关风险提示的通知》里，P2P 首次被官方翻译为"人人贷"，即个人对个人的借贷，这符合当时 P2P 借贷的业务范围。但是，随着 P2P 借贷业务的快速发展，它早已超越此范围，延伸到个人对企业、个人对政府等业务方向。鉴于此，本文将 P2P 借贷一律定义为"点对点信贷"，原因如下：一是 Peer－to－Peer 最初是计算机行业的专有名词，意指对等计算，即对等互联网概念，网络的参与者可以共享他们所拥有的一部分硬件资源，共享的资源能被其他对等节点（Peer）直接访问而无须经过中间实体①，从技术层面来说，"点对点"的译法更加符合英文原意；二是"点对点信贷"可以涵盖目前所有的 P2P 信贷业务方向，无论是个人、企业还是政府，都可归属于后一个"点"的范畴，本质上都属于"点对点信贷"的模式。这种点对点信贷模式的核心是去信用中介，实现了陌生群体之间的直接借贷关系。此外，从发展层面上来说，未来 P2P 借

---

① 参考罗杰文：《Peer to Peer 综述》，网址：http：//www. intsci. ac. cn/users/luojw/P2P/ch01. html.

贷的内涵极有可能扩展到参与者之间通过互联网直接达成的任何金融交易行为，包括各种金融产品的类众筹、P2P 换汇甚至网络慈善筹款等，其主要特征是互联网技术推动下的金融脱媒①。

1.1.1 P2P 借贷是互联网与民间借贷相互作用的产物

2007 年，P2P 借贷在中国顺势而生，短时间内迅速引领了互联网金融创新和资本投资热潮，对传统商业银行信贷中介业务造成了巨大冲击。

某种程度上 P2P 借贷可属于中国式高收益类债券②。高收益债券，俗称"垃圾债券"，主要指没有信用评级或评级恶化的公司通过发行债券获取融资，高风险伴随着高收益，由美国迈克尔·米尔肯把它推向了高峰。而高收益债券在引入中国后，却丧失了其原有的一些核心特征：一是发债主体一半范围都是国有企业，违约风险小，也就是说投资人很难树立金融市场内风险自担的理念；二是私募债的发行利率呈下降趋势，没有体现出高风险高收益的原理；三是私募债的流动性低，变现能力差。P2P 借贷的出现恰好弥补了这一缺口，其本质是一种违约风险较大的高收益债券。2014 年，我国 P2P 行业平均保持着 17% ~ 18% 的收益率水平，且随时赎回的设置提高了其产品的流动性和变现能力，发展速度迅猛。

其实，P2P 借贷的概念虽从国外引入，但其业务本身并非新鲜事物。在农村民间金融领域，早就出现过名为"银背"和"合会"的形式。银背是整天背着钱走东走西的人，他们线下打通民间资金的供需双方，绕开银行信用中介，撮合投资人与借款人直接发生借贷关系。在这一过程中，银背充当着借贷双方的中介角色。只是发展到后来，他们开始买断资金使用权，一般以月息 2% ~ 2.5% "吸储"，以月息 2.5% ~ 3% 放贷，从中赚取利差，相当于一个地下私人钱庄。"合会"，英文简称 ROSCA（Rotating

Savings and Credit Association），取"轮转储蓄与信贷协会"之义，同时涉及储蓄与信贷业务。与银背不同，它是参与成员之间的资金互助行为。合会一般包括呈会、标会和抬会三种形式，其中呈会是原始互助行为；标会（家户间标会和投机型标会）带有盈利性质，后来居上成为最常见的合会形式；抬会多涉及诈骗。以家户间标会为例，一个自然人作为会头，出于某种目的把有限数量的熟人（俗称会脚）组织到一起，每人每期拿出一定数额的会钱，每期通过投标（与利率相关）由一个人得到全部当期会钱。在所有成员以轮转方式各获得一次集中在一起的会钱之后，即告终结。从业务本质上来说，银背和合会这两种模式都去掉了银行的信用中介作用，引导了供需双方的匹配，符合 P2P 借贷中个人对个人借贷的含义。

虽然民间借贷有效匹配了更多的借贷需求，但真正实现点对点借贷之普惠金融精神的当属基于互联网技术的发展和民间借贷的兴起才出现的新兴金融模式——P2P 借贷。该模式依托于互联网技术，打破了民间线下借贷中供需双方的地域界限、亲缘界限、门槛界限和信用界限，使得网络两端的任何人都有发生借贷关系的可能。民间借贷多是局限在一地范围内，基于双方亲缘关系或者转介绍方式，依靠道德约束、第三方担保或抵押实物进行的单笔信贷交易，门槛较高，风险集中，违约成本大。P2P 借贷与之不同，首先，它实现了标的的多次分割，降低了投资门槛，减小了单笔借贷的单位风险；其次，通过对等互联网技术，打破了借贷双方的人情网局限和地域局限，大大扩充了借贷的范围，实现了全球范围内陌生群体之间的直接借贷关系，扩充渠道的同时分散了风险；最后，基于互联网的大数据分析系统，大大降低了信用评估成本，而且随着金融场景化的趋势，借款人的违约成本将大大上升。总体来说，P2P 借贷开启了民间借贷的新格局，对整个金融借贷领域产生了不可小觑的影响。

1.1.2 P2P 借贷是传统金融模式的有效补充

P2P 借贷通过其去信用中介的全新商业模式，打破了传统商业银行借贷中介业务的一般流程，为借贷双方提供了更多参与金融市场的机会，且其对传统信息不对称现象的打破，加快了中国利率市场化的进程。无论是从其业务本质、普惠精神还是运营结果来看，都体现了对传统金融格局的有效补充。

第一，P2P 网络借贷是对商业银行信贷中介业务的有效补充。传统的银行信贷业务中，银行发挥其主要职能——吸收存款、发放贷款，二者的息差成为银行的主要利润来源。另外，因为银行在该业务上的垄断地位，一方面资金全部流向了很"安全"的项目，另一方面本属于投资人的利益被银行拿走了。这种信贷本质上是"点—中介—点"模式，银行扮演着信用中介的角色，并因该角色获利，且该模式下庞大的中小企业群体的资金需求得不到满足。P2P 借贷出现以前，以民间借贷为主体的非正规金融市场正好填补了这一市场空白，但借贷利率的不透明以及相关的法律风险使得高利贷和非法集资等犯罪行为也参差其中。P2P 借贷的出现，因其开放透明的互联网本质，很好地弥补了民间借贷这一缺点，为监管机构的管理提供了极大便利，促进了民间金融市场的正规化运作。另外，再加上其去信用中介的核心本质，借贷双方通过 P2P 平台可以直接发生联系，原本被银行拿走的收益再次回归到投资人手里，迅速获得了市场的认可，当然，投资人因此也承担着一定的风险。总体而言，P2P 借贷的出现有效补充了银行无法顾及的借贷市场空白，其运营主要涉及三大主体：出借人、借款人和平台。对于出借人来说这是一种投资理财，对于借款人来说这是在贷款，对于平台来说这是在通过互联网技术匹配双方需求提供金融信息服务。

第二，以 P2P 借贷为代表的互联网金融是对传统金融格局的有效补充。我们对传统金融的概念大多停留在其业务范围上，如存款、贷款、结算等，其运营结果是资源有限，门槛过高，富者更富贫者更贫，金融成了一个高大上的领地。而互联网金融的出现，本身就意味着对传统金融格局的有效补充，其自由、开放、平等、共享、大众化、民主化、去中心化等理念共同构筑的普惠金融精神使金融至少在理论上成为了每个人都应该获得的服务。显然，这条路是很漫长的，所幸的是以 P2P 借贷为代表的新型互联网金融模式的迅速崛起，快速打破了传统银行信贷交易的边界，集中体现了普惠精神。目前，无论是参与人数、成交规模、交易成本还是成长速度，P2P 借贷都有着其不可比拟的优势。

第三，以 P2P 借贷为引导的利率市场化是对传统利率传导体制的有效补充。自 2013 年以来，中国人民银行决定全面放开金融机构贷款利率管制。利率市场化实际上是将利率的决策权交给各金融机构，由金融机构根据资金状况和对金融市场动向的判断来自主调节利率水平，最终形成以中央银行基准利率为基础，以货币市场利率为中介，由市场供求决定金融机构存贷款利率的市场利率体系和利率形成机制①。P2P 借贷的大范围发展，使其能快速采集市场上的利率信息，为利率市场化提供了新的参考体系。且其内部蕴含着自下而上的利率市场化的强大动力，一方是民间借贷市场瞬息的利率变化，另一方是利益最大化激励下的合理利率定价②。在竞争激烈的 P2P 网络借贷市场上，可以预测未来的金融产品市场将更为丰富，利率市场化途径将大大拓宽。

1.1.3　P2P 借贷的主要问题

P2P 借贷 2005 年诞生于英国，自 2007 年引入中国后便一直受到较高关注，摸索发展中演绎着"冰与火"之歌。一方面，融资高潮持续上升：截至 2015 年 7 月底，国内已有超过 50 家的 P2P 借贷平台获得了千万元级以上的战略投资，包括摩根大通、摩根士丹利、红杉资本、软银中国、盛大投资、联想之星等著名公司参与其中。此外，平安集团、熊猫烟花、搜狐、绿地集团等著名公司也开始布局 P2P 借贷。另一方面，舆情话题频

---

① 出自自媒体文章《资料：什么是利率市场化？》，网址：http：//www.ce.cn/macro/more/201306/14/t20130614_24479636.shtml.

② 参考陈文：《P2P：中国式高收益债券投资指南》，机械工业出版社，2015，4：23.

发：河北融投控股倒闭，牵涉业内大批 P2P 平台；保监会发声明警示 P2P 行业乱象；截至 2015 年 10 月底，行业问题平台已累计达到 1078 家，大多涉嫌跑路、提现困难。监管政策的不落地等种种因素预示着 P2P 行业仍将在冰与火中挣扎。总体来说，P2P 行业尚处于发展的初级阶段，野蛮暴力却攻击力强，地处风口浪尖的同时也被推到了生死悬崖。就具体现象而言，P2P 借贷主要存在以下几大问题：

第一，资产端"垃圾债券"① 过多，投资者选择难度大。P2P 平台规模不断壮大的背后隐藏的是网贷行业产品同质化现象的越发严重，当稀缺的优质资产端无法跟上平台规模和投资者需求时，就会引发大面积的劣质标和假标现象。截至 2015 年 10 月底，我国共计出现的 1078 家问题平台中有近半数涉及发假标行为，标的筛选成为 P2P 投资者的重要关卡。然而，由于信息的不对称和征信体系的不健全，国内 P2P 市场的标的筛选已经跳脱了风险—收益预期选择的范围，更是成为了一种极其专业的风险控制能力，这是一般的个人投资者难以做到的。投资者选择难度加大，选择成本高。

第二，P2P 平台繁杂众多，投资者管理难度大。把鸡蛋放在多个篮子里，用资产组合来分散风险，是业内投资者共有的理财常识。然而，当可以选择的平台不是几个、几十个，而是数千个，且每天都有新平台上线，也有旧平台跑路时，投资者的资产管理就变得极为困难了。不仅需要耗费个人大量的时间与精力，而且风险分散的结果也不一定理想。

第三，权益机制缺乏，个人维权难度大。一个健全的市场不仅需要丰富多元的产品和服务，更需要售后维权体系的有效补充。然而，对于快速发展的新兴行业 P2P 借贷来说，投资人大都很难达成维权目的。数据显示，2014 年 275 家问题平台中能在公安机关成功立案的并不多，能进入司

---

① 前文在解释 P2P 借贷的含义时有提到，P2P 借贷在某种角度上可理解为中国式的高收益债券，即美的"垃圾债券"，特征是高收益高风险。P2P 借贷产品本质上是释放部分市场风险的理财产品。但中美市场环境的差异，导致垃圾债券不仅是一种资产类别，更是风险的代名词。

法程序并得到解决的案件更是寥寥无几。一般而言，当发生问题平台纠纷案件时，投资人都会先报警，由公安机关立案侦查后再递交检察院，由检察院向人民法院提起公诉。但事实上，投资人在报案后，案件往往因为P2P投资的特性——投资人分散全国各地、单个投资人涉及金额较低等问题，而成功立案的比例极低。

第四，监管不全，诈骗自融等现象层出不穷。P2P行业的准入门槛低，监管不全，从问题平台的数量和趋势上就可见一斑。行业热度下的利益驱使，势必会吸引一大批平台涌入市场，当政府监管无法进行风险过滤时，风险就会直接来到个人投资者面前。一般而言，诈骗类多见于新建平台，此类平台的目的就是圈钱跑路，往往会配以高息吸引，通过发布假标吸纳资金。2015年5月，一个月内就有18家平台上线不到一个月便跑路。而自融多是用于输血给自有实业或偿还债务等，其风险主要在于资金链的锻炼，一旦平台资金无法维系就难以正常还款，风险较大，如深圳的钱海创投。

第五，平台运营实力不一，行业出现倒闭潮。1078家跑路倒闭的问题平台中，因为诈骗自融等风险而跑路倒闭的属于少数，绝大部分都是因为平台运营上出现了问题。P2P行业虽是新兴行业，但对平台运营能力和风险控制能力的要求其实不比一般金融机构低，不是简单的几个人出点钱弄个平台就能应付的，股东实力、高管团队、风控体系等因素都会关涉其运营结果。当市场利益驱使一大波人/机构涌进时，当行业准入门槛被放得极低时，业内数千家平台的运营实力着实良莠不齐，差异巨大。做得好的将有可能缔造草莽英雄成为金融传奇，做得差的则落荒而逃，害人害己。一方面这种大浪淘沙式的行业现状优选出了一批精良平台，为行业的未来发展提供了持续的后续力量；另一方面也搅乱了市场，给投资者带来损失的同时也给行业蒙上了厚厚的阴影。

综上所述，无论是平台自身的局限，还是行业监管的缺位，抑或是市场现状的乱象，都给个人投资者带来了极大的选择难度。投资人呈现这样几大特征：①怕——P2P 行业准入门槛低，不法分子通常在监管政策空白期开办 P2P 网站，伪造信息骗取资金之后携款潜逃；②累——缺乏专业知识，难以在千余家平台抉择；分散投资后的账户管理和抢标困难；③不甘心——P2P 行业满眼尽是繁华，"宝"类产品收益却差强人意，很多平台收益超 15%，却无法识别项目风险；④大平台危机——单一平台可能存在潜在巨大风险，需具备在各个平台间分散投资的能力；⑤流动性问题——一般 P2P 借贷平台都存在一定封闭期或借款期限，存在日后自身急用及平台持续跟踪双重难点。

从传统金融的发展历程来看，这时往往会有机构投资者出来稳定市场，为个人投资者提供更为专业的服务。P2P 行业也不例外，在乱象丛生的市场环境里，网贷基金应运而生，在专业风险分散的基础上为投资者提供理财服务，也成为行业健康发展的新力军。

1.2　网贷基金

"网贷基金"一词最早出现于 2014 年 10 月①，称为"类 ETF 基金"，《P2P 网贷基金崭露头角》一文以当时出现的一种基于 P2P 网贷的活期理财产品为内容，简单介绍了这种债权组合式的产品。后来笔者于 2015 年 4 月发表的《网贷基金是网贷行业发展的必然产物》一文中，从"基金"发展历程的角度解释了"网贷基金"发展的必然性，并剖析了"网贷基金"的特点。

具体而言，网贷基金是指平台通过债权转让的方式为用户提供投资工具，用户基于操作体验上类似基金的感受，因而被业内称为网贷类基金。后来在笔者发表《网贷基金是网贷行业发展的必然产物》一文后，网贷基金的叫法被行业普遍认可，并一直沿袭至今。

---

① 出自自媒体文章《P2P 网贷基金崭露头角》，最早发表于中证网，后转载至搜狐财经版，网址：http://business.sohu.com/20141020/n405285285.shtml.

我们不难看出，网贷基金是基于国内市场环境的特殊产物，和一般意义上的网贷基金投资机构有所区别。为了加以区分，我们把投资于 P2P 债权的所有基金机构投资者定义为广义的网贷基金；把基于债权转让模式的网贷基金定义为狭义的网贷基金，也是本文论述的主体。

其实，网贷基金这种债权转让模式已经初步得到了市场的高度认可，一方面，以星火钱包、火球网、米袋计划、真融宝等为代表的网贷基金发展势头良好，短短时间内就以少量的网贷基金平台吸引了 P2P 行业 10% 的投资人数。另一方面，资本市场已经开始把注意力转移到网贷基金，众多机构投资者相继进入了这个领域。

1.2.1　网贷基金是 P2P 网贷行业发展衍生的必然产物

对于"基金"一词，大众也并不陌生。早在 19 世纪中叶，基金就已经出现，它真正起源于英国。1868 年，英国第一次产业革命后，生产力大力发展，英国政府对外扩张，其殖民地和对外贸易遍及全球。而国内资本积累过多，一些人想投资国外市场，但是对于国外事业的不了解就萌生了集合大众资金交由一些人进行经营管理的想法，从而实现投资分散化和降低风险的效果。这就是最初的风险投资基金。20 世纪 80 年代，美国国内利率持续降低并趋于稳定，经济增长、货币量增大和股市的兴旺使得货币基金、股票基金相继诞生并获得快速发展，整个 20 世纪，随着金融的发展，基金的规模和种类迅速增加，从契约型基金到公司型基金，从封闭式基金到开放式基金，种类繁多，基金也逐渐成为当代国际金融市场演进的一个重要特征，占据整个金融市场重要地位。从基金发展和基金市场演变的整条脉络看，基金产品的出现以及基金市场的蓬勃发展，具备三个重要的特征。第一是针对供需方而言，它的出现顺应了投资需求，基金很好地帮助广大投资者解决众多投资项目的艰难选择问题。第二是针对基金产品特性而言，它是一种投资组合，具备投资风险分散的特征，对于投资者，这类产品可以很好地对冲投资风险，使得资金的流向为一对多的关联关系。第三是针对基金公司作用而言，它能有效地降低整个投资过程成本，由基金公司作为中介，收取服务管理费用，有效完成多对一的投资需求。

网贷基金诞生背景同样符合这三个特征。首先，随着 P2P 网贷平台的逐步增长，P2P 网贷业务也急剧增加，网贷投资者面对更多选择，如何抉择出其中的优质平台和优质债权呢？网贷基金很好地解决了这个问题。这是它具备的第一个特征，它顺应了投资需求。其次，网贷基金是 P2P 网贷的投资组合，资金有效进行一对多的资金分配，实现投资风险分散。这是它具备的第二个特征。最后，投资人在进行 P2P 的分散投资时，需要大量的时间成本和信息成本，然而网贷基金公司作为专业的机构投资者能有效降低行业的投资信息成本和时间成本，有效完成行业资金配置。因此，从基金的发展历程以及特征来看，网贷基金是 P2P 网贷行业发展衍生的必然产物。

1.2.2 网贷基金的运作还需进一步规范

当然，事物初期发展过程中或多或少地会出现一些问题，目前我国的征信体系和 P2P 监管的不完善，导致 P2P 网贷平台初期发展的这几年，尤其是近两年，平台问题层出不穷，部分平台跑路，部分平台经营不善，提现困难。各界专家对网贷基金这种 P2P 网贷行业的创新型衍生产品也提出了不同质疑，主要存在以下四个方面：第一是对 P2P 网贷行业风险以及网贷基金模式的质疑，由于 P2P 市场相较于股市，所承担的道德风险成本高，而 P2P 网贷是网贷基金的基础，借款人逾期以及平台经营、跑路等问题可能直接冲击着网贷基金，有人认为网贷基金并不能真正降低 P2P 网贷投资的风险。第二是对网贷基金平台自有资金的质疑，资金的流动性是当前已有的网贷基金所推行的重要特性之一，而 P2P 网贷标的期限不一，网贷基金如何在保障资金流和风险的基础上真正实现资金的流动性管理，从而满足用户的随时提现需求是值得探讨的。第三是对网贷基金平台是否存在资金池的质疑。第四是对网贷基金风控体系的专业度质疑，即如何真正保证平台和债权的优质，这也是当前针对网贷基金的最大质疑。

针对以上这些质疑，我们逐一进行剖析。

第一，关于对网贷基金模式的质疑。随着我国征信体系的逐渐完善，P2P市场需要承担的道德风险成本必将降低，P2P行业经过野蛮生长重组期后必将更加规范化发展，这时候行业克服了欺诈性风险，但是针对P2P平台的单体风险仍然存在，如红岭创投坏账以及积木盒子担保公司事宜，为此，投资者会选择多个平台进行分散投资，这样能在一定程度上降低单体风险，然而由于专业度和集中度的因素使得P2P行业的非系统性风险依旧存在，而成熟的网贷基金运作模式可以通过专业性的团队和风控体系有效降低这类非系统性风险，从而引导整个行业建立起一种健康的运作模式。

第二，关于对网贷基金的资金流动性的质疑。目前，P2P平台的标的大多数为固定期限，确实可能导致网贷基金平台无法实现随时提现功能，当自由资金匮乏的情况下，基金平台只有通过吸纳用户资金再投资的方式来解决资金流动性问题。但是，如果网贷基金所投平台具备债权转让机制，那么这类问题也就会迎刃而解。当前已有部分P2P平台具备债权转让机制，并且随着行业的需求和发展，未来P2P平台的债权转让或相配套的机制也必将逐步完善，网贷基金的流动性问题也将随之解决。

第三，关于资金池的质疑。当前，大众普遍认为网贷基金的运作模式是先吸纳用户资金再进行P2P平台投资，违反了网贷基金的正规操作流程。确实有些网贷基金存在这样操作的嫌疑，且从互联网技术的时效性来看，二者也很难界定。然而，P2P行业的特性又使得资金池成为投资者们最为担心的风险。稍有不慎，机构卷款跑路，投资者们维权无门。对此，各平台对资金池问题已进行了一些积极性的探索：①满标等待期内不给予利息，规避资金池的只要筹到资金即予付息的嫌疑。②虚拟预约，满标时间实时划账的设置，规避了平台用投资者资金购买债权的风险。未来解决网贷基金资金池问题主要有两大方向：其一是P2P行业债权转让机制完善，增强网贷基金的流动性管理，从操作层面上避免资金池问题。其二是网贷基金像银行、股票基金一样被发放金融监管牌照，资金池问题将不再成为问题。

第四，关于网贷基金风控专业度的质疑，这一问题的突破是一个长期整合的过程。专业度体现在团队和体系建设上面。当前互联网金融行业人才，尤其是风控人才存在相当大的缺口，业界也意识到这方面的缺失，人才培养之路也在逐步探索和前进当中。另一方面，风控体系的完善也是中国网贷基金发展之路上的核心环节，在引进国外风控体系的同时，加入中国本土元素，形成一套相对完整的平台筛选、评级、债权选择机制，当然，机制和体系在探索的道路上将会一步步进行完善。

1.2.3 P2P 网贷去担保的大趋势将促进网贷基金发展

P2P 网贷的"去担保化"已被很多专家讨论，大部分认为 P2P"去担保化"是 P2P 网贷发展必然趋势。在这种大趋势下必然迎来网贷基金的爆发式发展。其主要原因体现在以下几个方面：

一是 P2P 网贷去担保化加大了投资者对 P2P 平台优劣程度的甄别难度。现阶段大部分 P2P 网贷平台对投资者宣称"平台提供本息担保"，因此大部分投资者现阶段进行投资时可能会将"平台担保"作为投资前的衡量指标。然而上一节中提到了由于对 P2P 网贷平台自有资金的质疑，大部分人认为 P2P 去担保化是趋势，那么在这种环境下，投资者对平台的优质与否的甄别难度将加大。而网贷基金作为 P2P 的机构投资者，系统性的投资和风控团队可以协助投资者很好地解决这方面的困难。

二是 P2P 网贷去担保化增加了投资者 P2P 平台和标的选择的时间成本。当 P2P 平台去担保化成为常态，P2P 平台虽然需要对平台标的进行风险把控，但是不再进行本息担保，那么，投资者在进行平台和标的选择的时候，出于风险的考虑，必将增大选择的时间成本。在这时，网贷基金作为机构投资者必然受到投资者的追捧。

三是 P2P 网贷去担保化加重了行业新近投资者的进入门槛和心理负担。当前 P2P 平台的"本息保障"给普通大众投资者尤其是行业的新近投资者带来很大的平台安全心理暗示。然而随着 P2P 平台去担保化趋势，行业新近投资者进入门槛将显著提高，此时，网贷基金作为 P2P 机构投资者可以作为行业的引导者带领新近投资者进入，减少初期的学习成本，从而降低了行业的准入门槛。

1.2.4　网贷基金的运作模式将更加多元化

我们再来细看投资基金及市场的演化历程。基金自出现至今，发展方向有两个，一个是纵向的，逐步完善自我机制，包括投资机制和分配机制；另一个是横向的，从点至面扩散，逐步从单一基金产品扩散到多元化基金产品，包括契约型和公司型、封闭式和开放式、公募和私募、对冲基金、公益基金等。基于各种市场需求，基金可以不断衍生出多元化产品。

同样的，随着行业的发展，网贷基金的运作模式也将向多元化发展。首先体现在网贷基金的体系多元化运作，主要是指网贷基金的风控体系。在整体风控的大方向下，针对不同的系别、不同的人群等进行多元化的风险把控，将网贷基金的风控体系更加细化，这是必然趋势。

此外，网贷基金产品必将多元化。就像投资基金一样，网贷基金也将根据不同类别衍生出各种特色的基金产品。比如从时间上来分，可以分为活期和多种定期产品，可以从风险级别上针对不同的人群偏好设定不同类型的产品，也可以从社会效益方面来划分……总而言之，网贷基金的产品种类只会随着行业的发展和投资者的需求而越来越多，可供投资者选择的种类也越来越多，稳健地走上互联网金融行业的崛起之路。

1.2.5　网贷基金的发展现状及主要代表

2013 年是中国互联网金融元年，网贷行业进入初期的迅猛发展阶段。数据显示，截至 2015 年 8 月底，我国 P2P 网贷平台投资人数达到了

204.28 万人，借款人数达到了 54.94 万人，累计成交量达到 4805.91 亿元，按照 2015 年的月均复合增长率，预计 2015 年全年成交量或突破 1 万亿元。网贷行业贷款余额已增至 2769.81 亿元，是 2014 年同期的 4.77 倍。由此可见，P2P 网贷行业市场增长飞速，那么以此为生的网贷基金呢？我们再来看下面一组数据。

2014 年下半年，全国仅有几家网贷基金平台上线，然而，截至 2015 年 8 月，全国已有三十余家公司介入网贷基金这一领域，其中排名前十的网贷基金总成交量已突破 100 亿元，在投金额达 20 亿元，总投资人数超过 20 万人。根据国外相关数据统计，网贷基金投资人数已超过网贷人数的 10%，市场资金容量占比也超过 5%，当网贷市场趋向成熟时，网贷基金的市场资金容量将至少达到整个网贷等行业市场资金容量的 20%。由此可见，随着网贷行业市场的迅速增长与日趋成熟，网贷基金的市场容量发展空间还很大。

除此之外，由于其广阔的市场预估，各路资本也在不断涌入这个市场，从融资情况来看，行业排名前十的真融宝、火球网、米袋计划等均获得千万元以上风投，并且互联网公司、第三方平台等均进入这一行业，贷出去多赚示范基金已摩拳擦掌，跃跃欲试，这也从另一角度佐证了这一行业的火爆程度。

网贷基金的载体与 P2P 借贷一样都是平台，当前业内较好的网贷基金平台主要有星火钱包、真融宝、火球网、旺财猫、PP 基金、银多资本。其中，中国最早的网贷基金平台是火球网，2014 年 6 月火球网推出基于 P2P 网贷的债权组合产品——火球计划，开启了中国网贷基金之旅；而当前发展运营能力居首位的是于 2014 年 10 月上线的真融宝，可以说其运营成绩暂时在业内居于首位；此外，星火钱包作为中部崛起的网贷基金平台，以风控实力和低坏账率著称，成为中国网贷基金行业的后起之秀。这几个平台的发展历程和模式将在本书第 6 章进行详细介绍。

网贷基金如何运作

2.1 广义的网贷基金运作模式详解

在介绍网贷基金的概念时，本文对网贷基金做了广义和狭义的区分。其实，广义网贷基金概念的提出，主要是为了从更常规意义上的基金机构角度去分析 P2P 网贷基金运作模式。

本文把所有投资于 P2P 债权的机构投资者定义为广义的网贷基金，包括但不限于上市基金、私募基金、投资管理公司等金融机构。无论是哪种主体，其运作模式都是遵循基金的套路，由专业的基金管理人发起，募集资金，购买债权，投资机构和债权标的形成债权债务关系，而投资人作为基金份额购买者，只享有基金的净收益分配权。

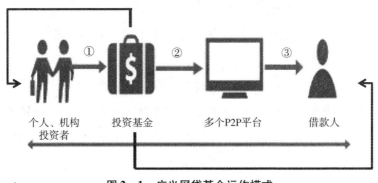

图 2-1 广义网贷基金运作模式

我们不难看出，这种模式除了投资标的的不同，其运作原理和证券类基金是相一致的。投资人得到的收益不是债权利率，而是扣除相关费用后的基金净收益。

当然，即便是同一运作原理，操作手法却是多样的。接下来我们就从组织架构和操作手法上对广义的网贷基金运作模式加以细分。

2.1.1　有限合伙模式——Prime Meridian Income Fund

Prime Meridian Income Fund，采用有限合伙基金形式，是美国第一家 P2P 投资基金。

有限合伙基金模式源于英美法系，是最适用于风险投资企业的模式。它由普通合伙人与有限合伙人共同组成，普通合伙人出资出力（出资金额极少），对债务承担无限连带责任；有限合伙人只出资，不直接参与决策和经营，以出资额为限承担有限责任。

相较于传统组织形式，有限合伙基金具备三大优势：一是有效的激励机制，同股不同权的架构设置一方面集中了经营决策权，规避了由股权纷争引起的管理风险，另一方面有区别的收益分配机制能最大限度地激励普通合伙人运营好基金（有限合伙制的通常规定是：普通合伙人用 1% 的出资获得 20% 的收益，有限合伙人用 99% 的出资获得 80% 的收益）。二是有效的约束机制，普通合伙人承担的无限责任能有效地规避其管理过程中可能发生的道德风险，且有限合伙协议也可事前做好诸多约束。三是有效的匹配机制，有限合伙使得资本与专业管理水平得以相互匹配，从而充分实现资本效益的最大化。

Prime Meridian Income Fund 通过有限合伙的组织架构，在同股不同权的管理特征和决策优势下，迅速实现了资本效益的最大化。自其成立之日起至 2015 年 6 月，存续的 38 个月中基金累计净值没有发生过回撤，各个单月始终保持正盈利；复合年化收益率高达 9.21%，远远高于同期美国综合债券 AGG 基金（iShares Core US Aggregate Bund）的 1.07%。

2.1.2　上市基金模式——P2P Global Ivestments Funds

P2P Global Ivestments Funds 是全球第一家挂牌交易的 P2P 投资基金。该基金主要投资于欧洲 P2P 平台的债权项目，包括个人信贷和小微企业信贷方向。投资的几大主要 P2P 平台都提供本息保障，如 Zopa、Ratesetter、Funding Circle 等，收益率一般。

P2P Global Ivestments Funds 作为上市基金，其透明性、规范性和规模都要优于私募基金，且覆盖人群范围也比私募基金广泛，可向所有个人投资者和机构投资者公开募集资金，门槛相对较低。此外，上市基金的存续时期长，没有私募基金 10 年的时间限制。

对于广义网贷基金运作模式下的 P2P 行业投资者来说，P2P 债权的风险收益不和他们直接相关，他们更多关注的是投资基金本身的风险和收益特征。上市基金模式虽然在效率和灵活性上不如有限合伙模式，但在阳光透明性和规范安全上面却有着自己的优势。

2.1.3　网贷平台涉足基金项目模式——Funding Circle

涉及广义网贷基金运作模式的机构主体除了常规意义上的公私募基金机构之外，还有一类群体不能忽视：拥有大量 P2P 债权的在线借贷平台本身。单纯的 P2P 网贷平台运作模式只是充当信息中介，赚取服务费。随着网贷基金的发展，一些网贷平台不甘于放弃这块大蛋糕，但本身又无法从事基金业务，因此通过成立旗下的子基金或子金融机构而实现这一目标就成为一种趋势。

网贷平台旗下的基金机构募集到的所有资金将全部投资于母公司线上平台的债权。具体可以分为两种操作类型：一是通过成立上市基金募集资金，如 Funding Circle；二是成立投资管理公司，借助信托等渠道发行私募基金产品募集资金，如 LC Advisor。

Funding Circle 是英国排名前三位的在线借贷平台，于 2015 年 9 月宣

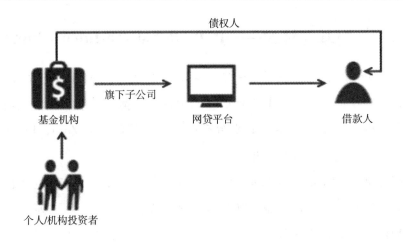

债权人

基金机构 → 旗下子公司 → 网贷平台 → 借款人

个人/机构投资者

图 2-2　网贷平台基金化运作模式

布涉足 P2P 平台上市基金项目。紧接而来的是 Lend Invest 在 2015 年 10 月宣布进入基金领域（中国上市公司昆仑万维科技股份有限公司于 2015 年 6 月以 2200 万英镑入股该平台）。目前，Funding Circle 和 Lend Invest 都已在筹备成立旗下的上市基金项目。

LC Advisor 则是投资管理公司，主要通过信托渠道发布 BBF 和 CCF 两款私募基金产品（分别投资于 36 个月、60 个月期限的等级为 B 级、C 级、D 级的贷款和 36 个月期限的等级为 A 级、B 级的贷款），对经认可的个人投资者和机构投资者开放。这些资金全部用于满足 Lending Club 线上的借款需求，基金与借款人形成债权债务关系。

2.2　狭义的网贷基金运作模式详解

狭义的网贷基金专指基于债权转让运作模式的网贷平台，其实质并非基金机构，常被称为类 ETF 基金，也是本文论述的主体。

ETF 基金也叫交易型开放式指数投资基金，是横跨股票市场和基金市场的新型金融产品。其主要特点有：一是产品和指数挂钩，密切跟踪指数进行投资。二是具备一级市场申购赎回交易和二级市场上市买卖交易两种方式，相比传统基金而言多了股票实物交割方式，具备内在的套利机制。三是具有良好的流动性。显然，从市场上已有的几家网贷基金平台来看，它们和 ETF 基金有着巨大差别，既不跟指数挂钩也没有套利机制，更加不属于资金池概念。但二者也存在一些相似之处：都是金融产品的创新；都是投资一篮子标的，有共同的分散投资理念；都可在二级市场转让，流动性强。这正是网贷基金被称为类 ETF 基金的原因，也是其区别于 P2P 网贷平台的地方所在。

类 ETF 基金都是采用债权转让模式来运作，和广义的网贷基金运作模式相比，其最大的不同在于债权债务的法律关系和机构本身扮演的角色。广义的网贷基金，都是基金的运作模式，由机构先募集资金，再购买 P2P 债权，基金机构和借款人形成债权债务关系，投资人只是享有基金净收益分配权，基金扮演着资产管理人的角色，属于资金池概念。而狭义的网贷基金，即债权转让模式，则是机构先用自有资金购买多笔 P2P 债权，再把这些集合的债权打散，经过重新组合，最后转让出售给投资者，且投资者可以随时购买和转让/赎回。投资人和借款人形成债权债务关系，机构只是债权的一个中间转让者和风险分散者，投资人通过购买一笔债权，相当于分散购买了多个债权的集合包，规避了资金池的概念。

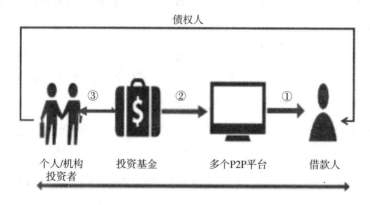

图 2 – 3　债权转让模式

该运作模式的核心技术在于通过对大量 P2P 债权项目的量化分析，完成优质债权项目的选择，获取超过 P2P 市场平均预期回报的收益水平，且将投资单平台的风险分散到 P2P 整个行业中，除非平台大面积倒闭，否则对投资收益影响很小，是目前国内投资网贷行业相对比较安全的方式。

其核心环节在于多元化债权的优选体系建设以及二级市场转让机制的打造。只有做到这两点，网贷基金才能真正地服务好投资者，在 P2P 行业中获得长足健康的发展。

1. 多元化的债权优选，顾名思义，就是在广大的平台和产品中，筛选出多层级的、收益率和安全性相匹配的、符合自身平台定位的资产集合，一般可以依靠大数据和信用体系完成对借款资产的风险评定，完成资产组合。然而，国内征信体系的不健全，使得中国网贷基金债权优选的流程在很大程度上区别于国外的网贷基金。在无法依靠信用体系的情况下，各网贷基金唯有通过战略上的布局，实现网贷基金的长远发展：一是做大规模，积累用户数据，逐步建立自身的信用数据系统；二是着眼当下，依靠评级体系和风控体系的建立，在最大范围内降低风险；三是着眼资本，通过并购重组整合平台资源，朝集中化方向发展。方向一需要时间的慢慢积累，方向三是未来行业的发展方向，也就是说，此时，各网贷基金唯有依靠评级体系的建立和风控体系的完善方能争得未来大好趋势中的一席之地。

在评级体系方面，迄今为止定期发布网贷评级结果的大型机构已经不下数十家，但其结果与 P2P 网贷行业所期冀的网贷评级体系仍然相去甚远。当前网贷评级机构的公信力不足，内容缺失僵化，方法不具有针对性，标准不具有统一性。加上部分评级机构和平台具有利益上的关系，更加剧了这种局面。唯有加快动态评级体系的建设，方能解决当前网贷行业面临的困境。具体内容可参考本文第四篇的"网贷基金动态评级思路及模型"相关内容。

在风控体系方面，目前，业内以星火钱包做得较好，债权最分散，坏账率最低。星火钱包风控的成果主要依赖于其严格的 IFRM 风险评价体系，从发现、筛选、分级到动态监控等一系列流程都有完善的评价体系。基于平台和债权的科学优选而组合资产，分散风险，为投资者创造价值。

2. 二级市场转让机制的打造，是类 ETF 基金另一优于传统 P2P 网贷平台的特质，它具有极强的流动性，能保证投资者的资产随时撤离市场，大大提升了散户的投资体验。然而，目前业内的实际运营中，做到这一点的平台并不多，一旦发生了挤兑风险，平台很难应对。相比较而言，星火钱包投资的大多数平台都可进行债权转让，减弱了流动性风险。

2.3　不同运作模式的比较

狭义的债权转让模式并非国际主流的网贷基金运作模式，而是基于国内特殊市场环境下的特有产物，它最大不同于广义网贷基金的地方在于债权债务的法律关系、机构本身扮演的角色和面对的行业市场环境。

一、债权债务的法律关系和机构扮演的角色差异

无论是哪种类型的基金机构运作模式，都是由机构先募集资金，再购买 P2P 债权。基金机构和借款人是债权债务关系，投资人只享有基金净收益分配权。基金扮演着资产管理人的角色，属于资金池概念。

债权转让运作模式，是平台先用自有资金购买多笔 P2P 债权，再把这些集合的债权打散，经过重新组合，最后转让出售给投资者。投资人和借款人形成债权债务关系，机构只是债权的一个中间转让者和风险分散者，规避了资金池的概念。

二、市场环境差异

正是基于迥异的市场环境，才产生了相互独立的两大类网贷基金运作模式。具体而言，市场环境差异主要表现为监管环境、征信体系、债权来源和风控难度四大方面。

在监管环境上，美国 P2P 行业从 2008 年 3 月起就被纳入美国证监会（SEC）的监管范围，P2P 平台的收益权凭证从此被认定为证券，平台不需

要对投资者资金做本息保障。反观国内市场，大部分 P2P 平台唯以"兜底"承诺方能留住投资者，网贷产品不能像其他投资理财产品一样由投资者自担风险和收益，网贷基金也不能走传统的基金机构道路，债权转让模式成为当下唯一的出路。

在征信体系上，美国有健全的征信体系，Equifax、Experian 和 TransUnion 三家征信公司形成三足鼎立之势，分别拥有覆盖全美的数据库（包含了超过 1.7 亿消费者的信用记录），网贷平台可以借助 FICO（用于个人消费信贷评估）等评分系统对借款人的资质进行审核。反观国内，征信业发展尚处于起步阶段，以央行一家独大，几十家个人征信企业作为补充，整体而言市场化程度低，且数据上存在着获取难度高、市场覆盖率低和偏离事实等问题，难以为各网贷平台所用。

在债权来源上，Lending Club 和 Prosper 两家网贷平台占据了美国网贷行业 98% 的市场，债权相对集中，选择难度不高。反观国内，截至 2015 年 10 月底，我国已成立 3598 家 P2P 平台，其中累计问题平台高达 1078 家，网贷基金的债权来源鱼龙混杂，大大提高了投资者选择 P2P 平台的难度。

在风控难度上，美国 P2P 行业依靠其基本覆盖全美的个人信用数据库，对借款人进行信用分级，根据不同的信用评级区别对待借款人，从源头上降低了风控难度，比如 Lending Club 的贷款对象主要是具有较高信用资质的群体，对潜在风险较高的借款人采取对应的高还款利率。Prosper 则通过一系列计算机及网络安全技术来保障借款人和投资者的个人信息及账户安全。反观国内，更多的是在 P2P 平台运行的过程中嵌入一整套的风险保障机制或是在贷后管理中加入逾期赔付机制来降低风控难度，有治标不治本之嫌，当然这也与国内尚处于完善阶段的 P2P 行业有很大关系。但是笔者相信，随着国内 P2P 行业监管政策的相继出台，未来国内的 P2P 行业在风控方面肯定会做到尽善尽美。

3

网贷基金发展历程

随着 P2P 行业的迅速崛起，网贷平台的数量呈几何式增长，短短两年时间内市场上就出现了三千余家 P2P 平台。投资者们在增加了选择机会的同时也增加了选择的难度。再加上监管细则的难以落地，整个行业处于一种野蛮式的竞争状态，问题平台的数量也呈现着几何式地增长，2015 年仅一个月的问题量就比前两年的问题总量都要大。就像股票市场一样，P2P 网贷投资者们也迫切需要一个专业的管理机构为他们的投资决策作出建议。网贷基金正是顺应了这种市场需求，通过专业化的运作分散风险，为广大的投资者提供更加便捷的投资体验。此外，网贷基金还符合 P2P 行业的健康发展需求。正如前文所言，网贷基金是 P2P 网贷行业发展衍生的必然产物。

3.1 网贷基金之兴起时间线

2014 年 6 月，火球网推出基于 P2P 网贷的债权组合产品——火球计划，开启了中国网贷基金模式之旅，火球网也顺理成章地成为中国最早的网贷基金。

随之而来，3 个月后，2014 年 9 月，米袋计划上线，是原投资理财顾问平台——米贷网的转型。2014 年 10 月，大批网贷基金踊跃而出，真融宝、PP 基金、银多资本、八条鱼都是这个时期上线的。

2014 年 12 月，星火钱包上线，属学院派风格，以风控实力著称。2015 年 3 月，旺财猫上线，是米袋团队两位核心合伙人出来做的产品。

这些网贷基金，大部分都分布在北京、上海和浙江等一线城市，如火球网、真融宝、旺财猫等，极个别分布在其他地域，如长沙的星火钱包和黑龙江的银多资本。

我们可以预见，在行业发展的大趋势下，将有越来越多的网贷基金平台加入市场，风控能力和运营能力将成为其竞争的核心要求。

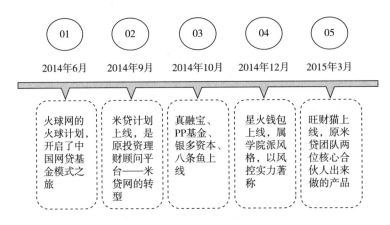

图 3-1　网贷基金上线时间轴

3.2　网贷基金之融资进程线

截至 2015 年 6 月，已有超过 50 家 P2P 平台获得了千万元级风险投资，数家平台更是已经进入了 C 轮融资，P2P 行业的资本聚热能力可见一斑。

网贷基金作为 P2P 行业发展的必然产物，其资本吸引能力也不可小觑。让我们来看看各平台的融资情况。

火球网——2014 年 3 月，唱吧创始人陈华、梅花创投创始人吴世春和基调网络创始人陈麒麟作为火球网的天使投资人共同对火球网投资 200 万元。2014 年 7 月，源码资本与明势资本共同对火球网注资近千万美元。

米袋计划——2014 年 12 月，米袋计划完成 2000 万元天使轮融资。

真融宝——2015年2月，真融宝获得经纬中国1000万美元A轮投资；2015年10月14日，真融宝对外召开发布会，正式宣布已获得红杉资本领投、经纬跟投的近亿元人民币的B轮投资，易凯资本为此轮融资的独家财务顾问。

银多资本——2015年3月获聚秀资本千万级战略投资。

星火钱包——2014年10月，获数百万风投。

一方面，风投资本承载了市场对行业的预期，有助于各基金社会公信力的打造和长远的战略布局。另一方面，风投资本又可能引发新的风险，使得平台对运营成本的敏感度降低，放松风控，且在网贷基金的运营初期，股权结构的变更也可能潜藏着巨大风险。这种风险并非无的放矢，以P2P借贷平台为例，其在获得风投后的运营结果并不尽如人意，如获得振东1000万美元风投的自由金服不到半年就出现了提现困难，如今正挣扎在生死边缘。祸福相依，风投本身并没有好坏，关键在于平台自身对时机的把握与对企业进化的不断追寻。怎样用好风投资源，成为各大网贷基金当下的核心要务。

3.3　网贷基金之成长发展线

网贷基金成立至今，无论是在客户积累、交易数据还是风险控制上，都获得了不可小觑的成果。本章节选出了运营和风控上各有代表性的两个平台——真融宝和星火钱包，对它们的数据加以介绍，简单描绘一下网贷基金发展情况的缩影图。

当前发展运营能力居首的是于2014年10月上线的真融宝，可以说其运营成绩暂时在业内居于首位。截至2015年10月31日，真融宝的投资人数已达968000余人，累计投资规模5323899441元，风险准备金账户存量资金2530444.77元。除每日发布的活期定期产品之外，还发行了3期稳进牛，募集资金4000万元；3期锐进牛，募集资金3000万元；18期跃进牛，募集资金 13400 万元；3 期涨涨牛，募集资金 1500 万元；2 期跌跌熊，募集资金 1000 万元；17 期小金猪，募集资金 10900 万元；9 期大金猪，募集资金 5600 万元。产品配置呈多元化发展，发展势头强劲。

　　风控能力居首位的是于 2014 年 12 月上线的星火钱包，其踩雷数量及金额在业内处于最低水平。星火钱包依托独创的 IFRM 风控体系，通过线上线下严格把控，精选优质债权，且设立了至少 3 个层级的风险保障体系，为投资者保驾护航，截至 2015 年 10 月底，运营将近一年，总成交额超过 3 亿元，但坏账金额仅为 450 元。此外，星火钱包还撰写了多篇高质量的风险评估报告，为行业和投资者们提供了丰富的信息资源。

第二篇　网贷基金产品设计

4　网贷基金产品类型

5　网贷基金设计要素

6　产品运营模式

7　网贷基金产品设计发展方向

随着网贷基金运作模式的多元化发展，针对不同投资标的的风险收益特性，不同投资者的理财需求特点，网贷基金也逐渐衍生发展出多种类型的产品体系，其中以网贷"类 ETF 基金"和网贷"类封闭式基金"为常见的产品类型。

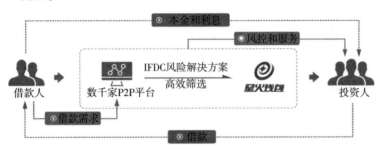

图 4 - 1　网贷基金运营模式——以星火钱包为例

网贷基金产品类型

"网贷基金"的操作流程是先由 P2P 机构投资者利用自有资金在 P2P 市场上购买多笔债权形成债权包，再将债权包设计成产品后转让给投资者。目前，市场上主流的网贷基金产品包含活期和定期，其中活期产品通常被业内称为"类 ETF 网贷基金/类 LOF 基金"，定期产品则更多地类似于封闭式债券基金。从本质上来说，网贷基金可被看做是一个金融创新品种，集多种不同类型基金的特点于一身。

4.1 类 ETF 基金和类 LOF 基金

网贷基金活期产品运作模式与开放式基金极为类似，随着运营模式的逐渐演化，它与开放式基金中的两类基金——ETF 基金和 LOF 基金在交易策略、组合披露、资产报价等方面产生了极大的类似，故被业内称为"类 ETF 基金"与"类 LOF 基金"。

第一，类 ETF 基金——星火钱包。

"ETF"全称 Exchange Traded Funds，被称为交易所交易基金，一般是指交易型开放式指数基金，它属于开放式基金的特殊形式。根据投资方法的不同：ETF 可以分为指数基金和积极管理型基金，国外绝大多数 ETF 是指数基金，目前，国内推出的 ETF 也是指数基金，常见的有 50ETF、100ETF、300ETF 等品种。在交易标的上，ETF 指数基金代表一篮子股票的所有权，如 50ETF 投资标的由 50 只成分股构成，同时它可以像股票一样在证券交易所交易的指数基金，其交易价格、基金份额净值走势与所跟踪的指数基本一致。ETF 基金通常采用被动式的管理方法，以拟合某一指数为目标，兼具股票和指数基金的特色。在交易功能上，ETF 基金结合了封闭式基金和开放式基金的运作特点，投资者既可以向基金管理公司申购或赎回基金份额，同时，又可以像封闭式基金一样在二级市场上按市场价格买卖 ETF 份额。

那么为何称星火钱包为"类 ETF 基金"呢？首先，在交易标的上，星火钱包独创了 X30、X50、X100 三种类型，所投资标的分别为精选的 30 个、50 个、100 个 P2P 平台上面的债权，X30 所投资的 30 个平台就类似于 ETF 基金的成分股。其次，在交易功能上，对比 ETF 基金，星火钱包投资者可以将债权份额随时转让给网贷基金平台，也可以在 P2P 二级市场（如 P2P 机构投资交易平台）上随时交易债权份额。从这一角度看，网贷基金是和 ETF 基金类似的，均以一揽子资产为标的，并且分散配置，有申赎机制和交易机制。再次，在标的公开方面，星火钱包每一个类型中包含哪几个平台、选择的标准是什么（评级）、各自的权重多少（投资策略）等情况像 ETF 基金的成分股一样，都是公开透明的。

但需要注意的是，类 ETF 网贷基金并不等于 ETF 指数基金，事实上两者存在一定差别。首先，在交易标的上，ETF 指数基金投资于标准化的股票资产，形成一揽子组合，而类 ETF 网贷基金投资于非标准化的债权资产而形成债权包。其次，在交易场所上，ETF 指数基金是在交易所上市并交易的基金，而类 ETF 网贷基金的二级市场仅为各网贷基金平台，相对较为狭窄。此外，法律关系不同，投资者与 ETF 指数基金为委托关系，而类 ETF 网贷基金中，投资者与其关系为债权/债权收益权转让关系。所以，业内将该类型活期产品称为类 ETF 网贷基金。

第二，类 LOF 基金——米袋计划。

LOF（Listed Open - ended Fund）称为上市开放式基金，交易场所和

ETF 类似，是一种既可以在场外市场进行基金份额申购赎回，又可以在交易所市场进行基金份额交易和申购赎回的开放式基金，是我国本土化创新的一类基金产品，LOF 基金多采用主动投资，投资策略随时变化，投哪些股票、投资多少只股票、投多少份额都是根据自己的投资策略来制定，而这些投资策略是不公开的。

为何称米袋计划为"类 LOF 基金"呢？首先，米袋计划通过筛选体系、投资模型和线下合作等途径对 P2P 平台及其债权进行筛选及投资，采用的是动态、积极的投资方式，所投资的平台是动态变化的，与 LOF 基金类似。其次，米袋计划投资哪些平台、投资多少个平台并不是固定的。最后，类似 LOF 基金的场内场外交易，米袋计划既可以通过平台进行份额申购赎回，又可以在米袋交易进行份额交易。

综上所述，以星火钱包为典型的"类 ETF 基金"和以米袋计划为典型的"类 LOF 基金"都根植于债权转让模式，将购买的债权形成债权包并转让给投资者，投资者可以将债权份额随时转让给网贷基金平台，也可以在 P2P 二级市场（如 P2P 机构投资交易平台）上随时交易债权份额。不同的是，星火钱包每一种产品类型中包含哪几个平台、选择的标准是什么（评级）、各自的权重多少（投资策略）等情况像 ETF 基金的成分股一样，都是公开透明的。而米袋计划采取动态、积极的投资模式，投资哪些平台、投资多少个平台并不是固定的。

4.2 类封闭式债券基金

封闭式债券基金主要是指专门投资于债券的基金，它通过对债券进行组合投资，寻求较为稳定的收益。在投资标的上，主要是国债、公司债和企业债等债券债务凭证。在交易功能上，到期前不能赎回，只能通过交易所二级市场进行交易。网贷基金中的定期产品设计可以称为类封闭式债券基金。

　　在网贷基金产品设计中，随着业界发展及产品设计技术的成熟，各主流网贷基金逐渐尝试将所购买的债权打包成定期产品转让给投资者，像债券基金一样实现了组合分散。在时间期限上，分为 1 个月、3 个月、6 个月、12 个月不等。同时，在交易功能上，类似于封闭式基金，在到期前投资者不能转让给平台，只能通过各平台的二级市场进行交易。

　　同理，定期产品与封闭式债券基金在交易场所、法律关系方面存在同样的区别。但是，也存在独特的区别之处。首先，在交易标的上，债券基金主要投资于标准化的国债、公司债等，而定期产品投资于非标准化的债权。其次，在跟踪方式上，债券基金在存续期限内可以动态对所购买的债券进行动态调仓和配置，而定期产品在组合阶段就已经对每一个债权包的构成进行了固定，后续不会进行动态变化。

5

网贷基金设计要素

从产品设计理念和产品运营模式两方面对网贷基金设计要素进行分析。在产品设计理念方面，从产品的本质和用户需求来看，网贷基金的设计必须考虑三重关键要素，分别是安全性、收益性和流动性。

5.1 安全性要素

安全性是网贷 ETF 基金投资人进行投资时另一个重要关注点。如何设计网贷 ETF 基金来最大限度地保障投资人资金的安全呢？如同传统基金一样，网贷基金是包含多个分散标的的投资组合，通过投资不同的标的降低整个投资组合的风险。因此，由分散投资带来的风险降低是网贷基金最基础的设计要素，其设计逻辑基于风控模型的优选平台、分散投资以及风险准备金设置等方面。

网贷基金风控的核心思想是"优选债权、极致分散"。分散投资的基础是优选债权，而"优选债权"从"平台优选"入手。在优选平台方面，网贷基金早期并没有形成系统，大部分的网贷基金上线之初并没有很强的"平台优选"概念，选择的平台大部分为成立时间较长的高息平台，然而随着 P2P 平台跑路和老牌平台倒闭潮，网贷基金屡有中雷，网贷基金的开拓者们意识到"优选平台"的重要性，因此平台选择标准开始倾向于国资系、上市系、风投系背景的网贷平台，同时尽可能地选择以第三方担保的方式或平台雄厚风险准备金承诺本息保障的平台。2015 年，针对网贷的第三方评级开始兴起，可见"平台优选"的指标更加多元化，风险评估模式也更加全面，其中比较典型的一级指标有平台管理团队、运营数据、信息披露等。基于此评估模式，近期多家机构均启动了线下实地调研。这也使得网贷基金的"优选债权"在"平台优选"的基础上更加落到实处。随着未来 P2P 网贷"去担保化"趋势，网贷基金风控中对"优选债权"的要求也进一步提高。

对于 P2P 公司或银行而言，它们最大的风险在于借款人的信用，所以它们会对借款人资质进行审查。到网贷基金这个环节，最大的风险在于 P2P 平台而非借款人，所以二级风控的重点是审查平台。在业务风险、运营风险、道德风险等不同的层面，需要分线上和线下审查。网贷基金风控团队会从数据、舆情、信用背书等方面设专人监控平台，但具体到平台的业务合规性也会实地考察，深入平台的业务流程，亲自确认其业务的真实性和风控的专业性。然而从现今的政府指导文件中也可见，P2P 平台本身去担保化势在必行，而随着平台不再担保，项目本身存在的风险更加突出。此时，平台本身的背书实力不再是考察网贷平台的唯一重点，对平台项目的考察也变得更加重要。

因此，2014 年到 2015 年上半年投资人喜欢讨论网贷"中雷"（即平台跑路或提现困难）情况，2015 年下半年投资人讨论更多的却是项目本身的真实性和借款人还款能力的考察。如由中源盛祥融资性担保公司担保的 P2B 项目（银客网、银豆网等）逾期和坏账事宜，对于投资人而言，担保不再是资金保障的可靠途径，要谨防担而不保的现象发生。

由此可见，网贷基金作为 P2P 的机构投资者，P2P 投资端的风控体系建设方向不仅仅需要考察平台条件和模式的优劣，还需要细究所投资项目本身的优劣，如此才能打造产品的核心竞争力，获得网贷投资者的青睐。

分散投资方面，单纯追求高收益，可能会踩雷，单纯追求安全性，又会造成收益过低，较为明智的选择是分散投资到多家平台中，综合考虑收益与风险。而分散并不等于简单地平均，在权重设计方面，需要和评级、现金流等方面互相匹配。

此外，还需要科学的风险备用金设计。风险备用金的来源途径以及杠杆比例的设计都需要与基金的资产规模及流动性能力相匹配。

5.2 收益性要素

收益率的高低常常是投资人对金融产品的第一直观感受，网贷基金如果在保障安全和降低时间成本的基础上，能向投资者提供更高收益的产品，投资人当然乐意选择。网贷基金的机遇，正在于它相对于宝宝类理财产品甚至相对于金融市场上大部分固定收益类产品都有更高的收益率。在流动性、认购门槛等条件上都与宝宝类理财产品不相上下的情况下，网贷基金类产品胜在收益率。

那么，网贷基金作为机构投资者在这方面的优势和思路在哪里呢？

风险定价能力和资产端的整合能力（各类平台债权的比例配置能力）决定网贷基金收益率的高低。从网贷行业的萌芽、快速发展到行业洗牌期的到来，加上网贷平台同质化竞争等多重因素影响，进入 2015 年以来，网贷基金因为 P2P 平台利息下降而导致本身收益率不断下降成为不争的事实。据数据统计，自 2015 年 3 月 1 日至 9 月 1 日，6 个月之内网贷基金平台的收益率大幅度下降，整体收益率都从 13% 逼近 11%。降息的同时如何保持规模的增长是摆在当前网贷基金平台面前的一道难题：资产端是横向拓展新的投资领域，还是纵向不断深挖高收益 P2P 平台。

5.3 流动性要素

对于网贷基金而言，需要满足投资者随时提现的基本需求。如何保证运作中资金的健康流动，从而真正实现资金的随时提现？其最核心设计是网贷基金需要对接具有高流动性的网贷债权，同时辅以自身的转让机制、现金储备和其他高流动性资产。

1. 现金储备和其他高流动性资产的配置

资产在易于变现的货币基金、可转让债权、短期债权等配置上实现均衡，如货币基金。在转让机制无法满足用户提现需求时，需要用现金储备和其他高流动性资产满足提现者的资金需求。当然，这类资产过高会拉低网贷基金的收益。

2. 建立自身的债权转让机制

该机制可以实现在用户提现时，新加入的购买资金随时与出让债权对接，从而满足提现者的资金需求，火球网首创了按照参照 LOF 基金的申赎、买卖双轨机制的产品设计机制，米袋计划也推出了类似的转让功能。

3. 高流动性的网贷债权

最后，也是最关键的，网贷基金需要对接具有高流动性的 P2P 网贷债权，这些债权往往在具有转让功能或者净值标功能的 P2P 网贷平台，而且这些平台的用户基数较大，可以满足转让标或者净值标及时满标。在上述两类设计都无法满足提现需求时，就需要网贷基金出让这些高流动性的 P2P 网贷债权来满足用户的资金需求。目前星火钱包所投资债权中，有 60% 以上属于可以随时转让的债权，且正在朝着更高的可随时转让比例不断努力。

6

产品运营模式

从产品设计理念出发，结合动态的产品运营过程，从产品设计链条、资金流、信息流三方面对产品具体流程进行剖析。

6.1 从产品设计链条视角分析

在产品设计链条上，P2P借款人、P2P平台、网贷基金、投资者和第三方机构（如担保公司、第三方支付公司）均分布在网贷基金产品设计链条的节点上，共同参与了网贷基金产品的设计。在网贷基金产品设计的链条上，投资者需求分析、网贷基金优选平台、购买优质债权和分散组合是其中最为重要的几大环节。

理论上投资者的投资需求是网贷基金设计产品的起点，投资者主要在投资的安全性、流动性、收益性三方面来进行综合考虑。而现实情况是目前P2P平台及项目风险难以控制，道德风险和操作风险情况屡见不鲜。同时，投资P2P债权有固定时间，难以实现良好的流动性。最后，收益高的信托、私募等投资门槛又较高。而网贷基金的安全性、流动性、收益性设计极好地满足了投资者的需求。

从网贷基金产品的形成来看，主要分为网贷基金利用自有资金购买经过风控模型筛选的债权、将打包好的债权转让给投资者两个环节。在整个网贷基金的设计链条中，网贷基金扮演着重要的角色是优选平台购买优质债权并分散组合打包，同时在债权转让后实施持续的动态监测。

6.2 从资金链条视角分析

从整个网贷基金产品的资金来看主要分为网贷基金利用自有资金购买债权、将打包好的债权转让给投资者两个部分。相较于将打包好的债权转让给投资者部分，利用自有资金购买债权的资金链条相对较短，主要由网贷基金利用自有资金从各大平台购买债权。

而将打包好的债权转让给投资者部分资金链条分为三个阶段：在投资者充值与购买债权后，债权进入投资者账户，投资者资金进入网贷基金平台账户。在产品存续期间，由网贷基金每天计算利息收益。最后在投资者将产品赎回后，投资款部分和利息收益直接转入投资者账户返还给投资者。

目前，在将打包好的债权转让给投资者部分资金链条中，关于账户和资金的转移主要存在三种模式：

第一种，资金池的模式。什么是资金池？这是针对银行或者第三方支付来说，网贷平台在其开了一个账户，所有投资者投资时把资金统一到投资机构在银行或者第三方支付账户里去。赎回时，投资机构根据申请然后到资金池提现放款，目前很多投资机构都采用这种方式。

第二种，虚拟账号的模式。现在公众非常关注资金托管，资金池的模式就是把整个监管的责任交给投资机构，而虚拟账号的模式是由第三方支付来设计这个模式。投资机构在第三方支付里面开了一个大账户，投资者在大账户下面拥有一个虚拟的账号密码，由平台和第三方支付共同承担监管责任。资金流的操作流程为：投资人投资时将资金充入第三方虚拟账户，发出购买债权预约时，投资机构申请第三方支付平台将虚拟账户进行冻结，用户购买成功后，投资机构申请第三方支付平台将虚拟账户冻结资金划转至投资机构账户。这里全部通过接口形式，投资机构里面不涉及任何资金的操作，所有资金流全部在第三方支付里去。这里有一个好处就是整个资金托管不再是一个噱头，而是实实在在存在的监管模式。

第三种，实账号的模式。这是一种理想的情况，在实账号模式下，网贷基金将不是债权转让模式，而是提供居间服务。投资机构和投资人是平级的，每个人在第三方都有一个账户，投资机构在P2P债权和投资者之间成立信息交互，投资人通过其第三方托管账户直接投资给P2P债权，投资机构只是一个接口而已。目前，市场上还没有这种模式。

6.3 从信息链条视角分析

除了上述主要产品者、资金链条两大显性链条之外，还有隐匿在产品背后的信息链条，信息链条与其他两大显性链条交织在一起。而信息链的核心就是构建一个数据资源库，将P2P平台、第三方机构、具体项目信息等各类信息汇集到数据库中，然后利用大数据等技术手段进行数据挖掘，转化出有效信息设计为产品，并传输给投资者。

在优选平台精选债权过程中，网贷基金基于外部环境、业务模式、资产质量等历史积累信息数据和部分外部信息等搭建自己平台及债权信息数据库，分析优质平台及优质债权，并且实现债权购买。

在债权打包及转让过程中，购买债权的实时打包、债权包转让与对应的投资者配套信息等反馈传递给数据资源库，每一个资产包对应的债权都能提供实时查询和跟踪等，有利于保障资金的安全运作，实现"因为透明，所以安全"的用户期望目标。

在债权动态监测中，网贷基金会针对债权包中的债权到期时间、标的情况、债务人信息等进行全面跟踪，在出现风险预警时，通过转让、与P2P平台联系等方面及时进行风险处置。信息链分布在网贷基金产品设计的各个环节，通过对信息链上的信息进行整理分析，有利于网贷基金产品的优化升级。

综上所述，目前网贷基金类产品是因为大部分用户对其运营模式的不了解以及对其安全性等方面的顾虑而暂时不考虑投资。那么在网贷基金产品类固定高收益特征的吸引下，再加强互联网理财客户对于网贷基金类产品运营模式的深入了解，网贷基金类产品成为互联网理财的新热点也就不是不可能的了。

7

网贷基金产品设计发展方向

无论是规模增加导致的资产配置问题，还是在去担保化等监管政策下的资产安全性问题，或者各主流平台趋向同质化竞争导致收益率的下降问题，乃至出于对网贷行业系统性风险的担忧，这些都对未来网贷基金行业的发展提出了更多的问题。互联网金融的发展趋势是"资产＋流量"为核心的新型商业模式，面对各种挑战，不同网贷基金不断创新，显然已开始呈现出多元化发展的格局。

7.1 强化资产端配置，创新结构化产品

出于规模扩大导致资产流动性配置以及规避系统性风险的考虑，网贷基金业内资金规模最大的真融宝强化了资产端配置，在其投资组合中加入P2P网贷以外的其他类型资产，以求更好地分散和管理风险。现在真融宝平台上运作的资产包括分级基金、货币基金以及供应链金融、小微信贷等P2P债权。最新资料显示，米袋计划资产配置中也有 10% 以上的货币基金。

然而，标准化、低风险资产的大量配置，在一定程度上会拉低产品收益率，为了满足不同层次的投资需求，真融宝在创新结构化理财产品方面进行了尝试。在 2015 年 5 月初推出了与股市挂钩的结构化理财产品"稳进牛"和"锐进牛"，将固定收益产品和期权期货等金融衍生品以一定比例

进行组合配置，达到既能保持较低的资金风险，又能博取超额收益的投资目的，类似产品还有火球的"对冲乐"。

通过不局限于 P2P 资产的配置，构建分层次的资产体系及产品类型，满足不同类型风险需求的投资需要，未来网贷基金取代构建于纯货币基金的"宝宝类"产品让人产生无限遐想。

7.2　发力纵向整合，建立自控网贷资产端

网贷基金在快速发展的过程中，随着规模的扩大必然会导致投资资金的相对集中，而在风控能力不足的情况下易踩雷，踩雷后开始产生信任危机，不敢把钱大量地投出去了，导致推广拉来了用户，平台却没有足够的份额来满足用户的购买需求。

纵向整合是解决信用危机问题的有效手段，网贷基金通过内部整合、外部整合行业链上网贷平台，通过控股、参股等参与方式输出资金、输出人才、输出风险管理模式。如火球网与趣分期合作，把大部分的资金投向了大学生消费金融——趣分期，构建了自控网贷资产端。

7.3　加强投研能力，深挖风控能力

不管是资产端全资产配置分散风险还是自建网贷资产端，金融的本质都是风控能力的建设。尽管网贷资产市场存在定价机制、转让以及交易等制度有待健全，资产质量良莠不齐等特点，但是金融高收益背后的代价或者说基础就是去发现其中优质的金融资产，并且开发出有针对性的风控手段来降低风险。随着去担保化以及平台的正规化运营，后续投资将从平台分析向资产端挖掘。星火钱包以其接近零坏账的风控水平，参考传统金融机构的经营建立自己的投研体系，以买方评级为基础深挖风控能力，不断提高资产质量。

7.4　构建互联网金融入口端，实施流量转化

金融信息流、资金流在互联网冲击下更容易传播与销售，传统金融行业的垂直产业销售链条将被平台取代，入口端的价值日益凸显。互联网理财以"资产整合＋流量转化"为核心，更多的公司选择从入口方面来构建其商业模式，而这一模式下的选择是多样的。

在这一模式下，米袋计划建立了米袋网，向 P2P 分销平台尝试，从为投资人筛选债权的角色向为 P2P 平台代言的角色转型。银多资本也尝试了众筹及类私募领域，从工具类应用以及新型业务板块以期望多点切入，最终实现流量转化。而第三方理财平台多赚从社区构建着手，满足用户功能化、情感化、社交化的三层次需求，构建了强大的互联网理财流量入口，示范基金的运行也被外界认为是网贷基金运行的试水。

7.5　创新组织形式，采用有限合伙基金

基金模式上也越来越多，以盈灿基金为代表的准 P2P 投资基金在刚开始设计产品的时候就采取了锁定投资期限的私募基金模式。盈灿基金由网贷之家打造，于 2014 年 11 月正式运营，采用的是私募基金的有限合伙制。

截至 2015 年 11 月，盈灿基金已募集 9 期"网贷投资优选基金"，每期面向的投资者不超过 49 名，最低认购金额有所提高，从最初的 10 万元到目前的 30 万元。以其中的网贷投资优选 1 期为例，其投资金额为 3005 万元，投资平台为 39 家，其中最高占比 4.4％，最低占比 0.83％，加权期限为 2.65 个月。较高的投资门槛和"有限合伙人模式"在一定程度上降低了资金的流动性风险，而官方网站也仅提供基金介绍等基本信息，对资产组合、有限合伙的利益分配等具体情况未进行披露。

第三篇　网贷基金风险控制

8　IFRM网贷基金风险控制体系概述

9　IFRM风险控制平台精选指标体系详解

10　IFRM风险控制执行系统

11　网贷基金风险控制之资产项目分析

12　当前P2P网贷投资八大误区

在前文，我们已经对网贷基金有了一定了解，并对网贷基金的产品设计要素进行了分析。其中，产品的安全性是首要设计要点，而保证产品的安全性的重要管理手段之一就是风险控制。本章我们将对网贷基金的风险控制成熟体系进行介绍，以 IFRM 风险控制体系为代表，中国网贷基金的开局者们总结了一套完整可持续发展的风险控制理论和实践体系。这套体系是依据中国特色的网贷行情而建设的，因此，这套体系是具有中国特色的网贷基金风险控制体系。

IFRM 网贷基金风险控制体系概述

8.1 IFRM 风险控制系统原理

IFRM 网贷基金风险控制体系是星火钱包作为 P2P 专业的机构投资者，在网贷的投资实践中总结和提炼出的完整的可持续发展的风险控制体系。

IFRM 风控体系包括 FOW 定性评估、TOS 量化评级、O2O 尽职调查和大数据分析监控体系（动态跟踪体系）几大指标体系。风控研究团队通过对平台数据的详细搜集和整合，按照风控体系中的分析细则对 P2P 平台进行分析评级，依据投资策略制定 P2P 理财债权组合，并且实时跟踪，形成整个 P2P 平台的动态风控系统。所有参与 IFRM 风控体系的人员各司其职，按照流程有效执行，使得风控体系贯彻实施。图 8 - 1 是 IFRM 风控体系的系统原理图。

如图 8 - 1 所示，IFRM 风险控制系统实际上可以分为评级模块和动态监测模块。其中 FOW 定性评估模块、TOS 定量评级和 O2O 尽职调查模块以及历史舆情数据分析实际上属于评级子系统，而后续的大数据监测和舆情监测等动态系统实际上属于动态监测系统。其中，FOW 定性评估模块是平台准入模块，该模块内涵盖平台的禁止、观察和预警性指标，依据指标体系判定原则，对平台进行初次筛选，达到标准则进一步进行 TOS 定量评分的投资指标的搜集，根据 TOS 和 O2O 加减分的评分基础，加上平台

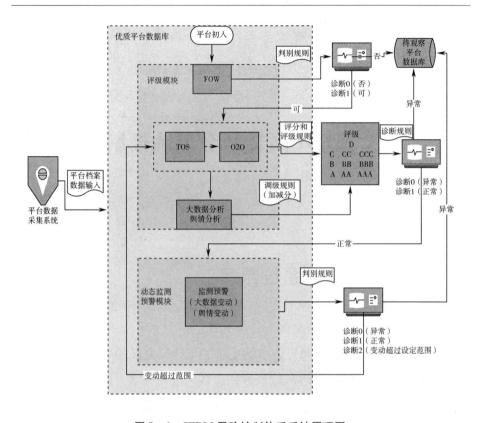

图 8 – 1 IFRM 风险控制体系系统原理图

运营及历史舆情等数据对平台进行评级，若平台在可投资等级之上，则按照投资策略进行投资，然后持续动态监测并反馈。这是 P2P 发展的可持续的动态系统。

8.2 IFRM 风险控制关键要素

网贷基金风控的关键要素有三个："精选债权"、"极致分散"、"动态监测"。当前的网贷基金如星火钱包、火球网、真融宝、米袋计划等众多产品，尤其是活期产品提出的关于产品安全上的口号大多是"精选债权、极致分散"。笔者认为，这两点至关重要，但是在做好这两点的基础上，"动态监测"也是相当重要的要素之一。

第一，"精选债权"。

网贷基金在"精选债权"方面都做出了很多努力，各自采用的方法可能不一，但是宗旨是一致的，均是挑选出的优质的债权。

美国网贷基金公司 Prime Meridian Income Fund 精选债权是通过信用评级 FICO 分评估项目，然后精选出债权出售。此外，美国的网贷基金公司的债权 90% 以上来自于 Lending Club 和 Prosper，这是由于这两家公司作为美国的龙头 P2P 公司占据 98% 的市场份额。

而中国网贷基金在风控上远比美国的网贷基金复杂，也比 Prime Meridian Income Fund 等付出更大的努力。主要原因如下：一是中国的征信体系因起步较晚仍然不完善；二是中国近年 P2P 网贷增长迅速，问题也颇多，截至 2015 年 10 月底，中国在营的网贷平台数目为 3226 家，出现跑路等问题的平台数目约 1100 家。因此，中国的网贷基金的"精选债权"的方法的可行性直接决定了产品的安全性强弱。而"精选债权"需要如何做呢？

首先，"精选债权"需要从"精选平台"入手。这是中国网贷基金风控与美国网贷基金风控最大的区别之一。中国网贷平台数目众多，质量参差不齐，因此需要建立专业的精选平台的体系，有些网贷基金的精选体系建立在第三方网贷评级的基础上，有些是建立在自身的风控评级体系之上，但是不管哪种方式，都需要建立一个平台精选的标准。IFRM 风控体系中精选平台的几大指标要素将在下一节中一一阐述。

有人也许会问：精选平台之后还需要对每个平台进行债权的精选吗？答案是非常有必要，即在对平台的投资级别和投资额度确定的基础上，进行债权选择。各个平台的产品业务特点不一样，产品的保障模式也可能不一样，加之各个项目信息披露详情内部可能反映的一些问题也不一，导致同一平台的项目之间的风险级别也存在差异。也许有人会说：对于背书的平台而言，这些可能都不是问题吧。也许去年到今年上半年，选准了平台，项目考察可能不是很关键，但是，进入 2015 年下半年，网贷行业的监管意见陆续出台，"信息中介化"和"去担保化"的整体趋势下，网贷投资中对于具体项目优劣的甄别也更加重要起来。因此，"精选债权"是从"精选平台"入手，在众多优质平台的基础上进行优质债权精选的过程。

第二，"极致分散"。

"极致分散"是指通过债权的极致分散以达到风险的分散。在网贷基金的风控中，好的"极致分散"体系并不是所有债权进行无规则的任意分散，而是按相应的平台等级、投资分散规则进行投资，并且投资比例需要设置恰当，债权的集中度不宜过高，还要尽量降低个别债权对网贷基金整体的影响。

第三，"动态监测"。

在大部分网贷基金的风控体系中一般只提到"精选债权"和"极致分散"两大要素，编者在对网贷基金的风控体系研究以及长期的实践过程中总结出仅仅做到"精选债权"和"极致分散"还远远不够，还要做到实时的"动态监测"，尤其是对所选择的 P2P 平台的动态监测。只有这样才可能建立一个完整的网贷基金投资生态圈，最大限度地做到风险可控。那么如何进行"动态监测"呢？监测的要素有哪些呢？下文线上和线下风控要素的章节中将详细阐述。

IFRM 风险控制平台精选指标体系详解

本书已经在前面介绍了整个 IFRM 系统原理，整个风险控制指标体系评价分为"三步走"，第一步为 FOW 风险定性过滤体系，第二步为 TOS 和 O2O 风险定量评价体系，第三步为 DW 动态预警调分评价体系。随着对平台的监测和行业发展的即时关注，平台精选的指标体系也需要不断改进，接下来我们对当前的 IFRM 风险控制指标体系进行详细解析。

9.1　FOW 指标体系

FOW 是 IFRM 平台入选的定性过滤指标体系，是 IFRM 风险控制体系的第一步，指标分为三大类，分别为 F（禁止类）、O（观察类）、W（预警类）。在筛选原则中，如果指标 F 类总得分为 0，O 类总得分为小于 2 且 W 类总得分小于 2，则直接进入风险评价系统的下一步——TOS 定量评价体系。如果目标指标 F（禁止）总得分大于 0，则直接不考虑投资；如果 O（观察）或 W（预警）指标总得分大于 1，则跟踪观察平台状况，暂时不进入下一步风险评价系统。表 9–1 是 IFRM 风险控制系统的 FOW 指标体系。

表 9–1　　　　　　　　　　　　FOW 指标体系

目标指标	说明	指标	评判选项
F（禁止）	该指标为禁止类指标，一旦出现其中任意一项以上的指标，即本项目总得分大于 0，则直接不考虑投资	出现过提现困难	是（1）否（0）
		草根平台未公示创始团队	是（1）否（0）
		平台有涉诉信息	是（1）否（0）
		有证据证明是自融或庞氏骗局	是（1）否（0）

续表

目标指标	说明	指标	评判选项
O（观察）	该指标为观察类指标，出现其中任意两项以上的指标，总得分大于1，则与W预警类指标一起跟踪考察平台，综合考虑是否进行下一步的评价	上线时间不满半年	是（1） 否（0）
		借款人小于 10 人	是（1） 否（0）
		投资人小于 100 人	是（1） 否（0）
		现金流连续四周为负	是（1） 否（0）
		新借款下降幅度超过 30%	是（1） 否（0）
		满标时间出现明显上扬	是（1） 否（0）
		成立 2 年以上但利息仍然维持在 20%以上	是（1） 否（0）
		（拆标前）标的金额超过 500 万元	是（1） 否（0）
		前三名借款人借款金额超过 50%	是（1） 否（0）
		新借款突然大幅度上升的时候	是（1） 否（0）
		更换企业法人	是（1） 否（0）
		创始团队的金融背景非常薄弱	是（1） 否（0）
		某两个或更多平台由同一人或同一运营团队控制	是（1） 否（0）
		车辆或房产的抵押率超过七成	是（1） 否（0）
W（预警）	该指标为预警类指标，出现其中任意两项以上的指标，总得分大于1，则与O观察类指标一起跟踪考察平台，综合考虑是否进行下一步的评价	以玉、古玩、字画等抵押贷款为主要业务的平台	是（1） 否（0）
		平台公告一个月内没有更新	是（1） 否（0）
		舆论中出现跑路或倒闭言论	是（1） 否（0）
		高管关联企业和房地产等行业有关	是（1） 否（0）
		关联企业存在法律纠纷	是（1） 否（0）
		与其合作的担保公司、小贷公司等出现倒闭、受处分、不合规等现象	是（1） 否（0）
		发现假标或标的不合理的情况	是（1） 否（0）
		抵押物估值过高	是（1） 否（0）
		客服电话是空号或联系不上客服	是（1） 否（0）
		没有说明平台所属公司名称	是（1） 否（0）
		第三方机构紧急撤资	是（1） 否（0）
		平台大户撤资	是（1） 否（0）
		平台转型做其他业务	是（1） 否（0）

9.1.1 F 禁止类指标解析

禁止类指标包含提现困难、草根平台未公示创始团队、平台有涉诉信息和有证据证明是自融或庞氏骗局四个指标。这些指标意味着平台风险比较大，属于禁止类型。

1. 提现困难。

（1）指标内涵。提现困难主要用于衡量平台的现金流状况以及卷款跑路的风险程度，是 P2P 行业投资者的重要风险指示标。出现提现困难的平台极有可能意味着平台现金流已经断裂。

（2）观测方式及内容。该指标主要可通过平台官方公告、第三方数据平台、客户 QQ 交流群和第三方舆情等渠道搜集信息。就提现困难这个指标而言，投资者应多加注重事前观测，如平台近期现金流有没有异常，平台的风险保障金账户和逾期坏账情况怎么样，平台有没有出现提现限制行为等。

（3）注意事项及案例解析。在观测提现困难指标时，需要特别注意它的实际含义。提现困难实际上意味着平台现金流已经出现问题，且一旦被曝光就会立马面临挤兑风险，让平台的现金流情况雪上加霜。此时若没有强大的背景实力做后盾，一般平台都逃不脱跑路或倒闭的结局。目前，国内大部分平台都是走线下模式，再通过线上进行债权转让，如果不控制好线下放贷的资金量，过度地放大资金杠杆，期限错配，或者出现大规模逾期、坏账，一旦投资人集中挤兑，其抗风险能力还不足以覆盖现金流风险。

典型的例子有 2015 年 8 月曝光的 365 金融，有投资者爆料称，自 2015 年 6 月起，因拆标、逾期和期限错配三重因素叠加影响，网贷平台 365 金融提现困难已接近两个月。投资者曾多次自发组织前往 365 金融进行维权。此后，平台公告称将与中国香港上市公司汇思太平洋进行资产重组，8 月 20 日全面恢复充值提现。然而，8 月 19 日平台再次发布公告称，资产重组出现变故，将提现日期再次延期至 8 月 31 日。恢复提现日期一拖再拖，令投资者们焦急万分。尽管此后平台于 7 月 28 日发公告停止线上充值，但依然继续发标。加之，在投资者提出查标要求后，却遭到平台拒绝。因此，有理由怀疑平台资金链早已断裂，并存在"以新还旧"的嫌疑。

再如 808 信贷，平台在 2015 年 10 月 17 日发布提现限制的公告，虽然事后采取了一系列催收和融资措施，但短时间内依然解决不了提现困难的现状。平台最新规定 2015 年 11 月的最高提现额度为 200 元，这对投资者来说无疑是杯水车薪，但对平台来说却压力甚大。且 808 信贷 CEO 在官网公告表示，最晚到 2016 年 6 月 808 信贷会恢复正常提现。

2. 草根平台未公示创始团队。

（1）指标内涵。创始团队是判断一家平台运营能力的基本指标，大部分平台都会选择在其官网公示创始团队的基本信息，公示的内容可以包括联合创始人或核心管理团队的基本信息（不同于股东）。

（2）观测方式及内容。该指标的观测以线上统计为主，可辅以线下尽调形式，主要的观察内容是有没有公示和公示信息的真实性。

（3）注意事项及案例解析。在考察创始团队的公示情况时，必须结合平台背景和业务类型进行综合判断，也要格外注意对披露信息真实性的考察。比如格林易贷，其官网仅公示了学术顾问孔英和技术总监马斯岳的相关信息，对其核心管理团队却只字未提。结果是第三方网站网贷之家对其部分管理人员进行了公示，但据知情人士透露，该信息与平台的实际经营参与者存在些许差异，平台主要负责人其实是郭虎。

而惠人贷、泰山宝、银港在线和千和投这些平台则是完全没有披露管理团队的相关信息。再如百财车贷，线上完全是采用定性的话语来描述其管理团队基本信息，如"我们曾经在传统行业和互联网行业连续创业，曾经在顶级互联网公司创新院担任要职，曾经担任过投资银行投资合伙人"等，没有具体的管理者履历。通过线下尽调后，星火钱包风控部了解到该平台的管理团队配置情况，具体如表 9－2 所示。

游国平

法人代表

游国平，男，1972年生，祖籍中国湖南。毕业于中南财经大学金融学专业，拥有近30年金融行业工作经验，历任中国农业银行湖南省常德市分行行长助理、副行长，及香港渣打银行深圳分行个人业务部营业副总和总经理。负责银行业务营销、个人贷款、抵押登记、存款营销、基金、信用卡营销、拓展存款户、开发大型重点客户及部门管理，与国土、征信、中介及担保公司等建立了良好关系。2001年起加入金裕城集团。

温伟东

业务总监

毕业于北京语言大学，曾担任英大证券有限责任有限公司区域总监、深圳轩鸿资产管理有限公司业务总监；曾经管理过100人的营销团队，擅长证券分析，团队管理，渠道开发，项目开发，投融资项目洽谈。获得国家高级理财师认证，私人银行家认证。

郭虎

运营总监

西北政法大学法学学士，曾在平安保险及多家金融机构供职，从事互联网金融领域工作三年以上，从一线员工做起，历任运营经理、市场总监、运营总监等职，在互联网产品策划和运营、金融和互联网领域的数据挖掘（大数据）等领域有丰富的理论研究和实践经验。

图 9 – 1　网贷之家关于格林易贷管理团队的公示

表 9 – 2　　　　　　　　　百财车贷管理团队信息

姓名	职务	个人简历	人员属性
吴贤君	CEO	汉理资本 VC 经验，有多次创业经验	创始人/管理者/股东
杨安娜	副总裁	银行工作经历，2015 年 4 月加入平台	创始人/管理者/股东
郑宏	无	日本留学，深耕餐饮业，交际能力强；管理子公司	创始人/股东
戴先生	风控总监	小额借贷行业工作经验，以房贷和信用贷款为主	管理者

3. 平台有涉诉信息。

（1）指标内涵。该指标主要是指平台本身或平台的重要人员曾经有过失信被执行记录。

（2）观测方式及内容。该指标的观测以线上统计为主，可通过全国法院被执行人信息查询系统、全国法院失信被执行人名单公布与查询平台以及互联网搜索等渠道，输入类似法人、股东或运营团队等平台的核心信息，查找相关资料。

（3）注意事项及案例解析。在考察该指标时要注意，一旦发现法人或股东曾经出现失信被执行等较重要的失信记录，即意味着面临的平台信用风险将大大提高，需要引起重视。此外，涉诉指标还可结合管理团队变更、平台资产类别等指标综合进行判断。

以名车贷为例，该平台前法人钱维政（可通过全国企业信用信息公示系统查询到该记录，于 2015 年 3 月 17 日发生变更）就曾有过失信被执行记录。

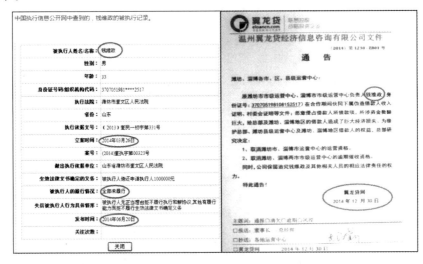

图 9 - 2　名车贷前法人失信被执行记录

4. 有证据证明是自融或庞氏骗局。

（1）指标内涵。自融是 P2P 行业内较为严重的一项风险，专指有实体企业的老板为帮自有企业或关联企业融资，选择开设一个 P2P 平台，把筹到的资金绝大部分用于内部输血。庞氏骗局则是一种以新还旧的投资欺诈形式，通过不正常的高额回报持续性吸引新投资人加入。老投资人的资金回报来源于新进投资人的投资本金，而非真正的实体经济项目。一旦新进资金跟不上节奏，庞氏骗局就会面临崩溃的。

（2）观测方式及内容。该指标的观测以线上统计为主，可辅以线下尽调的形式，具体可以从借款人、借款用途、担保公司等标的相关信息着手，判定平台是不是存在该类风险。

（3）注意事项及案例解析。在考察该项指标时，要特别关注平台的相关标的，如果关联业务过多或者涉及发假标，都应引起重视。

国湘资本，于 2015 年 9 月 1 日曝出刑侦事件，涉嫌非法吸收公众存款，也有众多投资者质疑该平台属于自融。非法吸收公众存款主要涉及 P2P 行业的资金池问题，对此暂不做解析。

从自融的角度来看，国湘资本于 2013 年成立，隶属于深圳市前海国湘金融信息服务有限公司，该公司是深圳市国湘集团有限公司的全资子公司。国湘集团的经营范围有预包装食品批发（不含复热预包装食品，含酒类），具体表现为传统行业的酒类销售，且该集团于 2015 年 4 月 17 日就经营范围做了工商变更，新增供应链金融一项业务。

再看国湘资本的标的信息，该平台累计融资将近 9 亿元，标的类型基本为基酒抵押借款，实际借款方也只有少数的几家酒企，业务范围集中。

基酒是生产酱香型白酒中用于勾兑的酒（酱香型白酒需要用不同批次、不同酒窖、不同味道的酒进行"勾兑"），是酱香型白酒的灵魂，产量稀少，价值可贵，可长期保存。正因为如此，当茅台镇因整体产能过剩而导致资金回笼困难时，基酒投资这种新型投资模式就顺理成章地成为了茅台镇的资金脱困途径。作为酒类产品公司，国湘集团除了可以销售成品酒之外，还可以自主采购基酒，进行勾兑后再包装卖出。后一种方式的利润空间更大，也是一般酒类公司惯常采用的方式，并且符合国湘集团酒类预包装食品批发的经营业务范围。也就是说，国湘资本平台发布的标的，既有可能是集中度较高的基酒抵押借款，也有可能是供应链金融，还有可能是自融。三者的区别在于：第一种业务类型中借款酒企和平台不一定有直接关联，风险主要在于借款的集中度和借款企业的大规模逾期。第二种业务类型中借款酒企是国湘集团的上游企业，且国湘资本购买了该酒企的基酒或其他产品从而形成了借款企业的应收账款，借款企业再把应收账款债权转让给投资者（国湘资本平台普遍被外界认定为酒供应链金融模式，但从供应链金融业务的本质来说，该模式需要二者间发生应收账款关系）。第三种业务类型中借款企业实际上是国湘集团自身或关联企业，通过把积压的基酒库存抵押获得融资变现。当然，如果国湘资本属于自融性质，那么国湘集团和借款企业间就必须有所关联，而这也和供应链金融业务一样，属于待证实的方向。

9.1.2　O 观察类指标解析

观察类指标包含上线时间不满半年、借款人小于 10 人、投资人小于 100 人、现金流连续四周为负、新借款下降幅度超过 30%、满标时间出现明显上扬、成立两年以上但利息仍然维持在 20% 以上、（拆标前）标的金额超过 500 万元、前三名借款人借款金额超过 50%、新借款突然大幅度上升的时候、更换企业法人、创始团队的金融背景非常薄弱、某两个或更多平台由同一人或同一运营团队控制等指标，只要某个平台出现其中任意两项及以上内容，该平台就需持续跟踪。

本章节将选取几个有代表性的指标加以阐述。

1. 上线时间不满半年。

（1）指标内涵。上线时间是考察平台运营能力的辅助指标，一般而言，上线时间越短，运营能力挑战越大。

（2）观测方式及内容。该指标的观测以线上统计为主，通过查询平台的工商注册信息获取数据。

（3）注意事项及案例解析。该指标既然主要是从成立时间上来辅助考察平台运营实力，那么可以根据 P2P 行业实际情况的变化做出适当调整，如把时间从半年延长到 1 年。

像 54 贷客，虽然平台背景实力较好，通过线下尽职调查后发现资产情况也不错，但考虑到平台主体公司于 2015 年 3 月 27 日方才成立，时间较短，因此星火互联网金融研究院目前把该平台列入重点追踪的平台，暂处于试投阶段。

2. 平台成立两年以上但利息仍然维持在 20% 以上。

（1）指标内涵。该指标主要用于判定平台综合收益率的合理性。

（2）观测方式及内容。该指标的观测以线上统计为主，利息除了观察标的收益率之外，还应考虑平台的各种奖励政策，也就是说，以综合收益率为准。

（3）注意事项及案例解析。高息虽是快速吸引投资人增加人气的一种手段，但必须明确一点，它要么意味着借款人承担了高昂的借款成本（借款利息），要么就意味着平台的运营成本提高（活动奖励）。然而高昂的借款成本不是导致资产端数量缩水就是导致资产端质量下降。另外，高昂的运营成本则只有背景强大的平台才能经得住这种烧钱行为。

以紫枫信贷为例，隶属于南京亚菲帝诺投资管理有限公司，该公司成立于 2012 年 1 月，注册资本 500 万元。平台于 2012 年 12 月上线，是运营将近三年的老平台，当前基本利率根据标的不同期限维持在 8%～20.4% 不等。该平台于 2015 年 6 月出现提现困难的舆论，但在官网上除了平台于 6 月 19 日发布的连续两次受到黑客攻击的公告外，找不到其他相关信息。值得一提的是，紫枫信贷在 7 月 10 日和 8 月 20 日相继发表了主题为不离不弃的公告，投资人回复中又出现了与提现相关的话题，不过总体来说，投资人对平台还是处于比较信任的状态。此外，这段期间紫枫信贷平台还出现了一系列变化：首先在 7 月 1 日平台公布的部分逾期抵押物处置情况中可推算出平台已经垫付了五百多万元（注册资本是 500 万元，为自然人股东）；其次平台在 7 月 3 日发布为了节省运营成本而搬家的通知；紧接着 7 月 7 日平台发布 A 轮股权融资计划公告，面向平台投资用户募集股权资金（和 808 信贷情况类似）；紫枫信贷主体公司在 8 月 27 日发生了法定代表人和办公地址变更，法定代表人从张健变为焦祥龙，据悉焦祥龙是执行董事，张健是股东；办公地址从南京市江宁区秣陵街道某处搬迁到南京市雨花台区玉兰路某处，与搬家通知里的地址略有出入；自 7 月 9 日发布一个 10 万元的房产抵押标后，紫枫信贷于 8 月 25 日才开始再发标，且以大学生消费贷为主，除了 2 个利息为 12% 的 3 月标，其余标的全部是利息为 8% 的 1 月标，发标量也有明显的缩减。

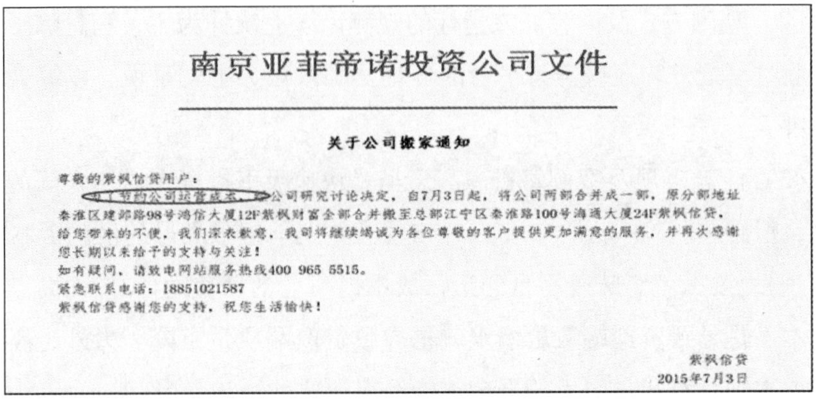

南京亚菲帝诺投资公司文件

关于公司搬家通知

尊敬的紫枫信贷用户：

为了节约公司运营成本，经公司研究讨论决定，自7月3日起，将公司两部合并成一部，原分部地址秦淮区建邺路98号鸿信大厦12F紫枫财富全部合并搬至总部江宁区秦淮路100号海通大厦24F紫枫信贷，给您带来的不便，我们深表歉意，我司将继续竭诚为各位尊敬的客户提供更加满意的服务，并再次感谢您长期以来给予的支持与关注！

如有疑问，请致电网站服务热线400 965 5515。

紧急联系电话：18851021587

紫枫信贷感谢您的支持，祝您生活愉快！

紫枫信贷

2015年7月3日

图 9－3　紫枫信贷隶属公司搬家通知

总体来说，紫枫信贷属于成立两年以上但利息仍然维持在 20% 以上的平台。以平台的背景实力来说，风险控制稍微放松就可能导致现金流紧张，好在该平台运营时间较长，客户信任感相对较高，该事件并未给其造成致命性的打击。不过紫枫信贷股权众筹的挽救措施，从融资规模和自有注册资本金额来看，可能会是未来公司管理上的一大隐性风险，需要投资者多加关注。

3.（拆标前）标的金额超过 500 万元。

（1）指标内涵。标的金额是衡量资产标的合理性的重要依据，是关涉平台风险控制的重要因素。单笔标的金额过大，意味着风险较为集中，不符合风险分散的要求。对金额较大的标的，平台一般会先拆标再放标，因此评价标的金额合理性时须以拆标前的情况为主。

（2）观测方式及内容。该指标的观测以线上统计为主，可辅以线下调研形式。需要考察的是平台的拆标情况以及拆标前标的金额合理性，对合理性的判断可结合标的资产类别和平台背景综合分析。

（3）注意事项及案例解析。从行业发展的起点来看，P2P 平台通过互联网直接对接了人与人之间的资金供需，是互联网金融普惠精神的实践者，呈现覆盖范围广、标的金额小的特点。但标的金额这个概念是相对的，与其所属资产类别关联紧密。普遍来讲，个人消费信用贷和车贷等资产类别涉及的标的金额较小，房贷和企业贷等资产类别涉及的标的金额较大。常规来说，500 万元以上的大额标的多为大企业信用借款、担保借款和抵质押借款这几种类型，抵质押借款一般会有房产抵押、玉石质押等。在监测这类指标时可以结合平台的背景进行考察，背景实力较强的平台可适当允许该类型标的的存在，当然不能忽视对标的具体情况的分析和研究。比如华人金融的标的金额多数高于 500 万元，甚至部分标的达到了 2 亿元。但该平台属于上市公司背景，平台实力较强，可重点关注其高额标的的风险。

4. 车辆或房产的抵押率超过七成。

（1）指标内涵。抵押物作为资金安全保障的一种方式，其估值与抵押率的合理性决定了投资人资金的安全程度。常规来讲，抵押物的变现能力越强，保值能力越大，其允许抵押的成数越高。车辆或房产作为流动性还不错的资产，其抵押率一般在七成左右，像豪车类资产，其抵押成数应该更低。

（2）观测方式及内容。该指标的观测以线上统计为主，可辅以线下调研的形式，主要的观察内容是平台对抵押物的估值以及实际的借款金额。具体的抵押成数还需要综合考虑标的的资产类别、借款金额以及借款人信息。

（3）注意事项及案例解析。在观测该指标时需要特别注意同一个抵押物有没有重复借款的问题以及抵押率是否在合理区间，此外抵押率还应该结合平台实力和安全保障体系综合考虑。

以一起好为例，其车金融 D137251 借款项目，抵押物价值 12 万元，借款金额 10 万元，抵押率八点三成，具体项目信息如图 9－4 所示。

统计其他车贷项目时可以发现该平台所有标的的整体抵押率都在八成

图 9 - 4　一起好车贷项目详情

左右。因此，在进行初步数据搜集时，将该平台列入待观察，进一步搜集深入数据，由于进一步数据显示该平台背景、运营业绩较好，风控体系较为完善，其业务虽然是车抵押，但是风控系统中同时加入了信贷元素，借款人的信用审核较为严格，故将该平台列入可投资行列。

9.1.3　W 预警类指标解析

预警类指标包含以玉、古玩、字画等抵押贷款为主要业务的平台，平台公告一个月内没有更新，舆论中出现跑路或倒闭言论，高管关联企业和房地产等行业有关，关联企业存在法律纠纷，与其合作的担保公司、小贷公司等出现倒闭、受处分、不合规等现象，发现假标或标的不合理的情况，抵押物估值过高，车辆或房产的抵押率超过七成，客服电话是空号或联系不上客服，没有说明平台所属公司名称，第三方机构紧急撤资，平台大户撤资和平台转型做其他业务等细分指标。

只要某个平台出现其中任意两项及以上内容，该平台就需持续跟踪。

本章节将选取几个有代表性的指标加以阐述。

1. 以玉、古玩、字画等抵押贷款为主要业务的平台。

（1）指标内涵。玉、古玩、字画等抵押物属于艺术品范畴，其特点是价值空间大，但估值难度高，且面临极大的赝品风险，即使是从事该行业数十载的专家都无法完全准确地把握其真假与价值。

（2）观测方式及内容。该指标的观测以线上统计为主，可辅以线下调研的形式，需要着重观察平台对借款人和抵押物的描述、抵押物的估值和平台后续的安全保障措施。

（3）注意事项及案例解析。总的来说，艺术品的价值不稳定，贬值风险较大，这类标的整体风险系数高，对以该模式为主营业务的平台需要提高警觉。比如爱投资的爱收藏、艺金所的艺术金、艺投金融的艺利宝和艺融网的艺融火种计划等标的类型，以及四达投资曾经的红木抵押业务，这些业务产品均可列入艺术品行列，因此若平台无其他方面的亮点，建议将这些平台列入不投资行列。

2. 舆论中出现跑路或倒闭言论。

（1）指标内涵。互联网是一个信息大爆炸时代，基于 P2P 行业投资者地域和人群分散性的特征，第三方舆论可以作为一个评判平台运营现状的重要指标。

（2）观测方式及内容。该指标的观测以线上统计为主，可辅以线下调研形式，主要通过第三方信息平台和 QQ 交流群收集相关舆情。

（3）注意事项及案例解析。在观测该指标时应特别注意对舆情中出现的负面消息保持客观和独立的判断，切忌人云亦云。

比如腾邦创投，于 2015 年 11 月 23 日被 QQ 交流群曝出平台客服群被解散的信息，引发市场各种猜测。同日上午 11 点 49 分，腾邦创投官网公布了一则"关于腾邦创投用户服务 QQ 群关闭的公告"，旨在为平台用户提供一对一专享服务，于 11 月 24 日再次发布了一则"关于腾邦创投用户服务 QQ 群关闭的严正声明"公告。

总体来说，舆情在为投资者提供行业平台最新信息的同时，也可能把一些经过再加工的信息带进来。谣言是可惧的，平息谣言最好的方式在于每位投资者都保持自己冷静客观独立的判断，对风险高度敏感，但也不可随意妄加揣测。

3. 第三方机构紧急撤资。

顾名思义，第三方机构紧急撤资主要指第三方机构把投资于某平台的资金全部出清。因第三方机构对行业信息有较为全面的掌握，故该指标常被认为是被撤资平台风险的警示器。该指标的观测以线上统计为主，比如贷出去平台会对其近期撤资平台进行公示，但是这些信息仅作为数据调研的参考，作为网贷基金或者投资人，若有必要还需调查其背后撤资的原因。

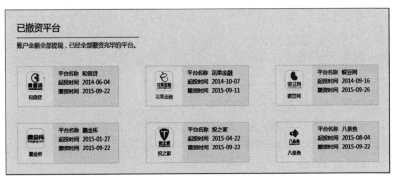

图 9-5　贷出去 9 月撤资平台概览

9.2　TOS 指标体系

TOS 定量评价体系是 IFRM 风险控制评价指标体系的第二步。在长期的实践过程中，这一套指标体系随着动态监测的过程以及整个行业的发展变化而变化，因此，指标体系在动态系统不断运转的过程中也不断改进。此外，由于各种特色平台的风险评估指标存在一定的差异，在 IFRM 风险控制指标体系中，每类平台均有特有的风险评估指标及相应不一的权重。本章中主要对 P2P 投资中一些通用指标进行详解。

当前的 IFRM 风险控制评价 TOS 指标体系参考星火互联网金融研究院 P2P 投资价值评价指标体系，主要分为五大类，分别为平台基础实力、平台运营实力、安全保障实力、信息透明度、用户体验感及其他几大类。

9.2.1 平台基础实力

平台基础实力主要评价的是 P2P 平台公司的基本信息以及项目的整体情况，具体包括平台的成立条件、地理位置优劣势、股东实力、公司高管实力、融资背景实力以及标的合理性情况等内容。TOS 定量评价指标体系中的平台基础实力指标表如表 9-3 所示。

表 9-3　　　　　　　　　　TOS 基础实力指标表

一级指标	二级指标	三级指标	四级指标
平台基础实力	成立条件	注册资本实力	资本金充盈情况
			资本金到位情况
		经营范围实力	金融业务范畴
			互联网业务范畴
		公司成立时长	
		股东稳定性	
	地理位置优劣势	注册地	
		办公地	
	股东实力	股东行业背景	是否有金融/互联网背景
			是否有国资/上市背景
		最大股东实力情况	经济实力
			技术实力
	公司高管层实力	高管人数	
		高管教育背景	
		高管从业经验	
		高管是否发生变动	
	融资背景实力	有无天使轮以上融资情况	融资时间情况
			融资实力情况
	标的合理性	是否有期限错配的拆标方式	
		平台产品类型设置及布局的合理程度	
		平台平均单笔标的平均额度的合理程度	
		平台标的数量的合理程度	
		标的期限的合理程度	
		标的抵押物估值的合理程度	
		续标占比的合理程度	

我们从表 9－3 可以看出，对平台基础实力的衡量是一个综合性的考察，每项指标下都有细分指标。具体而言，平台的成立条件包括注册资本实力、经营范围实力、公司成立时长和股东的稳定性；地理位置优劣势主要是从注册地和办公地两个方面考察；股东实力分为股东的行业背景实力和最大股东的实力；公司高管实力则包括高管人数、教育背景、从业经验和稳定情况进行考察；融资背景实力主要是就运营支撑资金的获取情况而言；标的合理性则需要从期限错配的拆标方式、产品类型设置及合理程度、单笔标的平均额度的合理程度、标的数量的合理程度、标的期限的合理性和续标占比的合理程度等方面综合进行考察。下文将一一针对各项指标进行详解。

1. 成立条件。

（1）指标内涵。成立条件是衡量平台基础实力的重要指标，切入的维度主要有注册资本实力、经营范围实力、公司成立时长、股东稳定性等，是投资人考评一个平台最直观的因素。一般而言，注册资本实力越雄厚、实缴资本占比越多、金融牌照越全面、上线时长越长和创始人变动越小，就可以判定该平台越为稳定，未来发展态势更好。

（2）观测方式及内容。该指标的观测以线上资料搜集为主，也可辅以线下调研形式。具体观测的内容包括全国企业信用信息公示系统上平台隶属公司的注册资本、经营范围、股权结构及成立上线的时长。

（3）注意事项及案例解析。在考察平台的成立条件时，需要重点关注隶属公司的变更、股东退股、经营范围变更等异常情况；当然，注册资本的增资、金融牌照的取得以及风投、国资等外部监管进入等利好消息也不能忽视。一方面可横向综合对比其他 P2P 平台的成立条件数据，判断其在网贷行业的地位（注册资本是否正常，归属于老平台还是新平台）；另一方面也可纵向对比平台成立前后数据，尤其是当股权结构变动明显时，需重点关注平台内部运营、管理及股权纠纷问题。最后，成立条件这个指标只能作为评判的基本指标，不能作为投资的绝对指标。

比如 365 金融，注册资本 1 亿元，是 3 年的老平台，但在 2015 年 7 月

22 日，关于它限制提现的消息出现在了各大第三方雷报上。根据全国企业信用信息公示系统，365 金融隶属于公司广州世袭投资管理有限公司成立于 2012 年 6 月 7 日，法定代表人曾凡欣，注册资本 1 亿元人民币，由曾凡欣、谢阶华两个自然人持股，法人股东为广州世铭品牌管理有限公司（由曾凡欣在内的两个自然人股东持股）。深入剖析后发现，365 金融在曝出提现困难之前就存在两个疑点：

疑点一：注册资本虽有 1 亿元，实缴资本却为 0。

截至目前，P2P 平台数量已多达数千家，其中注册资本有小至几百万元的，也有一两千万元或五千万元的，但超过 1 亿元注册资本的 P2P 平台却不多，其已然能引起投资人更多的关注。某第三方论坛指出，2015 年 P2P 死亡榜上，注册资本在 5000 万元以上的已超过 100 家。也就是说注册资本仅是表象。若真要探究平台资本实力，还应切实了解平台的实缴资本情况。经调查，在广州世袭投资管理有限公司历年的年度报告上发现，所有股东的实缴出资额实际都为 0。

疑点二：虽是 3 年老平台，却仍是自然人股东持股。

自 2015 年五六月份开始，整个网贷行业就爆发出各种上市公司入股的利好消息。365 金融本坐落于金融发展中心——广东广州，有非常多引入外部资源的机会，但它却在持续运营 3 年的情况下仍由曾凡欣等两三个自然人股东持股，没有引入风投等外部监管的利好。站在投资人的角度考虑，只能是 365 金融内部运营管理、业务、风控等方面存在问题，才未能吸引外部风投力量的青睐。

总的来说，实缴资本为 0、股权变更等异常都要引起注意，它们极有可能是风险的"晴雨表"。

2. 地理位置优劣势。

（1）指标内涵。地理位置的优劣势决定了一家平台资源获取的便捷度，从 P2P 平台的分布范围就不难看出其地域性非常明显。注册所在地、办公所在地及注册办公是否在同一地是衡量平台当前运营和未来发展重要的依据。

（2）观测方式及内容。该指标的观测以线上资料搜集为准。具体可以通过全国企业信息系统查询隶属公司的注册地，通过平台官网页面查询其办公地。

（3）注意事项及案例解析。在考察地理位置时需重点关注两大内容：一是注册地办公地是否在问题高发区或者三四线城市/县城；二是办公地与注册地不在同一地方等异常情况。

截至 2015 年 11 月 19 日，全国 1150 家问题平台的分布呈现明显的地域性，山东已成为行业公认的"重灾区"，其次为上海、浙江等地。位于山东省曲阜县的孔礼贷则纯属诈骗平台，上线不到一个月便跑路，网站打不开，客服群解散。位于四川省达州市的蜂窝创投，在 2015 年 11 月 10 日发布"关于蜂窝创投资金站岗的公告"，次日第三方论坛就曝出无法提现的消息。

而类似于惠众商务顾问（北京）有限公司旗下的汇盈金服，则属于办公地和注册地不在一处的异常情况。汇盈金服于 2013 年 12 月上线，注册地在北京，但其官网有介绍其运营中心是在山东，从其发标记录也可看出业务基本集中在山东地区，包括青岛、烟台、临沂、日照、济南和潍坊等地。跟汇盈金服类似的还有丁丁贷，隶属公司为丁丁贷投资顾问（北京）有限公司，注册地同样在北京，但其房产、车产业务基本上都集中在济南、临沂、潍坊等地。

此外，市场上还存在办公地点造假的异常情况。比如北京首例 P2P 跑路案"网金宝"，其对外公开的办公地址是摩码大厦 22 层，但经实地调查后却发现，该栋写字楼最高只有 20 层，并且在该写字楼内找不到任何此平台办公的痕迹。据悉，跑路前网金宝累计成交金额逾 2 亿元，单个投资者投资金额在数十万元以上的不在少数。

3. 股东实力。

（1）指标内涵。股东实力是衡量 P2P 平台整体实力的重要考量指标，股东所处的行业/实力背景和最大股东的实力情况均是隐藏在平台背后的重要指标。一般而言，股东所处的行业背景越是兼顾，其能够应对外来压力的能力越强；最大股东越有实力，平台的保障垫付机制就越充裕。

（2）观测方式及内容。该指标的观测以线上资料搜集为主，可辅以线下调研的形式。首先通过全国企业信息系统可了解到平台背后的股东，包括自然人股东和法人股东；其次再深入剖析其所处行业的背景和权威度，了解其切入互联网金融的出发点以及是否有金融背景或互联网背景做支撑；最后通过分析平台最大股东的经济实力和技术实力（经济实力决定该平台的兜底能力和平台整体的运营管理，技术实力决定平台整体的技术安全实力），可对平台的股东实力做一个综合评估。

（3）注意事项及案例解析。在考察股东实力时可重点关注三大内容：一是最大股东的实力情况能为平台增色不少，是投资人决策的重要依据；二是需要规避最大股东或者实际控制人的道德风险；三是可根据股东背景对平台实力进行初步定位。

以车贷汇为例，该平台的隶属公司深圳市汇银通金融信息服务有限公司，有邵旻、彭清、余辉 3 个自然人股东和浔商投资股份有限公司、曙光软件 2 个法人股东。深入剖析后发现，邵旻等 4 人控股曙光软件，而爱施德（截至 2015 年 11 月 23 日 14:33 总市值 190.5 亿元）的实际控制人黄绍武则是全球星投资管理有限公司（占浔商投资股份有限公司 35% 的股权）的股东，于 2009 年因

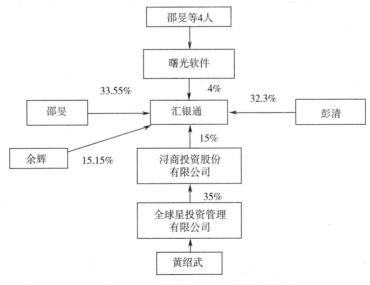

图 9-6 车贷汇隶属公司的股权结构

为实际控制的爱施德公司上市而首次荣登富豪榜，实力强劲。

此外，也有平台因最大股东/实际控制人发生道德风险而出问题的，如友友贷。2015 年 11 月 20 日该平台官网发布因实际控制人个人道德风险而导致整个平台暂停运营的公告，具体内容见图 9 - 7。

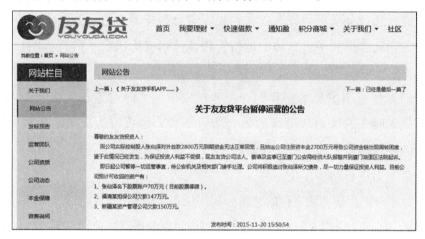

图 9 - 7　友友贷关于暂停运营的公告

最后，根据 P2P 平台的股东背景，可将其大致分为国资、上市、风投和民营四大类。截至目前，跑路的国资系 P2P 平台还没出现，但出现逾期的平台已有国控小微（该平台属于"孙子辈"国资平台，且国资股份占比很少）；同比国资系平台，截至 2015 年 11 月开鑫贷的成交额为 140 亿元，处于国资系 P2P 平台成交量第一的位置，开鑫贷标的大多数为建筑公司和资管公司的商业承兑汇票，安全性较高。上市系平台中也有优胜劣汰，其中不乏一些烧钱在所谓 Q 版或者 E 版挂牌上市来混淆视听的平台。近期就有网友曝出，"上市公司"宁波众银财富投资有限公司（简称众银财富）的老板失联，一千多名投资者被卷走资金 1 亿元。据调查，该公司所谓的"上市"只是在上海股权托管交易中心挂牌，也就是我们平时提到的 Q 版（在区域性的股权交易市场进行股权流转）。其实这种挂牌的门槛是非常低的，只要是合法注册的公司，没有资质要求，不限营业，不限收入，不限规模，能提供营业执照、税务登记证明和公司的基本信息就可以完成，时间上慢的话一个月，快的话两三个星期。一般花 5 万 ~ 7 万元就可走完整套流程。

4. 公司高管层实力。

（1）指标内涵。高管实力是衡量一个平台运营和管理的重要支柱，尤其是在互联网金融这个充满变数承载创新的行业。该指标涉及的衡量维度包括：高管人数、高管教育背景、高管从业经验以及高管是否发生变动等。常规来讲，高管的教育背景和从业经验与平台的发展是呈正相关的关系，其文化素质越高，业务能力和实操能力越强，就代表更能适应市场的变化发展，更能长远地支撑平台发展。此外，高管团队的稳定性是衡量平台整体运营状况的重要指标。

（2）观测方式及内容。在观测该指标时一般以平台官网上披露的管理团队为准，少量涉及人才隐秘度的则需通过线下尽调方能得知。从官网披露的信息中可系统测量出其博士、硕士的占比、毕业院校的级别和相关从业经验（尤其关注是否有风控相关的从业背景，这是决定平台业务模块管理、风控体系完善的重要依据）；从平台信息披露的变动或全国企业信息系统中可了解该平台是否发生过高管变动的情况。一般而言高层大换血是平台运营出现问题的直观反映。

（3）注意事项及案例解析。在考察高管实力时需重点注意高管团队教育背景的真实性和从业经验的真实性，对高管层的频繁变动需抱有高度的警觉性。

以和信贷为例，该平台官网早期披露的高管团队有安晓博（创始人兼CEO）、石晗（总经理）、陈卫星（财务总监）、周敏（技术总监）、谭晙晖（产品总监）、付源（市场总监）、周歆明（运营总监）、侯领（合规总监）和赵俊卿（人力行政总监）。2015 年 5 月，有消息透露和信贷总经理石晗和总监侯领同时离职（当时和信贷还未正式对外发布这一消息，两人的简历仍然挂在官网团队介绍上）。2015 年 7 月，第三方平台曝出石晗已递交辞职申请；2015 年 9 月，和信贷官网上关于高管团队的信息披露全部撤销，转而换成了对各部门的介绍。而这期间恰好正值盛达矿业对和信贷的注资事项。2015 年 6 月，盛达矿业公司八届五次董事会和 2015 年第二次临时股东大会上审议通过了《关于公司收购和信贷部分股权并对其增资扩股的议案》，公司拟出资 27501 万元收购 P2P 互联网金融平台——和信贷，将持有其 55% 的股权成为控股股东。然而在 2015 年 9 月 11 日，盛达矿业再次发布公告，宣布拟和信贷项目的投资金额由 27501 万元变更为2500 万元，变更后，将持有其 5% 的股权。公告中同时指出，盛达矿业与和信贷就其运营管理等相关事项经多次磋商始终未能达成一致意见。为维持和信贷平台管理层的稳定性，同时基于对和信贷长期发展的考量，公司在全面评估收益和风险后，决定变更该项目投资金额。

此外，所有观测的信息都必须遵循真实性的原则。高管履历造假在 P2P 行业中是较为常见的问题，如南京易乾财富平台对外宣称的那些来自于斯坦福、纽约大学等国际名校的高才生高管其实是广告模特；新新贷平台之市场与运营副总裁在工作年限和职位方面的公布上与实际情况有所出入。好乐易贷（2015 年 9 月发生提现困难并跑路）曾就其高管履历造假公开发表过一则道歉声明"由于事业部刚刚起步，未来快速提升知名度，对高管的学历进行了夸大而造成广大网友与投资人对我公司的质疑与恐慌，向广大网友与投资人表示深切道歉"。

由此可见，高管履历既是判断一个平台运营能力的重要指标，又是一个隐蔽性相对较强的指标，需要投资者客观、独立、严谨地进行判断，一旦发现有高管履历造假或高管大规模变动等异常情况，应引起高度警觉。

5. 融资背景实力。

（1）指标内涵。融资背景实力是考察一个平台内部运营实力和外部监管程度最直观的考量指标。一般而言，有强大的融资背景、有实力雄厚的公司做后盾，平台的运营会有一个比较好的保障。

（2）观测方式及内容。该指标的观测以线上资料搜集为主，具体可从以下三个方面入手：有无天使轮以上融资情况；若是众筹类融资，则要考察发起人情况等；若是上市公司入股，则要通过上海证券交易所/深圳证券交易所查看上市公司当前时期的公告，观测是否有发布正式公告，是否有做正式说明。

（3）注意事项及案例解析。考察融资背景实力时，需重点关注风投机构的实力、占股情况以及资金是否实际到位（很多前期宣称上市公司入股的平台在后期都没有实际落地），可通过全国企业信息系统查询相关的股权变更情况。

其实，风投系平台中是存在各种猫腻的。目前，在中国较为活跃的大型风投机构有 IDG 资本、红杉资本、经纬中国和晨兴资本等，其中 IDG 投资的 P2P 平台有网利宝、挖财网等，红杉资本投资的 P2P 平台有拍拍贷等，这些 P2P 平台的综合实力在行内都还属于比较强的。但也存在一些平台利用所谓的风投来浑水摸鱼的情况，例如，2015 年年初跑路的上咸 BANK，该平台曾经曝出与济南市华科创业投资企业签署合作协议，宣布引入其作为企业战略投资者。济南华科创业投资合伙企业（有限合伙）是在济南市高新区管委会的支持下成立的，以民营资本为主导、国有资本适度参与的创业投资企业，总规模为 2.5 亿元，但该公司包括监事、董事在内，一共只有 5 个人在运作。通过查询全国企业信息系统发现，济南华科创业投资合伙企业（有限合伙）实际上是上咸 BANK 隶属公司——山东上咸投资有限公司的初始股东，但在 2014 年 4 月 2 日发生股权变更，从济南华科创业投资合伙企业（有限合伙）变更为济南华仓投资咨询有限公司，出资额没有任何变化，且双方实缴出资时间都是在 2014 年 2 月 19 日，根据上咸投资有限公司刘广福的话语，华仓是华科的执行公司。此外，上咸 BANK 和另外一个平台——里外贷的实际控制人是同一个人，他们利用这两个平台在线上自融，然后将资金投资到自己的房地产项目上去，拆东墙补西墙。

此外，国湘资本曾经就其融资消息报道过两个投资方：中国黑钻资产管理有限公司和银来集团。前者基本可以确认为空壳公司，通过全国信用信息公示系统查询，只能找到一家名为"黑钻资产管理（上海）有限公司"的企业，且该企业的注册时间为 2015 年 3 月，与国湘资本 2014 年 10 月得到其融资的事实也大相径庭。至于银来集团，在国湘资本 1 亿元融资的媒体报道（银来集团投资 1 亿元人民币并占有国湘集团旗下公司银冠资产 51% 的股份）里，确实出现了银来集团董事长蒲晓东的身影。但在全国信用信息公示系统里，却始终查不到国湘资本股权变更的信息。曾经有投资者质疑国湘资本融资的真实性，针对这个问题，国湘资本在其论坛里用了一张银来集团给国湘资本的 2500 万元银行付款回单做了回应，以示清白。但细看该回单，却发现回单的附言中显示该笔款项属于"往来款"。从常理上来讲，股权投资必须要以"投资款"字样进入企业账户，往来款是指企业因发生供销产品、提供或接受劳务而形成的债权、债务关系的资金数额。也就是说，这笔款项不能认定为是银来集团因股权投资而发生的注资。

6. 标的的合理性。

（1）指标内涵。标的的合理性即平台业务的合理性，是考察平台风控的重要因素。它基于对平台所发标的真实性判断，用于审慎标的的合理性。

（2）观测方式及内容。该指标的观测以线上资料搜集为主，线下尽职调查的时候可以进行查证。考察一个平台标的的合理性，可以从以下几个方面入手：①是否有期限错配的拆标方式；②平台产品类型设置及布局的合理程度；③平台平均单笔标的额度的合理程度；④平台标的数量的合理程度；⑤标的期限的合理程度；⑥标的抵押物估值的合理程度；⑦续借标占比的合理程度。一般而言，期限错配、标的期限太长（信用标）、标的额度太高（房贷）、标的自担等都是考察的疑点。

（3）注意事项及案例解析。在考察标的合理性时需重点关注平台标的抵押物估值的合理性（尤其注意艺术品类抵押物）、自担风险和续贷情况。

抵押物的估值方面，以网利宝为例。网利宝有 7 项主营资产业务，包含了珠宝贷和艺术品。其中艺品贷编号为 YPD00076 的企业经营借款项目，一共已经发行 3 期（统计时间为 2015 年 11 月 26 日，最后一期于 2015 年 11 月 24 日融资完成），借款人为同一文化艺术投资企业，借款金额依次为 300 万元、300 万元、100 万元，质押物是叶光建（主要从事石雕创作）的《山川育翠》（云南绿石种，45cm×39cm 的规格），没有公示质押物的价值评估报告，且后面两次借款没有再新增质押物。如果把质押成数放在车贷等常规业务的七成范围（实际远远低于这个成数），且不算上该项目未来可能还有后续借款，网利宝对该质押物的估值至少已经达到 1000 万元。而据业内人士透露，该项目质押的这类工艺品属于极小众市场，大多有价无市，变现能力差，也就是说该项质押的实际意义不大，且质押价值也缺乏根据。此外，对比艺品贷编号为 YPD00077 的另一项企业经营借款可以发现，两个业务涉及的借款主体虽不一样，但平台公示的企业照片却是一致的。

　　标的自担方面，以抱财网为例。标的自担主要指标的的担保主体和借款主体实际上是关联企业甚至是同一主体。抱财网平台的某担保贷产品，担保公司为荆州市科达商贸投资有限公司，但深入研究后发现，该标的的借款主体其实是湖北凯乐科技股份有限公司旗下的长沙好房子网络科技公司，而科达商贸恰巧就是凯乐科技的实际控制人。

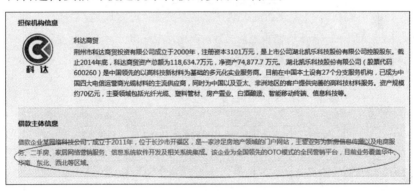

图 9 - 8　抱财网某标的的借款人及担保机构信息

　　续贷标方面，以 808 信贷为例。续贷，一方面能快速增加平台的成交量，构成资产端项目的重要来源之一（被业内认为是比较正常的项目来源，因为当平台不允许续贷时，借款人可以通过找小贷公司过桥还款，在一段时间后再向平台重新申请借款）。另一方面也对平台的风控提出了更高的要求，常规的做法是要求借款人在增加抵押物的同时将续借金额收缩一半，以确保当借款人无力还款时，平台能快速变现抵押物，且不影响投资者本息。如果一个平台的续贷标占比很大，则意味着该平台借款人的还款能力不强，平台兑现压力大。2015 年 10 月 17 日，808 信贷发布限制提现公告，公告表示由于近期因平台的几笔大额借款逾期，导致平台部分投资人提现出现延迟；同年 11 月 8 日发布特殊时期提现方案；同年 11 月 15 日发布特殊时期提现方案（补充方案），宣布 11 月的最高额特别提现额度为 200 元。

根据 808 信贷于 2015 年 10 月 16 日在其官网发布的财务公告，可以发现平台房贷标的占比极大，500 万元以上的大额房产抵押标金额高达 1.74 亿元；且逾期本金 4464 万元，涉及 4 个房产抵押借款人。

鉴于近期众多投资人要求，经公司管理层一致认可，现将捌零捌平台最新财务状况公示如下：

1. 网站借款标类型公示：

单位：万元

类型	信用	车抵	房抵	银贷	股抵	合计
金额	502.01	3288.43	36896.98	666.59	3166.15	44520.16
占比	1.13%	7.39%	82.88%	1.50%	7.11%	100.00%

注：其中 500 万元以上的大额房产抵押 17400 万元，占总交易量的 39.08%，占房产抵押交易量的 47.16%。

3. 大额房产抵押逾期明细公示：

单位：万元

用户名	姓名	抵押类型	借款本金	执行本息	诉讼状态
C****	郑**	房抵	500.00	740.00	执行中
G****	甘**	房抵	300.00	460.00	执行中
T****	钦**	房抵	700.00	1100.00	执行中
Z****	中**	房抵	2964.00	4600.00	执行中
合　　计			4464.00	6900.00	

注：执行本息为借款人逾期之日起至今的本金和利息（以上数据根据判决书内容计算得出）。

图 9－9　808 信贷财务公告

从平台公布的数据来看，执行本息和借款本金之间的差额比较大。通过查询 808 信贷平台借款协议书中关于逾期还款的相关内容，在不考虑催收费用的情况下，可计算出列表中四项借款的逾期天数依次为 86 天、96 天、102 天、99 天。一方面，这与 808 信贷平台在其官网"借贷规则"里提到的车易兑、票速兑、银贷兑、优资兑和信用兑等产品的安全保障不符合（若借款人到期还款出现困难，逾期第 2 个工作日即由 808 信贷网站垫付本金和利息进行还款，债权转让为 808 信贷网站所有）。另一方面，这也与网站"投资安全"部分里提到的 VIP 会员投资者 100% 本息保障内容不符。

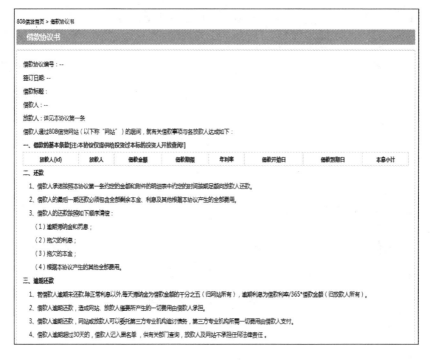

图 9－10　808 信贷借款协议书

通过对平台标的信息的进一步考察发现，2015 年 8 月发布的几个房贷标，其公示信息里相关房产的他项权证登记日期都发生于 2012 年，他项权利人为林国庆，借款人的借款期数都已达到一百多期，待还 47～66 期不等（按月还款）。也就是说，这些借款人在平台既是"老客户"，也是

"大户"（标的平均借款期限为 4 个月，单笔借款需拆分为数十个方能产生五六十期的待还期数）。此外，编号为 0009837 的借款人与平台公布的逾期借款人在用户名与借款金额上存在相似性，出于借款人资料的隐私保护，暂不能断定二者为同一人。但却有理由怀疑这个项目的借款人是从2012 年就开始借款，用借新还旧的方式在 808 信贷平台续贷至今，直到发生了无法挽回的局面，由平台公示逾期。

总的来说，808 信贷平台的标的类型非常集中，金额较大，且存在续贷嫌疑。当其房产抵押标发生大规模逾期后，虽然平台在短时间内就发布了限制提现公告，上线债权转让功能并进行了连续两次的投资人入股程序，且公司和个人也在进行多种渠道的融资，但依然无法逃脱挤兑风险，解决不了投资人的提现问题。类似的平台还有温商贷，业务全部集中于房贷，并且期限较长金额较大。拆标前一般都是几千万元的标的，期限为 1个月、3 个月、6 个月、12 个月不等，业务风险较高。

平台关于标的合理性的控制关系到其核心的风险管理能力，是投资者需要重点考察的指标。

9.2.2　平台运营实力

平台运营实力主要评价的是平台的运营情况及潜力，包括平台的活跃度和规模、风险分散性、逾期和坏账情况、资金留存情况、流动性实力以及财务及收益等情况。其指标体系如表 9 - 4 所示。

表 9 - 4　　　　　　　　　TOS 运营实力指标表

一级指标	二级指标	三级指标	四级指标
平台运营实力	平台活跃度和规模	待收余额	—
		投资人数	—
		借款人数	—
		注册人数	—
	风险分散性	投资分散性	—
		借款分散性	—

续表

一级指标	二级指标	三级指标	四级指标
平台运营实力	逾期和坏账情况	借款人逾期率	—
		平台坏账率	—
		逾期标的平均逾期周期	—
		逾期标的跟踪处置能力	—
		坏账处置能力	—
	资金留存情况	标的平均满标时间	
		发标充盈率	日均发标金额、日均发表数量
	流动性实力	投资人资金流动性	有无净指标或转让机制
			净指标或转让机制的可操作性
		平台自身流动性	现金流近期走势
	财务及收益状况	平台盈利情况	
		平台市场投入情况	
		平台的技术投入情况	
	其他	平台上线运营时长	
		平台 ALEXA 排名	—

我们从表 9-4 可以看出，平台运营实力主要是通过各项数据指标分析而来。具体而言，与平台活跃度和规模相关的数据指标是待收余额、投资人数、借款人数和注册人数；和风险分散性相关的数据指标是投资人集中度和借款人集中度；和逾期和坏账相关的是借款人逾期率、平台坏账率、逾期标的平均逾期周期、逾期标的跟踪处置能力和坏账处置能力，它集中体现了一个平台的风险控制能力；和资金留存情况相关的是标的的满标时间和充盈率；流动性实力主要是从投资人角度和平台角度进行分析；财务和收益状况则包括平台的盈利情况、市场投入情况和技术投入情况；最后可通过一些第三方数据指标综合测量平台的运营状况。

1. 平台活跃度和规模。

（1）指标内涵。在考察一个平台时，平台的活跃度和规模是审查的第一要素。一般可从待收余额、投资人数、借款人数、注册人数等方面进行突破。待收余额即目前平台操控的盘子；注册人数和投资人数可一起考察，其中转换率（注册转变为投资）是平台运营考量的重要指标，复投率（二次投资）是考量平台安全的重要维度；借款人数可分不同业务类型去判别，如果平台借款集中于几个人或企业，则表明该平台借款集中度过高，一旦出险，危机很大。

（2）观测方式及内容。该指标的观测以线上资料搜集为主，可辅以线下调研的形式。需要观测的内容包括：①待收余额——截至目前平台需还款总额。②注册人数——一般可从平台官网或者平台的运营报告中获知。③投资人数、借款人数——分别指截至目前该平台投标的总人数、发标借款的总人数，除了可从平台官网、平台运营报告中得到之外，还可从第三方数据获取。

（3）注意事项及案例解析。在考察该项指标时，需重点注意：①待收余额应与平台具体业务、借款期限相挂钩，此外平台的运营也是衡量平台待收余额重要的考量指标；②注册人数需谨防平台羊毛党的攻击；③可观测长时间平台标的的投标情况，考察平台的投资人数是否有马甲嫌疑；④借款人也需要多观测，是否是马甲，是否是平台内部人士所为，要谨防千和投这种只有 1 个借款主体——上海高诚创意科技集团有限公司的平台。

以待收余额为例。它是大多数平台都会披露的一项数据，若平台运营正常，该数据指标应呈现一种较为平稳的走势。如果平台待收短期内连续上升幅度大，可能意味着项目回款出现了问题，投资者需引起警觉；如果平台待收大幅缩减，则说明平台有可能在减少新项目的扩张或者新项目的开展受到阻碍。换言之，平台运营有可能在进行业务调整，也有可能是运营上出现了问题。

2. 风险分散性。

不将鸡蛋放在同一个篮子里是风险分散最形象的反映。风险分散性的考核维度分为投资分散性和借款分散性两个细分指标。投资分散性要注意平台的马甲；借款分散性要注意借款集中度，如果前几名借款人占比超过50%，应引起投资人高度注意。具体指标在前面的"平台活跃度和规模"已经大致阐明，这里不再赘述。

3. 逾期和坏账情况。

（1）指标内涵。借款人逾期，是指借款人在承诺的还本付息日，没有按约定履行还本付息的义务而造成的债务延期，可分为客观（无能力及时偿还）和主观（恶意延期）两种情况。一般 P2P 平台都有相应的逾期标准和逾期制度，常规上主要分为 M1（逾期 15 天以下）、M2（逾期 15～30 天）、M3（逾期 30 天以上）三种类型。各个 P2P 平台逾期标准不一致。

坏账是在逾期的基础上形成的。经过相关的催收等资产处置工作之后，仍然无法实现对债权人的还本付息，且在今后一段时间内也无法产生还本付息的现实可能，这样的债务称为坏账。

（2）观测方式及内容。该指标的观测以线上资料搜集为主，可辅以线下调研形式。其实逾期和坏账的情况是比较难以获得的。一些信息透明的 P2P 平台会在运营报告、年度报告中进行披露，但其准确度有待考察。

（3）注意事项及案例解析。在观测该指标时需要特别注意的是除了在绝对值上观测平台的逾期坏账金额外，还要在相对值上观测逾期坏账比例。此外，还可结合用户体验、平台催收能力、平台安全保障规则等指标综合进行考察。

以纯线上信用借款模式的拍拍贷为例。拍拍贷是中国第一家 P2P 平台，也是第一家获得了 ABC 三轮融资的平台。运营至今，拍拍贷已拥有广大的客户群体，平台公布的运营数据也是光彩华丽。然而在众多 P2P 投资者聚集地的网贷之家论坛里，却经常看到投资者因拍拍贷大量的逾期坏账情况而对之心寒，甚至有老投资人想要转化为借款人把本钱"黑回来"的说法。

众所周知，拍拍贷效仿的是美国 Lending Club 的纯线上信用模式，对借款人进行审核，逾期时辅助催收，不垫付本息。从理论上来讲，这是 P2P 借贷的真实本质，也是未来的潮流。但就当前环境而言，保本依然是国内的主流模式，也是符合现实的合理模式。其实，国内尚未建立像美国一样完善的征信体系，平台很难准确地对借款端资产的信用进行判断，再加上拍拍贷 2015 年第三季度运营报告中呈现出的"90 后"主流借款群体和巨大的交易规模，不难推测拍拍贷资产端的质量是不高的，再加上平台不保本，催收能力差，投资者出现类似上文那样的言论也实属正常。

待收款	收款中	已还清	投标中	逾期收回

2014/11/1	-	2015/5/31	查询		待收本息：

还款日	借入者	期数/总期数
2014-11-04	qq79202356 (1120610)	1/7
2014-11-10	liyongxin123456 (1005758)	2/3
2014-11-10	a461654979 (1011738)	2/7
2014-12-04	qq79202356 (1120610)	2/7
2014-12-10	liyongxin123456 (1005758)	3/3
2014-12-10	a461654979 (1011738)	3/7
2015-01-04	qq79202356 (1120610)	3/7
2015-01-10	a461654979 (1011738)	4/7
2015-02-04	qq79202356 (1120610)	4/7
2015-02-10	liuwuling333 (1028157)	5/6
2015-02-10	a461654979 (1011738)	5/7
2015-03-04	qq79202356 (1120610)	5/7

图 9 – 11　拍拍贷投资人部分逾期待收款

4. 资金留存情况。

（1）指标内涵。资金留存情况主要通过标的平均满标时间和发标充盈率共同反映。平均满标时间可以反映平台当前的人气情况，是衡量一个平台是否特别受投资人欢迎的佐证，建议投资人不要碰平均满标时间长过 10 天的平台。发标充盈率衡量的是平台的发标数量和发标金额，一方面可以体现平台标的资产端的来源渠道和运营能力，另一方面也可以衡量投资者的资金流动性情况。一般而言，满标时间越快，发标充盈率越高，平台越有活力，投资者资金留存率越低（能更快地投资出去转动起来）。

（2）观测方式及内容。该指标的观测以线上统计为主，可辅以线下调研形式。观测内容是近期 3 个月的平均满标时间、日均发标金额、日均发标数量。对不同的平台要有不同的考察侧重点。

（3）注意事项及案例解析。在观测该指标时一方面要关注满标时间很长人气很低的情况，比如友贷网满标时间多达 20 多天，在 2015 年 7 月 13 日上了第三方雷报。另一方面需重点关注发标金额和发标数量的异常情况，具体可从这样三个方面考察：①横向综合对比平台其他运营数据，观察其逻辑一致性；②纵向对比前后数据，当发标金额大大超过或低于其正常水平时，需追查发标的真假性；③纵向对比前后数据，当发标数量大大超过或低于正常水平时，需关注标的的期限错配问题。

我们先来看一看易融恒信 2015 年 11 月的发标情况。

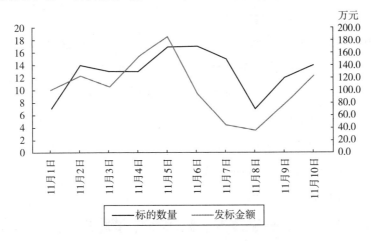

图 9 – 12 易融恒信的发标情况

我们可以看到，易融恒信在这期间日均发标 12.9 笔（有适量拆标，大部分为当日拆当日发，未发现拆期限情况），日均发标金额 104.33 万元，单笔平均发标金额 8.09 万元。综合 2015 年 9 月平台运营报告发布的数据——自 2013 年 11 月上线以来，易融恒信总成交规模达到 6.19 亿元，月均成交量 3400 万元，总标数 5078 个，可计算出平台自运营以来，单笔标的平均金额 12 万元，日均发标 9.4 笔。从而可以推断，该平台的运营情况比较稳定。此外，易融恒信的满标时间比较短，尤其是近一个多月，基本为瞬间满标。

若单纯从指标考虑，该平台的发标情况稳定、充盈（相对其他平台而言，易融恒信的发标量和发标金额都属于正常范围），投资者资金留存率低。

然而，事实上易融恒信的资金站岗问题非常严重，抢标困难，虽然有自动投标的功能设置，但自动投标的结果并不尽如人意，平均抢标时间在一周以上，甚至有一个多月的情况，用户体验不好。分析这个现象，不能单纯地考量满标时间和发标充盈率，还需要结合平台运营的现状和投资人的投资热度。据了解，该平台新老投资者的投资热度较高，抢标需求大，在投资群体扩大的情况下不是仅靠公司稳定的运营规模和发标量就跟得上的。

我们再来看看发标异常的情况。据统计，截至 2015 年 5 月底共计出现的 600 多家问题平台中有近半涉及假标问题。发假标并非瞬间行为，往往可以通过发标充盈率指标显现端倪。比如湖南平台银达金融，于 2015 年 5 月 5日发布因业务量不足导致暂停发标的公告，其他业务正常进行。紧接着在 2015 年 5 月 12 日发布标的严重逾期和平台变现处理公告，向投资者公示提现安排。根据该平台最新的官网信息，可发现网站已从银达金融改名成金淘在线，历史标的名依然为银达金融；时隔几个月后于 11 月 2 日重新发测试标，但之前的逾期并未处理完；最后一期正常标的发布时间为 2015 年 3 月20 日，是利率为 20% 的 1 月标（这意味着 4 月就应该还款）。而平台是于2015 年 5 月 5 日先发布暂停发标公告，5 月 12 日才发布的逾期公告。

图 9 - 13　银达金融官网信息

总体来说，发标数量和发标金额的异常都要引起注意，它们极有可能是风险的"晴雨表"。

5. 流动性实力。

（1）指标内涵。流动性实力可以从投资人资金流动性和平台自身流动性两个维度进行衡量。投资人资金流动性可以从有无净值标、有无债权转让、提现的额度、提现到账的时间等方面考量；平台自身的流动性则是关系其运营是否能持续维系的关键。

（2）观测方式及内容。该指标的观测以线上数据搜集为主，可辅以线下调研的形式。具体需要考察的信息有：有无债权转让以及债权转让的条件是什么（期限和金额）；有无净值标及能否提现；平台提现的总规则，包括单日提现上限、单笔提现上限、提现费用和提现到账时间等。

（3）注意事项及案例解析。考察该指标时需要着重注意平台是否有债权转让体系，如果有债权转让，则要分辨清楚平台债权转让的条件。比如有部分平台需要持有债权 18 个月以上方能进行债权转让，其实跟没有债权转让是没有太大区别的。此外，平台的流动性可从平台近期现金流（新借款——待收款）走势推测而出，如果现金流持续为负，应是危险预警信号，需要重点关注。

以义乌贷为例。平台义乌贷于 2015 年 11 月 19 日上了第三方雷报。该平台彼时的现金流走势如图 9 - 14 所示。

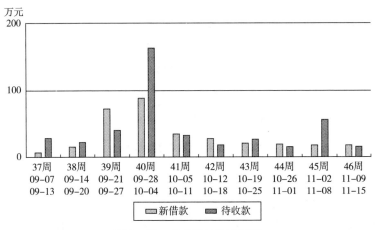

图 9 - 14　义乌贷的现金流量

6. 财务及收益状况。

（1）指标内涵。P2P 平台作为市场经济中的一员，是以盈利为目的的。而平台盈利水平主要是依据它的财务和收益状况。

（2）观测方式及内容。该指标的观测以线上数据搜集为主，具体可通过平台的财务运营报告、股东（上市公司）的相关公告和企业年报等渠道获取财务数据，判断盈利情况。总体来说，这是一项信息披露较少的指标。需要观测的内容包括平台的经营状况和盈利水平以及外来投资资金的落实情况。

（3）注意事项及案例解析。在观测该指标时需要注意，虽然我们很难直接获取单个平台具体的财务和收益情况，但却可以通过平台的运作模式和盈利点，结合其运营规模，做适当推测；也可以密切关注平台的最新动态，定性地把握相关的财务状况。

比如前文提到的 808 信贷，在限制提现后平台还采取了一系列的措施，包括但不限于法律催收、上线债权转让、股权众筹、公司资产抵押、林国庆个人资产抵押等动作。通过对这些动态的分析，不难发现 808 信贷的逾期催收遇到了问题，不得不依靠股权众筹和资产抵押融资等方式来缓解财务问题。紫枫信贷的情况也很类似，在出现提现困难时，平台隶属公司发布了为节约运营成本而搬迁的通知，也进行了股权众筹。

9.2.3 安全保障实力

安全保障实力主要评价的是平台给投资人提供的投资保障以及平台资金保障等方面的情况以及潜力，包括平台风险准备金、平台担保、资金托管程度、IT 技术等方面的因素。当前指标如表 9－5 所示。

表 9－5　　　　　　　TOS 安全保障实力指标表

一级指标	二级指标	三级指标	四级指标
安全保障实力	风险准备金保障实力	有无风险准备金	风险准备金金额
			风险准备金是否可查

一级指标	二级指标	三级指标	四级指标
安全保障实力	风险准备金保障实力	风险准备金托管方式及托管机构	银行机构
			非银行机构
		风险准备金覆盖程度	—
		风险准备金赔付机制	—
	担保保障实力	担保公司类型和数量的合理程度	—
		担保覆盖程度	—
		担保公司资本实力	—
		担保公司法人、股东等背景实力	—
		担保公司与平台关系的合理程度	—
		担保公司的信息披露力度	—
		担保机构的历史舆情	—
	资金托管程度	银行	—
		第三方支付机构	—
		无资金托管	—
	IT技术	技术研发能力	团队人数和背景
		信息安全漏洞出现后的处置应对能力	—
		服务器等硬件实力	—

从表9-5可以看出，平台安全保障实力主要是通过准备金、担保、托管和技术四大方面进行权衡。具体而言，风险准备金保障实力主要包括有无风险准备金、风险准备金托管方式及托管机构、风险准备金覆盖程度和风险准备金赔付机制四大细分指标，其中托管机构又有银行与非银行之分；担保保障实力主要包括担保公司类型和数量的合理程度、担保覆盖程度、担保公司资本实力、担保公司法人及股东等背景实力、担保公司与平台关系的合理程度、担保公司的信息披露力度和担保机构的历史舆情等内容，是当前衡量平台安全保障实力较为重要的指标；资金托管程度主要从

银行、第三方支付机构和有无资金托管三方面测量；IT 技术则需从技术研发能力、信息安全漏洞出现后的处置应对能力和服务器等硬件实力进行考察。

1. 风险准备金保障实力。

（1）指标内涵。风险保障金是由平台设立的专为标的逾期时向投资人垫付的资金来源，可作为衡量平台承担风险能力的重要指标之一。当然，风险保障金账户必须结合平台的资产规模和资产类型综合考量。

构成风险保障金的资金来源有多种方式，一般可分为以下几种：平台自有资金、服务费（借款人、投资人）计提、成交额计提、担保公司按比例计提等。其保存方式也分为银行存款的一般账户、第三方支付存管和银行存管等形式，其中最有效的是银行存管，直接由银行控制账户资金的进出。若平台是用自有资金作为风险保障金，并存于银行的一般账户，那么可能会出现平台抽离账户部分资金挪作他用的情况，比如购买理财产品用于保值等。风险保障金的保障方式根据各平台规则的不同而有所不同，需要仔细阅读平台的相关条款。

（2）观测方式及内容。该指标的观测以线上统计为主，可辅以线下调研形式。具体需要观测的内容有：平台公告、风险保障金每期的变化额、是否是第三方托管、拨备覆盖率（风险准备金/待收）、风险保障金计提规则以及偿付规则。

（3）注意事项及案例解析。在考察风险保障金时需要重点关注不同平台的风险保障金规则和资金的保存方式，可通过纵向对比保障金每月的资金变化测量平台的逾期坏账情况。

以新新贷为例，自 2014 年 6 月 1 日开始，该平台的风险保障金由中国光大银行进行托管，银行每月会出具资金托管报告。根据 2015 年 11 月中国光大银行上海分行出具的托管报告，截至 2015 年 11 月 3 日，新新贷的风险保障金余额为 36152542.71 元，比上期增加 434100 元。该平台风险保障金的来源主要分为两大块：一是为借款人提供服务时所收取的服务费；

二是为借款人划付资金时暂时冻结的风险金（在债权还款末期，当借款人符合平台约定的要求时该笔风险金方能解冻）。此外，据客服人员反映，新新贷平台是不触碰资金的，当出现逾期时由银行直接打款。该平台目前待收6亿元左右，拨备覆盖率在6%左右，根据新新贷平台以小微企业信贷为主的业务类型（借款金额集中在10万～100万元，较为分散），其风险准备金拨备覆盖率处于正常水平。

而像城城理财，其5000万元的风险垫付准备金来源于主体公司浙优资本的自有现金，当借款方发生逾期且第三方保付机构没有在约定时间内足额赔付的情况下，浙优资本会在三日内直接垫付并完成债权转移。风险垫付准备金的公示方式是每月由兴业银行出具一份资金信息证明。此外，城城理财在其官网公示道：该准备金是自有现金资产，平时还被用作银行配套低风险业务以增加公司的盈利水平，不等同于风险保证金。也就是说，该风险垫付准备金平常还会被用于购买理财产品。

再如银客网和花果金融，其风险保障金主要来源于担保机构。具体而言，银客网的风控保证金是担保机构或核心企业按照其担保债权总金额的一定比例进行缴纳的，由第三方机构进行监管，在融资方及担保方未能及时履行债务偿还义务的情况下，银客网将启用风控保证金进行代偿。花果金融的风险保障金是由其合作的担保机构在设定的共同托管账户里存放一定比例的资金，该金额会随着其与花果金融业务规模的变化而不断得到补充，当债权发生逾期时，风险保证金账户资金会自动代偿。

2. 担保保障实力。

（1）指标内涵。平台与担保公司的合作有两种形式，一种是平台标的来源于担保机构推荐，底层风控由担保公司负责；另一种是平台自己开发资产端，引入担保机构为标的增信。担保公司的风控实力会直接影响资产端质量，担保公司风控实力越强，对资产端控制越严格，项目风险系数越低。平台在与担保公司合作时的准入门槛，风险保证金计提比例，对担保公司的跟踪及控制条款，授信额度都是对担保公司实力和平台风险控制的关键点。

（2）观测方式及内容。该指标的观测以线上统计为主，可辅以线下调研形式。具体需要考察的内容有平台的合作担保机构、单个标的的合作担保机构、担保机构的类型、担保机构股东的背景实力、担保机构是否有失信被执行记录、是否存在超额担保和重复担保等违规担保行为、主要涉及哪些领域的项目担保等。

（3）注意事项及案例解析。目前，P2P 平台中存在较多的担保公司超额担保现象，需要重点关注。至于与担保相关的具体内容及案例，可参考本篇关于资产项目分析的相关内容。

3. 资金托管程度。

（1）指标内涵。第三方资金托管可以有效避免平台直接接触投资者资金，是 P2P 平台规范发展的一个要求，央行也明确表示过 P2P 网贷平台应当建立第三方资金托管机制。当下已有几家 P2P 平台与银行签订资金托管协议，部分 P2P 平台与第三方非银行机构签订了资金托管协议。

（2）观测方式及内容。该指标的观测以线上资料为主，可向平台宣称的合作机构验证。具体需要考量资金托管的程度、资金托管的合作机构及实力、托管的真实性。

（3）注意事项及案例解析。在考察该指标时需要重点关注投资人资金和平台风险准备金有无实质性的第三方托管及托管程度（大部分平台与第三方机构的合作仅停留在网关型第三方托管形式），最好是能交义验证其托管的真实性。

具体而言，平台爱钱帮采取的是银行级的资金存管，合作机构是微商银行，之前主要与汇付天下合作。此外，在银行级的资金存管合作关系中，目前合作意愿比较强烈的银行有民生银行和兴业银行；你好财富（hello money）采取的是第三方非银行机构的资金托管方式，与易宝支付达成了合作，投资者每次投标都需要授权。此外，当前的第三方非银行机构中，汇付天下相对做得比较成熟；平台玖融网采取的是第三方支付渠道，比如与连连支付的合作，但并没有实质性的第三方资金托管。

4. IT 技术。

（1）指标内涵。IT 技术主要用来衡量平台的技术团队实力和用户信息、资金的安全程度，可通过平台的更新频率进行考量。一般来讲，实力较强的 P2P 平台多有自己的 IT 团队，平台网站会有网页版、Wap 版及手机 APP 版；也有部分 P2P 平台会从外购买模板。

（2）观测方式及内容。该指标的观测以投资者个人体验和线上观察为主，可辅以线下调研形式。具体需要观测的内容有：页面友好程度、系统稳定性（是否经常出现无法访问的情况）、是否有手机 APP、功能是否完善、网站改版频率等。

（3）注意事项及案例解析。在观测该指标时要特别注意那些购买垃圾模板且页面长时间没有更新的平台。

这里我们通过几个平台的对比从侧面了解一下 IT 技术在 P2P 行业投资中的作用。你好财富（hello money）是由自有技术团队自主开发的，界面比较友好，用户体验不错；钱内助是购买的融都科技开发的模板。

此外，花果金融官网更新的频率较慢，而拍拍贷、好贷网、e 速贷、通融易贷、快速贷、融易贷、融信网、银实贷和紫枫信贷等平台，均被黑客攻击过，严重威胁了用户信息的安全，一旦投资者形成恐慌发生挤兑，对平台而言也会是致命性的打击。

9.2.4 信息透明度

信息透明度主要评价的是平台本身和信息的公开情况，主要包括平台标的信息公开程度、平台管理信息公开程度以及外部监管力度等。其具体指标如表 9 - 6 所示。

表 9 - 6   TOS 信息透明度指标表

一级指标	二级指标	三级指标	四级指标
信息 透明度	平台标的信息 公开程度	标的详情公开程度	根据资产业务类型细分指标
		历史交易明细可追溯程度	—
		逾期黑名单公开程度	—
	平台管理信息 公开程度	运营团队	运营团队情况公开程度
			高管团队真实参与运营程度
			运营团队金融背景实力
			运营团队风控背景实力
			运营团队互联网背景实力
			运营团队学历、从业年限等情况
		论坛公开程度	—
		年报或季报信息披露情况	平台逾期率和坏账率是否公布
			平台运营数据公布
	外部监管力度	所获风投监管情况	—
		投监会监管情况	—
		政府监管情况	—
		实名认证情况	—
		NFCS 合作情况	—

我们从表 9 - 6 可以看出，平台信息透明度主要是通过标的信息公开程度、管理信息公开程度和外部监管力度三个方面来考察，其中标的信息主要包括披露内容、历史可追溯范围和逾期黑名单公示，管理信息主要包括管理团队、运营报告和论坛的公开程度，外部监管主要指风投、投监会、政府等第三方监管力度。

1. 平台标的信息公开程度。

（1）指标内涵。该指标衡量的是平台在标的详情披露方面的详尽程度、历史发标记录的可追溯程度及借款人黑名单的公示情况。其中单个标的的信息披露主要包括标的的基本资料、风控资料、保障机制、借款人在平台历史借款情况等。一般而言，标的信息越是详尽，不仅可以在一定程度上避免平台发假标的情况，还可以帮助投资人把握标的风险点、了解平台的风控实力。

（2）观测方式及内容。该指标的观测以线上统计为主。具体需要观测平台展示标的列表的可查期限、平台是否公布逾期黑名单、不同的单个标的披露了哪些信息，风控流程是否有披露等。

（3）注意事项及案例解析。在观测该指标时，需重点注意不同的资产类别有不同的关键信息披露要求，如抵押类资产需要披露抵押物登记情况和抵押物评估信息；担保类资产需重点披露担保公司的担保函及相关法律协议。

民民贷，不仅公示了标的的相关信息，还披露了具体的风控流程，属于信息披露做得比较好的平台；玖融网、一起好不仅对借款人的历史借款情况进行了披露，也披露了逾期黑名单，为行业的征信作出了一定贡献。而友贷网则属于信息披露做得比较差的平台，一方面标的详情里公布的照片很模糊，另一方面缺乏抵押物的照片和评估价格，没有担保函没有借款合同，具体可见图 9 – 15。

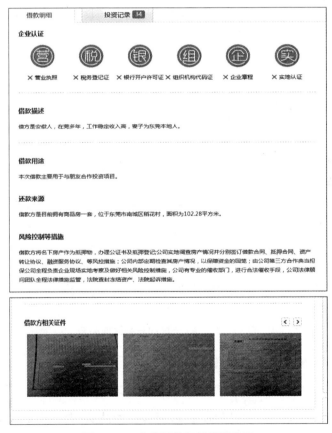

图 9 – 15　友贷网的标的详情公示

再如 365 金融,很多投资人都去过平台现场进行考察,感觉相当不错,规模较大,平台用心做事。但最后这个平台却"雷"了,并且算是年内比较大的"雷"。通过对 365 金融标的详情公示情况的细查,发现该平台所发标的根本没有任何审核资料,且多为续借标,完全有理由怀疑该平台有发假标自融的嫌疑;之后就此问题跟客服沟通时,客服的说法是其他平台的审核资料也都打了马赛克,有和没有差别不大;当让客服发一份线下标的审核资料时,客服并未直接回答,支支吾吾半天后转移了话题。图 9 - 16 是 365 金融一个房产抵押续借标的公示信息。

图 9 - 16　365 金融的标的详情公示

2. 平台管理信息公开程度。

(1) 指标内涵。该指标衡量的是平台管理团队实力、平台运营数据的披露程度和平台论坛的公开程度。其中管理团队实力是决定平台发展的关键,可从管理团队的专业、从业经验、从业年限、涉及领域、配置结构、真实参与运营程度和稳定性进行考量；而平台运营数据和论坛信息则可以帮助投资人从多个角度去了解平台。

（2）观测方式及内容。该指标的观测以线上观察为主，可辅以线下调研形式。具体的观测内容有平台管理团队是否公开、管理团队实力及配置是否合理、是否定期更新运营报告、有无论坛及论坛内容和活跃度等情况。

（3）注意事项及案例解析。在观测该指标时需重点关注平台管理团队的变化以及运营报告数据对关键信息是否有披露。前文的高管实力内容已对管理团队方面做了较为详细的介绍，这里不再赘述。

至于运营报告，很多平台会在官网公告里进行公示，有按月的，也有按季度的。一般会披露注册人数、投资人数、交易规模、为用户赚取的收益、借款标的等相关数据，为投资者展示平台较为良好的发展状况。此外也会对投资人群体进行细分，从不同角度趣味性地展现平台的用户群体。当然，对涉及平台实质上的盈利状况和坏账逾期催收等数据，运营报告中是少有提及的。以团贷网 2015 年 10 月的运营报告为例，报告公示了平台该月的逾期率为 2.33%，但该月实际待收没有公布，投资者可以通过第三方平台查找相关数据推测当月的逾期总金额。此外，关于平台催收方面的成果以及财务的相关情况，运营报告都未给予公示。

3. 外部监管力度。

（1）指标内涵。外部监管力度主要是指与平台无直接联系的第三方机构对平台的监管情况，比如政府、风投机构、投监会等机构对平台的外部监管，此外平台账户验证是否被接入公安系统、平台是否加入 NFCS 网络金融征信系统也被引入到平台的外部监管系统。对于第三方机构的外部监管要了解具体的监管形式，判断监管的有效性。有效的外部监管能控制平台的道德风险，避免方向性错误。

（2）观测方式及内容。该指标的观测以线上统计为主。具体来说，账户公安系统的接入可通过交叉验证、线下调研调查形式和错误操作（注册时故意输入错误信息）来考察，风投信息可以通过 IT 桔子、风投机构官网公告和上市公司公告等渠道获取。需要观测的内容有平台是否获得风投、风投监管的形式、平台所在地当局的政策和投监会的信息披露等情况。

（3）注意事项及案例解析。在观测该指标时需要重点关注风投信息的真实性，目前业内在这方面存在很多虚假信息，有可能因为协商不成功导致最后不了了之，也有可能是纯粹的虚假信息或者炒作。

在众多平台中，城城理财的外部监管形式是风投机构派驻人员直接参与公司管理；e 理财采取的是设立投监会，由投监委委托第三方独立律师机构以抽查的形式对项目进行复核，类似的还有民民贷，由投监会不定期地到平台抽查标的进行考察；武汉的六家平台（一起好、长投在线、玖融网、易融恒信、小富金融和鑫华士）则是在市人民政府的指导和扶持下联合成立了一个本土常青盟组织，虽然实质性的监管尚未出台，但已经设立了 1200 万元的互助金（各成员单位各出资 200 万元），用于应对平台流动性风险，资金使用需经过六家平台共同签字。

但是有无投监会只是外部监管的一个指标，并不意味着有投监会就高枕无忧了，就像禾友创投，于 2015 年 6 月设立投监会，却在 7 月宣布了限制提现的公告。

此外，风投资本的真实性和风投是否真正落实也是需要重点注意的地方。前文提到的上咸 BANK 案例中，华科其实是平台的创始股东，并非后入风投，且在第三方舆情中也充斥着华科是皮包公司的说法。还有，2015年 4 月 13 日，熊猫烟花公告称拟通过现金的方式收购严定贵所持有的你我贷 51% 的股权。但熊猫金控在和你我贷签订股权转让协议后，再未公布具体进展，后来你我贷在其官网发布消息，宣称拟终止该资产重组，你我贷牵手熊猫事宜最终夭折。

其实，关于平台与风投或上市公司牵手事项，早期公布后期夭折的例子数不胜数，甚至所谓的风投可能从头到尾也都是假的，如前文提到的国湘资本亿元风投注资等。

9.2.5 用户体验及其他

这一大类主要评价的是用户体验方面的情况，主要包括平台体验满意度、收益满意度以及社会舆情等，其具体指标如表9-7所示。

表9-7　　　　　　　　　　　TOS 用户体验指标表

一级指标	二级指标	三级指标	四级指标
用户体验感	平台体验满意度	平台操作便捷度	—
		充值便捷度	—
		提现便捷度	—
		有无移动端	—
		网站公告及时性	—
		客服的服务态度	—
		处理问题效率	—
		是否有在线交流系统	—
	收益满意度	平台利率水平	—
		投资人交易费用	—
	社会舆情	正面报道	—
		负面报道	—

我们从表9-7可以看出，用户体验感主要是基于对平台的体验感、收益的满意度和舆情的引导三个方面进行衡量，其中平台体验满意度主要包括平台操作便捷度、充值便捷度、提现便捷度、有无移动端、网站公告及时性、客服的服务态度、处理问题效率和是否有在线交流派系等内容，收益满意度主要包括平台利率水平和投资人交易费用；社会舆情主要分正面消息和负面消息。

对于投资者来说，在平台众多缺乏监管的 P2P 行业，是不缺投资渠道的，但却缺乏优良的投资渠道。一个平台能否留住投资者，关键在于投资人的用户体验感，而其中最重要的因素当属平台利率水平的高低和安全程度，其次才是平台的操作体验和舆情导论。

9.3　O2O 指标体系

IFRM 风险控制系统是一个线上与线下相结合的综合评价体系，线上风控是网贷基金评价一个平台风险程度的首要过程，线下 O2O 调查则是对线上风控程序的补充与矫正。

表 9 – 8　　　　　　　　投资价值 O2O 加减分指标体系表

目标	项目	评分结果	备注
O2O 调分	管理团队真实性		
	运营实力		
	项目真实性		
	财务状况		
	基本信息真实性		

当前，由于互联网的渗透，线上虽然可以搜索到足够的信息，但也正因为信息量庞大，对信息的真伪性难以辨别，因此线下风控程序就显得尤为重要。一个好的网贷基金是需要对其重点的在投平台进行线下考察的，如果条件足够的话，意向投资平台也应进行考察。

线下 O2O 指标主要包括管理团队的真实性考察、运营实力考察、项目真实性考察、财务状况考察和基本信息真实性考察等内容。具体的流程开展情况如下：

首先，需要对拟调研平台进行信息的全面搜集和整合，在整体线下调研策划的基础上制订该平台的具体调查方案，其中主要针对线上调研中发现的疑点以及未知点进行核查。为什么这里需要增加针对平台的细节性的具体调查方案呢？因为网贷基金是个二级市场，人员规模不可能很大，那就需要绝对的高效。因此，调研"针对性"就相当重要。

其次，网贷基金线下调研的信息反馈必须要求及时和迅速决策，尤其是调研结果与线上调查情况有很大出入之时。总而言之，网贷基金的投资决策与其风控是紧密相连的，异常情况需要即刻处理。

以千和投为例，星火钱包通过线下调查发现其国资背景属实，但运营实力比线上反映出来的还要糟糕，再加上该平台长时间内只有一个企业进行借款，因此 O2O 的评分直线下降，反映到动态评分过程后，导致该平台的评级也直线下降，星火钱包最终对此做出了撤资决议。再如玖融网，线上评分较一般，但星火钱包通过线下调研后核实了其基本信息和项目的真实性，并且发现平台的运营情况较好，O2O 加分项较多，反映到动态调级过程后，玖融网的评级上升。

9.4 DW 动态监测要素

动态的投资价值评价体系离不开持续性的动态监测。IFRM 风控体系要求，在对平台进行风险评价之后，要继续对平台进行动态监测。正常情况下，每个月需通过大数据分析和舆情分析的最新情况整体上进行一次调分和调级，且遇到紧急情况时需要启动临时调分系统，对平台进行重新评价和排名。具体评价指标如表 9 - 9 所示。

表 9 - 9   DW 动态监测系统调分指标体系

目标	一级指标	二级指标
动态调分	大数据分析监测	现金流变化
		贷款余额变化
		新借款和未来待收数据变化
		借款人数和投资人数变化
		满标时间变化
		利率变化
		标的金额变化
	舆情分析监测	投资人反馈
		平台或背景企业的媒体及其他渠道新闻动态
		机构投资者对该平台投资动态

IFRM 风险控制执行系统

IFRM 风险控制执行系统是 IFRM 风险控制体系中一大重要环节，它关系到这一体系是否有效运行。在风险控制中，没有高效的执行力与体系相配套，体系只会成为空谈。因此，IFRM 风险控制体系将其执行体系列为重点，与指标系统并驾齐驱。本章将对 IFRM 当前的执行系统进行简单介绍。

10.1 IFRM 执行系统简介

IFRM 执行系统采取"变"和"通"的动态策略，在资金运作中，风险需要实时把控，因此体系的执行系统也应当是随着指标体系以及管理的

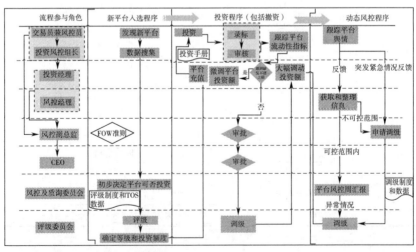

资料来源：星火钱包内控资料。

图 10 – 1　IFRM 执行体系内控图

改进而不断改进的，这样才能真正做到风险控制的"变"和"通"。

如图 10 - 1 所示，执行体系主要是三个步骤，第一步为新平台入选程序，第二步为投资程序，第三步为动态风控程序，步步程序有记录，可追溯，可持续改进，有效形成动态的螺旋上升的闭环系统。

10.2　IFRM 两会制度

如图 10 - 1 所示，在风控执行系统中，有两个重要的流程参与角色，分别为评级委员会、风控及质询委员会，而体现这两个流程的就是 IFRM 两会制度，分别是评级会议和风控质询会议。在本小节中，我们将详细介绍 IFRM 的两会制度的作用和运作方式。

10.2.1　评级委员会制度

IFRM 评级是在 IFRM 评价指标体系的基础上进行的，评级是为了给投资策略提供参考，评级委员会的成立是为了能更公正、更全面地评价一个平台的风险和投资价值。

评级委员会制度的思路早期源自国际三大评级机构的债券基金评级方法。国际三大评级机构（标准普尔、惠誉、穆迪）的思路均是通过分析债券基金中的资产组合的信用质量得到债券基金的初始评级，然而通过考虑各种因素对初始评级结果进行调整以获得债券基金的最终评级。从国际评级机构的债券评级的方式可见，完全的定量评价评级还存在一定不科学性，需要在此基础上进行调整。因此，加之累积的长期实践经验，IFRM 定量评级体系设计时，在定量评价的基础上加上评级委员会的决策功能，因此，评级委员会可以在定量评价的基础上调整该平台的评级结果，当然，为了保证公正性和有效性，以评级委员会共同决策的方式来进行，决策方式可见评级流程图。

在当前的 IFRM 评级系统会议中，主要包括两种类型会议，其一是周期性的评级会议，其二是临时性的调级会议。具体的流程如图 10 - 2

所示。

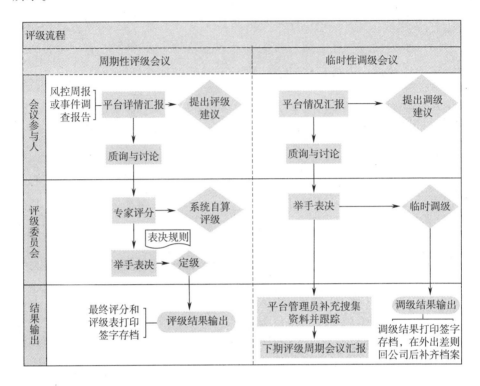

资料来源：星火钱包内控资料。

图 10 - 2　IFRM 评级流程图

　　如图 10 - 2 所示，评级会议分为周期性评级会议和临时性调级会议。在周期性会议中，包含了风控质询会议的汇报程序，针对平台汇报情况，进行专家评分，依据专家评分情况系统自算评级结果，但是该评级结果并不是最终的评级结果，它是评级的重要参考依据，评级委员会以民主公正的方式决定平台评级。在临时调级会议中，无须详细的评分流程，但是临时调级会议后需要对该平台进一步开展深入调查和跟踪，出具调查报告于下次周期性评级会议上进行汇报。

10.2.2　风控质询委员会制度

　　IFRM 风控质询制度是在星火钱包实践过程中逐步形成的，该制度主要是为了保证和提高动态风控跟踪的效果而设定的，最大限度地解决风控员的人为因素。

公开质询是权力监管的一种，常见于社会组织和机构，有助于社会加强监管，扭转社会风气，是社会改进的一种方式。星火钱包风控质询是对风控效果的监管，通过质询的方式，提高风控员的风控能力和素质，是 IFRM 动态风控体系和实力改进的一种方式。

此外，IFRM 风控质询时间并非固定，一般而言在风控会议汇报之时发生，同时形成质询记录，便于后期追溯，成为平台档案的一部分，作为评级或者调级参考。

网贷基金风险控制之资产项目分析

对 P2P 平台经过审核、评级，以及确定投资额度之后，就是对平台的具体项目进行投资，在具体项目投资时，由于资产类别的不同，存在不同类型的细分项目，因此，有必要对各个资产类别的投资模式及风险关注点进行详细了解，确保风险控制从平台级达到项目级。

同时，随着平台"去担保化"、"信息中介"的推进以及 P2P 行业的洗牌和正规化运营，稳定、优质的平台最终会存活下来。届时，可能出现的情况是平台没有问题，但是项目出现了问题，所以将投资重点从 P2P 平台层面渗透到债权层也是未来的趋势。

在细分资产投资之前，有必要对其共性点进行前期梳理。根据统计，目前中国 P2P 平台 60% 以上的借贷项目均涉及抵押、质押等，80% 以上的项目涉及担保公司或者其他第三方担保以及保险公司，而这些均涉及担保的法律关系。同时，在投资项目的时候，债权人、债务人、担保公司、其他第三方担保人、保险公司、平台等主体的关系错综复杂，同样类型的项目在不同平台也存在不同的主体关系，因此本章第一节先对细分资产类别中的共通的担保法律关系、担保中最重要的主体——担保公司等进行详细阐述，在第二节的资产细分中将不再赘述。

11.1 P2P 平台担保分析

本节将对担保中常见的保证、抵押、质押以及保险、混合担保情况下的担保责任及安全性进行阐述，同时对担保公司类型、存在的问题、担保公司选择指标等进行说明，最后针对担保法律关系及担保公司进行实例分析。

11.1.1 担保的法律关系

《担保法》第二条规定：在借贷、买卖、货物运输、加工承揽等经济活动中，债权人需要以担保方式保障其债权实现的，可以依照本法规定设定担保。本法规定的担保方式为保证、抵押、质押、留置和定金。目前P2P所涉及的担保方式主要有保证、抵押和质押，而留置和定金少见。下面分别从法律效应上对保证、抵押和质押进行分析。

1. 保证方式。

《担保法》第六条规定：保证是指保证人和债权人约定，当债务人不履行债务时，保证人按照约定履行债务或者承担责任的行为。保证担保的范围包括主债权及利息、违约金、损害赔偿金和实现债权的费用。保证合同另有约定的，按照约定执行。当事人对保证担保的范围没有约定或者约定不明确的，保证人应当对全部债务承担责任。保证人可以是人，也可以是物。

保证方式由合同双方自行约定，分为一般保证和连带责任保证。没有约定或者约定不明的，视为连带责任保证。如果约定当主债务人不能履行债务时，保证人承担保证责任，则为一般保证；若约定当主债务人不履行债务时，保证人承担保证责任，则为连带责任保证。由此看来，"不能"和"不"只是一字之差，但法律效果有天壤之别。保证人享有先诉抗辩权，即债权人未就主债务人的财产强制执行而不能清偿之前，保证人可以拒绝承担保证责任。

当债务人破产时，不论债务是否到期均应视为到期（扣减未到期利息），债权人可向保证人主张权利（一般保证人此时已经丧失先诉抗辩权），也可向法院申报债权；破产程序中债权人未受清偿部分，可要求保证人承担。

2. 抵押方式。

《担保法》第三十三条规定：抵押是指债务人或者第三人不转移对本法第三十四条所列财产的占有，将该财产作为债权的担保。债务人不履行债务时，债权人有权依照本法规定以该财产折价或者以拍卖、变卖该财产的价款优先受偿。前款规定的债务人或者第三人为抵押人，债权人为抵押权人，提供担保的财产为抵押物。抵押担保的范围包括主债权及利息、违约金、损害赔偿金和实现抵押权的费用。抵押合同另有约定的，按照约定。

可以抵押的财产：（1）抵押人所有的房屋和其他地上定着物；（2）抵押人所有的机器、交通运输工具和其他财产；（3）抵押人依法有权处分的国有土地使用权、房屋和其他地上定着物；（4）抵押人依法有权处分的国有机器、交通运输工具和其他财产；（5）抵押人依法承包并经发包方同意抵押的荒山、荒沟、荒丘、荒滩等荒地的土地使用权；（6）依法可以抵押的其他资产。同时抵押人可以将前款所列的资产一并抵押。抵押人所担保的债权不得超出其抵押物的价值，该资产价值大于所担保债权的余额部分可以再次抵押，但不得超出其余额部分。

不可抵押的资产。《担保法》规定以下资产不得用于抵押：（1）土地所有权、耕地、宅基地、自留地、自留地等集体所有的土地使用权；（2）学校、幼儿园、医院等以公益为目的的事业单位、社会团体的教育设施、医疗卫生设施和其他社会公益设施；（3）所有权、使用权不明或者有争议的财产；（4）依法被查封、扣押、监管的财产；（5）依法不得抵押的其他财产。

抵押权的实现原则。《担保法》第五十三条规定：债务履行期届满抵押权人未受清偿的，可以与抵押人协议以抵押物折价或者以拍卖、变卖该抵押物所得的价款受偿；协议不成的，抵押权人可以向人民法院提起诉讼。抵押物折价或者拍卖、变卖后，其价款超过债权数额的部分归抵押人所有，不足部分有债务人清偿。

　　同一财产抵押权并存的处理：同一财产向两个以上的债权人抵押的，在拍卖、变卖抵押物所得的价款按什么样的顺序清偿？根据《担保法》的规定，涉及抵押权优先次序的确定，原则上按已登记的优于未登记的、先登记的优于后登记的、均未登记的不论设定时间先后按同一顺序。由此可见登记的先后顺序直接影响到债权人的求偿权。

　　抵押担保存在现实中的困难。《担保法》对抵押登记的机构规定较为分散。其中以无地上定着物的土地使用权登记机关为国土局，房屋为房产局，林木为县级以上的林业局、交通工具为公安交管部门，企业机器设备为工商管理部门。而《物权法》出台后对不动产的登记部门进行了统一，规定由不动产所在地登记机构办理。但在实践中，具体配套的同一登记机构和办法并未建立起来，导致现实中的登记机构较为混乱，这也造成了抵押担保透明度下降。

　　3. 质押方式。

　　质押可分为动产质押和权利质押。《担保法》第六十三条规定：动产质押是指债务人或者第三人将其动产移交债权人占有，将该动产作为债权的担保。债务人不履行债务时，债权人有权依照本法规定以该动产折价或者以拍卖、变卖该动产的价款优先受偿。前款规定的债务人或者第三人为出质人，债权人为质权人，移交的动产为质物。出质人和质权人在合同中不得约定在债务履行期届满质权人未受清偿时，质物的所有权转移为质权人所有。质押担保的范围包括主债权及利息、违约金、损害赔偿金、质物保管费用和实现质权的费用。质押合同另有约定的，按照约定。而权利质押是指债务人或者第三人将权利证书移以债权占有，以其作为债务的担保的行为。与抵押不同的是，质押不仅要有书面合同，而且以质物的转移占有为生效条件。

　　可以质押的权利。《担保法》第七十五条规定，以下权利可以质押：（1）汇票、支票、本票、债券、存款单、仓单、提单；（2）依法可以转让的股份、股票；（3）依法可以转让的商标使用权、专利权、著作权中的财产权；（4）依法可以质押的其他权利。

　　质押权的实现原则：《担保法》第七十一条规定：债务履行期届满债

务人履行债务的，或者出质人提前清偿所担保的债权的，质权人应当返还质物。债务履行期届满质权人未受清偿的，可以与出质人协议以质物折价，也可以依法拍卖、变卖质物。质物折价或者拍卖、变卖后，其价款超过债权数额的部分归出质人所有，不足部分由债务人清偿。

4. 抵押/质押担保增信：资产抵偿率和安全边际是关键。

在抵押和质押担保中，债务人是第一层保障，足额的抵押品或者留置品为债权人提供第二层保障。在债务人出现违约时，债权人可以通过处置抵押品或留置品来得到补偿。因此抵押/质押担保的增信作用较为类似。

从理论上看，抵押、质押担保信用等于无担保、无抵押/质押情况下的主体信用加上抵押/质押担保所增信，增信的效果主要取决于到期日抵押、质押资产价值对债券本息的抵偿率。抵偿率越高，对债权人的保障程度就越高，增信效果就越好。

因担保增信作用需在债务成立过程中确定，在确定到期日抵押、质押资产的价值后，还需设置适合的折扣率以确保安全边际。原则上，资产质量越好、变现能力越强、稳定性越好，折扣率就越大。

因为折扣率随着抵押、质押资产的性质和折扣年限的变化而变化，存在较大的主观性，市场并没有统一的看法。因为银行在风险控制方面一般采取谨慎原则，所以可以从银行的折扣率进行探讨分析。

抵押品主要是动产和不动产。一般来看，房产、以出让/划拨取得的土地使用权、在建工程的抵押折扣率不得超过 70%，机器设备的抵押折扣率不超过 50%。

表 11 - 1 　　　　　　　　　　抵押物的平均折扣率

抵押品	平均抵押折扣率（%）	抵押品	平均抵押折扣率（%）
居住用地	71. 34	办公用房	47. 26
居住用房	59. 11	工业用地	48. 28
商业用地	55. 33	工业用房	46. 21
商业用房	47. 26	设备	29. 37

数据来源：《信用风险缓释技术研究——押品、风险管理与资本协议》。

　　质押资产可分为动产质押和权利质押。银行对于一般动产的质押折扣率原则上不得超过评估价值的 60%。权利质押的折扣率相对较高，人民币存款单、国债、金融债、本票和银行承兑汇票一般不得高于 90%。应收账款的质押折扣率差异较大，视应收对象的资信状况而定。

表 11-2　　　　　　　　　　　质押物的平均折扣率

质押品	平均折扣率
一般不动产	不得超过评估价值的 60%
人民币存款单	不得超过存款行确认数额的 90%
一年期（含）以内的外汇存单和外汇现汇	不得超过折算金额的 90%
国债	不得超过面额的 90%
金融债券	不得超过面额的 90%
政策性银行、国有商业银行、股份制银行出具的本票和银行承兑汇票	不得超过面额的 90%
其他银行（含外资银行）出具的承兑汇票	不得超过面额的 80%
上市公司国有股神会法人股、非上市股份公司股份、有限责任公司股份、外商投资企业股权	不得超过评估价值的 50%
上市流通的股票	不得超过 60%
仓单和提单	不得超过仓单和提单项下货物总金额的 60%
电费收费权	不得超过以销售电量和销售电价确定的电费收费权价值的 65%
商标专用权、专利权、著作权中的财产权	从严把握

　　数据来源：《信用风险缓释技术研究——押品、风险管理与资本协议》。

　　5. 保证、抵押、质押的区别。

　　"保证、抵押、质押"为常见的担保方式，也是目前在我们 P2P 增信中常用的担保方式。但三种担保方式在法理上存在下列区别。

　　法律效果不同：保证通常产生的权利为债权，不具有优先受偿性；而抵押、质押的是担保物权，对担保物及其变现所得的价款具有优先受偿的权利。

　　抵押和质押存在明显的差异。（1）抵押的标的物为动产和不动产，而质押的标的物是动产和权利。（2）抵押物不可转移占有，质押物可以转移占有，占有权是否转移是抵押与质押最本质的区别。（3）抵押的当事人可以自愿办理抵押登记，质押的当事人不必办理质押登记。（4）抵押可以在不超过抵押物价值的基础上重复设置抵押权，而质押在法律上不允许在同一质物上重复设定质权。（5）抵押期间抵押物所生的自然孳息和法定孳息由抵押人收取，抵押权人无权收取抵押物所生孳息；而在质押中，除当事人在质押合同另有约定以外，质押期间质押物所生孳息，均由质押权人依法收取。

6. 保证与保险的区别。

在 P2P 实际运营的增信措施中，除了保证外，还有保险公司作为增信主体出现，且以保险来增信开始成为趋势。保证与保险都是合同，也都是债权下产生的责任，但它们在法理上还是存在如下差别的。

责任承担不同。因为保证保险不是保证，所以保险人不能享有保证所产生的先诉抗辩权或物保优于人保的抗辩权，一旦发生保险事故，保险人就应当按照保证保险合同的约定向被保险人支付保险金。但是在保证中，一般保证人有先诉抗辩权，连带保证人没有先诉抗辩权。

范围不同。保证包括主债权及利息、违约金、损失赔偿金和实现债权的费用。当事人对保证担保的范围未做约定或约定不明确时，保证人应当对全部债务承担责任。而在保证保险合同中，被保险人履行保证保险责任仅限于保险合同约定的保险金额限度内的贷款本金和利息，对于违约金、逾期利息、罚息等在通常情况下不属于赔偿范围。

7. 担保的再分类：人的担保、物的担保。

根据担保人提供的担保是担保人的信用或是担保人的特定财产，可将担保分为人的担保（本书简称人保）与物的担保（本书简称物保）。人的担保是第三人（不含债务人）以其信用和一般财产为债务人履行债务所提供的担保，如保证担保。物的担保是以债务人或第三人的特定财产作为履行债务的担保。

所以，在上述担保的保证方式中，既存在人的担保，也存在物的担保。而物的担保，在第三人保证和债务人自身的担保中都有出现。

人保和物保是担保的基本形态。人保是以人的信誉担保债务的履行，即自然人或法人以其自身的全部资产和信誉为他人的债务提供担保。债务人到期不履行债务时，由担保人代为履行，以保证债权得以顺利实现。物保是以物权担保债务的履行，即自然人或法人以其自身特定财产为自己或者他人的债务提供担保。如果债务人到期不履行债务，债权人享有担保物权，对担保物的处分财产优先享有清偿权，但物权小于债权，不能清偿担保责任也是常有的。债权人基于人保（即保证）所享有的是保证债权，债权人基于物保所享有的是担保物权。

人保、物保的共性特征。作为担保关系，人保和物保具有一定共性。首先，担保法律关系中当事人缔约的地位平等，其权利义务是平等协商的结果。其次，不论是保证债权还是担保物权都从属于主债权，主债权消灭，担保权也消灭。债务人及担保人共同对担保份额承担责任，当事人可以约定担保范围，并按照约定承担相应的担保责任，但如当事人对担保的范围没有约定或者约定不明确的，担保人应当对全部债务承担保证责任。这就是混合担保，后文将对混合担保进行详细阐述。

8. 担保公司担保、第三方担保、债务人物保（抵押、质押）的比较。

在 P2P 目前的担保方式中，担保公司担保、第三方担保、债务人物保（抵押、质押）成为主流的担保方式。其中，担保公司增信作用较强且易取得，但可能要面临较高的担保费用，而企业担保、抵押/质押担保费用较少但可能难以取得明显的担保效果。在担保实践中，担保的增信等级、担保费用和获得担保方的便利性是一个权衡的选择。

表 11 - 3　　　　　　　　不同担保主体的优劣势

	担保公司	第三方担保（集团母公司、集团兄弟公司、非关联第三方等）	抵押、质押担保
优势	与抵押、质押担保相比，可能会获得担保人信用额外的增级；比第三方担保可能容易取得	如果是互保或者关联企业担保，担保费用可能不高	费用可能比担保费少
劣势	担保公司可能要求额外信息报送；担保费可能较高	寻找合适的第三方提供担保较为困难；存在关联担保的风险	抵押、质押登记手续多；处理抵押、质押资产有额外的费用

9. 混合共同担保。

混合共同担保，是指债权人为其债权得到全部清偿，对同一债权设置了保证（人保）和第三人物的担保（物保）并存的担保形式。实践中经常出现对同一债权设定不同性质的担保——在不考虑债务人物的担保的情况下，同一债权经常出现人保和第三人物保的组合，有的甚至可能存在两个以上的人保或物保。

对于债权人来说，担保的可靠性越充分越有利，混合共同担保逐渐在债权债务关系中得到广泛运用。通过混合共同担保，可以有效分散担保物灭失、毁损或者保证不足的危险。

在混合共同担保中，按照责任划分，可以分为按份保证责任、连带保证责任。"按份"指各保证人在承担保证责任上与债权人之间的关系及在保证责任的分配上各保证人之间的内部关系。"连带"主要指各保证人在承担保证责任上与债权人之间的关系，至于各保证人之间的内部关系仍是按份的。若将保证人与主债务人的外部关系考虑进去，则共同保证可进一步细分为一般按份共同保证、一般连带共同保证、连带按份共同保证、连带共同保证。

按份保证责任。约定确定数额或份额担保的情形下，各个担保相对独立，每个担保都是独立的、直接的担保，不发生共同担保，也无连带责任，更不会受到其他担保人的追偿。在一般按份共同保证与连带按份共同保证，各共同保证人之间不存在追偿的问题。

连带保证责任。连带保证责任中，按照担保主体、担保分类的不同，可以分为第三人物保和债务人物保、第三人人保与债务人物保、第三人人保与第三人物保、保证人与第三人提供的物的担保和债务人提供的物的担保并存四种情况，如各方主体未针对责任承担专门订立协议的，而这四种情况责任承担顺序是不同的。

（1）第三人物保和债务人物保。

在担保方式中，第三人提供了物品来承担保证责任，同时债务人也采取抵押、质押提供物保，在这种情况下，若债务人违约，物权法规定债权人只能先就债务人提供的物保行使权利。

（2）第三人人保与债务人物保。

同一债权既有保证担保，又有债务人提供的物的担保，其前提必须是两种担保业已有效成立。根据《物权法》的规定，同一债权既有保证又有债务人自己提供的物的担保的，保证人仅对物的担保以外的债权承担保证责任，即保证人承担的是补充担保责任，债权人只能先就债务人提供的物保行使权利。

（3）第三人人保与第三人物保。

《担保法》司法解释规定，"同一债权既有保证又有第三人担保物的担保的，债权人可以请求保证人或者物的担保人承担担保责任。"由于人保肯定是债权人、债务人以外的第三人提供，而物保，则可能由债务人自己提供，也可能由第三人提供，所以在第三人人保与第三人物保并存的情况下，债权人可以选择其中任何一方行使权利。

（4）保证人与第三人提供物的担保和债务人提供物的担保并存。

这种情况实际上存在"多重担保"，即第三人的保证担保、债务人的物的担保和第三人的物的担保。法律规定应当首先以债务人的担保财产清偿债权，剩余部分由保证人与第三人分担。

综上所述，在混合共同担保中，是债务人物保优先原则，第三人人保、第三人物保同时存在的情况下，债权人具有选择权。

10. 担保其他词汇解释。

反担保。反担保是指为债务人担保的第三人，为了保证其追偿权的实现，要求债务人提供的担保，担保公司在担保时一般会要求被担保人提供相应的反担保。担保公司代偿后就拥有了对反担保质押、抵押物的相应权利，这是对担保公司代偿的一种有力保障。此外，担保公司在代偿后有权向被担保人追偿所代偿的相应金额。担保公司也可以进行再担保，当担保人不能独立承担担保责任时，再担保人将按合同约定比例向债权人继续剩余的清偿，以保障债权的实现。

互保联保。保证贷款由 2 家企业之间对等承担保证担保责任，简称"互保"，即甲、乙两企业之间互相担保获得贷款。企业"联保"贷款，是指 3 家或 3 家以上企业自愿互相担保，联合向商业银行申请贷款的信贷方式，即 3 家或 3 家以上企业，自愿组成担保联合体，其中某一家企业向银行申请贷款后，联保体成员根据合同约定承担还款连带责任。

互保联保始于农户小额联保贷款，而后拓展到商户、小微企业乃至大中型企业，可分为同行业担保链、同乡担保链、关联企业担保链、上下游担保链。互保联保在一定程度上拓宽了小微企业融资渠道，但在经济下行周期中，单个企业的贷款违约，会引发"多米诺骨牌效应"。当前，互保联保风险呈现出从中小企业向大企业蔓延、从贸易行业向生产型企业扩散、从长三角和珠三角向资源型地区传染的趋势出现了一些问题。第一，范围扩大不当会削弱信息优势。企业间互保联保在发展过程中，参与企业的经营规模越来越大，担保链交叉越来越密集，企业间了解程度降低，风险暴露却在增大。第二，高度同质性增加担保链的脆弱性。同行业、同区域、上下游等相互关系虽然提高了信息对称程度，但也意味着风险无法有效分散，易形成一荣俱荣、一损俱损的连锁效应。第三，无限责任导致风险的高传染性。根据《担保法》第十二条"没有约定保证份额的，保证人承担连带责任，债权人可以要求任何一个保证人承担全部保证责任"，银行会找到最有实力的担保企业首先承担无限责任，这导致优质企业在担保链中承担巨大责任。

11.1.2　担保公司

在 P2P 网贷平台迅猛发展的今天，平台＋担保的模式越来越受到平台自身、投资者、业界各人士的广泛关注。表面上来看，平台＋担保的模式似乎提高了平台的保障力度，降低了平台的投资风险，然而实际上，近年来曝出的各种问题平台的出现，平台倒闭甚至是跑路问题的频发，为广大社会人士敲响警钟，人们开始思考 P2P 网贷平台和担保公司之间隐藏着的关联性。

作为 P2P 行业中重要主体的担保公司，担保公司在 P2P 行业的快速发展中起到了重要的作用，同时也在运行中出现了问题与风险。下面从担保公司类型、担保公司介入 P2P 行业的模式、出现的问题以及怎样评价担保公司等方面进行阐述。

参与 P2P 借贷个人或者小微企业普遍抗风险能力差，缺少足额担保和抵押，通过担保贷款获得授信情况普遍。根据统计，小微企业贷款中，60% 左右通过抵押获得贷款，30% 左右通过担保公司担保获得贷款，此外还有一部分小微企业主通过其他企业担保获得贷款。

在常规的银行借款担保中，个人或企业在向银行借款的时候，银行为了降低风险，不直接放款给个人，而是要求借款人找到第三方（担保公司或资质好的个人）为其做信用担保。担保公司会根据银行的要求，让借款人出具相关的资质证明进行审核，之后将审核好的资料交到银行，银行复核后放款，担保公司收取相应的服务费用。担保公司的经营范围：为中小企业提供贷款、融资租赁及其他经济合同的担保；个人消费贷款担保、个人经营性贷款担保、汽车消费信贷担保、项目投资、融资管理等。

1. 担保公司分类。

目前担保公司主要分为三类。第一类是纳入监管体系的融资性担保公司，第二类是非融资性担保公司，第三类则是以担保公司名义开展担保和非担保业务的中小型金融机构。融资性担保公司需要在地方监管部门注册登记并可以获得融资许可证，监管相对较严，后两类则未实行准入管理，也不持有经营许可证，只需工商注册登记，准入门槛较低，处于无监管状态。

融资性担保公司。融资性担保是目前担保行业中最高的保障级别，它意味着借款人逾期时担保公司要先行垫付；发生坏账时担保公司要全额赔付。其次，P2P 平台多了一层严格有效的监督和审查（包括项目真实性、借款用途、借款人信用、偿还能力等），因为出了问题担保公司要赔偿。

《融资性担保公司管理暂行办法》规定属地管理原则，融资性担保公司由省、自治区、直辖市人民政府实施属地管理，省、自治区、直辖市人民政府确定的监管部门（金融工作局）具体负责本辖区融资性担保公司的准入、退出、日常监管和风险处置。

特别要指出的是，融资性担保公司在杠杆倍数和集中度上面都有硬性规定。在杠杆倍数方面，《融资性担保公司管理暂行办法》明确融资性担保责任余额不得超过净资产的 10 倍；在担保集中度上面，规定对单个被担保人提供的融资性担保责任余额不得超过净资产的 10% ，对单个被担保人及其关联方提供的融资性担保余额不得超过净资产的 15% 。

表 11 - 4 不同金融牌照的杠杆及优劣势比较

金融牌照	杠杆	优/劣势
融资租赁	10 倍	优势：经营杠杆较高，外资租赁、金融租赁资金低；劣势：内资租赁、金融租赁牌照申请
保理公司	10 倍	优势：杠杆高，商业保理快速发展；劣势：风险不易把控
小贷公司	0.5~2 倍	优势：业务流程较快；劣势：杠杆倍数低，资金规模易触碰上限
担保公司	10 倍	优势：本身不参与资金拆借，赚取担保手续费；劣势：受益于外部资金渠道
P2P 平台	—	优势：资金无理论上限；劣势：为吸引外部资金，需让渡较大利益

其他担保公司。其他担保公司包括非融资性担保公司和以担保公司名义开展担保和非担保业务的中小型金融机构。未实行准入管理，也不持有经营许可证，只需工商注册登记，准入门槛较低，处于无监管状态。而在 P2P 平台选择的合作担保公司中，有些担保公司即处于此种类型，更甚的是，有些公司连经营范围都没有担保，却充当担保公司的角色，致使行业风险加大。

担保公司类型不同，准入和业务范围、放大倍数、资金使用、资金监管、风险控制、增信效果等方面存在显著的差别，在 P2P 投资中，投资者必须对担保公司处于何种类型进行详细查证与研究，并对担保责任进行明确，以防止后续发生担而不保等现象。

2. 担保公司与平台合作模式。

在 P2P 平台的快速发展中，从行业普遍引入担保作为增信措施，到去担保政策的出台，担保公司与平台的合作模式呈现出多样化的特点，并衍生出多种不同的模式。

合作担保。担保公司担保平台的标的，对合作平台来说可以有效地降低平台的风险，为平台提供稳定的发展环境。这种模式对该担保公司的要求较高，担保公司须为规模大且有雄厚的国资背景的融资性担保公司，这样才能有足够的能力去承担平台的风险。对担保公司来说，担保平台所有标的可以扩大公司的业务规模，获得规模收益。然而该模式也会增加公司的经营风险，对担保公司的担保能力提出了挑战。

为单个项目担保。融资主体引入担保公司作为增信措施，融资主体再到 P2P 平台上进行融资，担保公司为该单个项目进行担保。在这种模式下，担保公司担保项目属于单个、分散的，担保集中度不高，通常情况下属于风险可控状态。

担保公司推荐项目给平台并提供担保。担保公司只担保自己为平台所提供的标的合作方式对于合作平台来说风险是最高的。不论是投资者还是 P2P 平台都更愿意选择投资有担保公司担保的标的，该担保模式会使 P2P 平台选择标的范围更小，且选择的标的也并非平台精心筛选、担保公司是否违规放贷也无从查起，故存在的风险是非常高的。此时平台应更加谨慎地挑选合作担保机构，规避不良担保机构提供风险较大的标的。

3. 担保公司提供担保的模式。

在担保公司与 P2P 平台合作中有不同的提供担保的模式，提供担保的模式不同，对于担保责任的判定与划分存在差异，在债务人逾期或违约的情况下，资金响应速度、本息保障能力也是不同的。

纯信用保障。P2P 平台与担保公司合作，由担保公司为投资人提供担保责任，确保在出现风险事项时，可以及时、足额地对投资人进行先行代偿，之后担保公司再自行处理与融资人的债权债务与资产清偿事宜。纯信用保障指没有抵押物或准备金做保障措施，仅通过担保函或信用方式作纯信用担保，具体担保方式有：①连带责任本息保障；②债券回购；③本金、利息和逾期罚息全额担保。

固定额度担保。固定额度担保是指第三方担保公司为 P2P 平台提供担保公司自己规定的可担保额度，并存管于银行的监管账户中，实现平台自有资金与担保资金隔离，确保担保保证金资金专户专款专用。

风险保证金。风险保证金是指担保公司按照项目金额的一定比例缴纳风险保证金，借款出现逾期时，启用风险保证金先行垫付的担保模式，并提供无限连带责任担保。在这种模式下，债务人逾期或违约后，债权人能够很快地获得赔偿。

4. 担保公司现状。

从 2014 年开始，随着宏观经济的增长放缓，经济环境不仅从需求端上挤压着担保行业的发展，而且从风险端考验着担保公司信用增级能力。北京中源盛祥融资担保有限公司、全国第二大、河北省最大的国资担保平台，获 AA + 评级资质的担保机构河北融投担保集团有限公司先后发生担保事件，以及大量的其他类型担保公司发生问题，也不断暴露出担保行业存在的问题。

监管问题。监管主体的约束力不足，法律法规尚不健全，存在监管真空，对于非融资性担保公司完全没有监管，而这类企业正是违规经营的主力。

担保公司违规操作问题。银行处于强势地位，银担合作中风险全部由担保公司承担，且严格控制其放大倍数致盈利性不强，高风险低收益特性令担保公司从事主业积极性不高。而民间借贷的高收益和理财业务的崛起诱使担保公司（非融资性担保公司和中小民营担保企业为主）铤而走险，非法集资、违规放贷、非法理财、自担自用、关联担保等乱象丛生。

行业分化加剧。全国有几万家担保公司，实力较弱的非融资性担保公司数量上占绝对主体，但市场份额主要集中在少量大型担保公司。法人机构家数由 2012 年的 8590 家降低至 8185 家，大型担保公司扩张的同时，许多规模小的或经营不善的公司退出了市场。

5. 担保公司存在的问题。

在担保公司和 P2P 合作模式中，出现了没有担保资质进行担保、过度担保、自担保、关联担保、违规放贷等问题，下面对几种常见的类型进行介绍。

重复担保（过度担保）。在 P2P 网贷平台当中，重复担保则是指一家担保公司同时为多家 P2P 网贷平台提供担保，而从平台的视角反向来看就是指一家 P2P 网贷平台同时有多家担保公司为其提供担保。

2015 年 7 月 17 日发生逾期偿付的北京中源盛祥融资担保公司旗下所担保平台有 7 家。另外社会舆论界也时常反映，在河南地区，重复担保的现象更为严重，形成了一个较大的担保圈。这不禁引发社会各界的思考与猜测，一家担保公司是否真的有足够的担保能力为如此多家的网贷平台提供担保。

在这个过程中，也更容易呈现一种"多米诺骨牌效应"，一旦重复担保体系中的担保公司出现严重问题，便会迅速传导至其提供担保的各个平台，极大地提高各个平台的资金风险和经营风险。

自担保（关联担保）。自担保这一概念是指某企业为某一项目利用与自身企业相关的机构，或者说利用自有资金池来对该项目进行担保的情况。这种担保方式在国内来说，属于非法行为，这一过程有涉及非法融资的可能性。很多公司的法定代表人成立关联公司，再购买几个担保牌照，由自己控制的关联公司对自己的 P2P 平台进行担保。这样，平台本身便具有了担保的资质，自身便可占据主导地位，资金操作较为方便。最终，便形成了表面上看是"平台 + 担保公司"的模式，但实际上二者是一体的自担保模式。可以说，自担保只是一种空有其名却无其实的一种担保模式，那些规模比较大且实力较强的网贷平台进行自担保，若平台出现坏账或者逾期，平台自身或许尚可进行兜底；若平台实力一般，风控不到位，则会出现严重的资金流动性问题，资金链断裂，平台则会垮台。因而，这种关联机制便在网贷平台的担保中埋藏下了巨大的风险，投资者若不细心往往会被表象迷惑，从而承担不必要的损失。

运营 6 年、成交数百亿元的知名 P2P 平台——融资城，于 2015 年 4 月曝出提现困难，据调查融资城和其项目担保方聚盛资产为关联企业，工商资料了解到，融资城与聚盛资产的股东均为聚宝盆资产。聚宝盆资产占融资城出资总额的比例为 60%，占聚盛资产出资总额的比例为 30%。融资城、聚盛资产的注册地同为深圳市南山区深南大道新豪方大厦八楼，而且聚盛资产和聚宝盆资产的法定代表人也同为张学翔。上述资料显示，融资城和聚盛资产两家公司构成关联公司。融资城为关联公司融资，而当融资城的到期项目出现无法兑现的时候，聚盛资产也无法提供现金提现，融资城的这种做法就是明显的自担保行为。

担保公司违规操作（如放贷）带来的系统性风险。相当一部分担保公司都挂着"担保"的头衔，主业却不是担保业务。如果一个担保公司注册资本 1 亿元，最多能担保 10 亿元额度，按担保手续费 2% 计算，一年下来就是 2000 万元，扣除相关费用、25% 的所得税、未到期责任准备金、补偿风险金，一年下来净利润实际上非常低，但却要承担着 10 亿元资金的违约风险。所以有的担保公司会帮忙"推销"各种私募业务以及理财产品或者放贷，从而产生非法集资、非法理财、违规放贷等一系列风险。

综合来看，近年发生的代偿事件直接削弱了担保公司的经营能力，担保余额的逐年上升，担保期限集中在中长期，在经济下行周期中，担保公司可能要经历较长时间的考验。因担保余额的上升，部分担保公司的放大倍数可能已超越监管指标。

6. 怎样评价担保公司。

在实际操作中，我们可以从安全性、风险控制、外部评价三大方面对担保公司实力与担保能力进行评价与筛选。

（1）担保公司的安全性。

担保公司的安全性是指担保公司在发生代偿时可以用来支付的资金，主要为静态的注册资本、股东外部支持、动态的净资产或现金。

注册资本是公司实力的象征，雄厚的注册资本是公司抵御风险的第一层保障，雄厚的资本往往反映着控股股东的实力。股东的外部支持也是一个重要因素，这是担保公司的潜在保障。同时，担保公司注册资本是静态的，净资产、现金比注册资本更为可信，因为注册资本的信号作用远大于其实际作用。此外，必须关注公司的总营业收入和风险准备金之和，这是公司可以直接用来进行代偿支付的现金保障，现金保障高，则公司抗风险能力就强。

（2）担保公司风险控制。

担保公司风险可以从 4 个方面来看：在保余额、担保放大倍数、风险集中度（到期时间集中度、行业集中度、客户集中度）和风控能力。

担保公司在保余额是指担保公司在某一时点依然承担、尚未解除担保责任的合同金额，该指标是对风险的粗糙度量。

担保放大倍数是担保公司担保余额和公司净资产的除数，分子项是风险，分母项是安全垫。担保放大倍数是担保公司风险预警指标，连续几年过高的担保放大倍数往往会触发大规模的代偿。根据 2010 年国家发布的《融资性担保公司管理暂行办法》第 28 条：融资性担保公司的融资性担保责任余额不得超过其净资产的 10 倍。该条例实际规定了融资性担保机构的担保放大倍数不得超过 10 倍，虽然此数值相对于美国和日本 50 倍和 60 倍的担保放大倍数还是很小，但是 10 倍的担保放大倍数确实起到预警作用。近日被媒体曝光的河北融投担保，因为最近几年过快的业务扩张，其担保放大倍数已经超过警戒线 10 倍。

担保公司风险集中度分为到期时间集中度、行业集中度和客户集中度，过高的集中度意味着风险集聚，将增大代偿的概率。担保业务集中在周期行业，如建筑业、基建行业、房地产业和制造业，据统计建筑业和基建行业的占比之和约为55%，周期性行业对宏观经济走势依赖度高，当经济增速下滑时企业现金流减少，债务的违约概率增加，担保公司的代偿概率上升。此外，产能过剩也会导致这些企业的固定资产抵押品的价值缩水，侵蚀担保公司的安全边际。所以，如果担保公司担保业务行业分布集中，如果这个行业发展出现问题，那么大部分被担保人违约的概率将上升，担保公司的代偿压力增大；如果担保业务行业分布比较离散，根据风险分散原理，部分风险就会被分散，担保公司代偿概率将下降。

担保公司风控能力分为担保公司高风险领域介入程度、风险识别、控制能力三个方面。高风险的领域包括顺周期过程中过度介入周期下行阶段可能受到明显挤压的行业（如煤贸、钢贸、地产等），以及风险投资、私募股权投资、有限合伙、涉及高风险领域的信托投资和民间融资（含P2P）等，高风险领域介入程度越高，担保公司发生风险事件的概率越大。河北融投担保业务范围覆盖风险投资、私募股权投资和 P2P 等高风险领域，而且风险识别和控制能力差，过快的业务扩展增加了公司风险敞口。

（3）担保公司外部评价。

主要从担保公司评级和是否被列入失信被执行人名单。如中企联合担保、中海信达、海泰担保、中商财富融资担保和安阳市信用担保等公司就曾经被列入失信被执行人名单。

7. P2P 行业担保举例。

根据近年来发生的涉及 P2P 担保公司或者担保事件，选取比较有代表性的案例进行解读。

（1）案例1——中源盛祥与银客网。

2015 年 7 月 6 日北京中源盛祥融资担保有限公司发布声明称，其在银客网所担保的共计 1000 万元项目发生逾期，由于资金周转紧张仅能代偿其中的 500 万元本金。银客网表示剩余 500 万元本金及逾期利息已启用风险准备金优先代偿，同时将向借款方和担保方进行追偿，追偿的欠款将补回风险保证金，确保用户利益不受损失。

中源盛祥融资担保有限公司注册资本 50000 万元，是北京市相关主管部门批准成立的专业融资性担保机构。中源盛祥与多家知名 P2P 平台有着合作关系，包括爱投资、爱钱帮、银客网、银豆网等，从中源盛祥的声明函可看出其担保能力出现严重问题，已无力代偿相关资金，虽然此次担保公司最终为借款人全部代偿，银客网有惊无险，但担保公司的现金流紧张程度已经凸显无疑。

彼时，相关统计数据表明中源盛祥在银客网累计担保额近 8000 万元，其中 6000 多万元顺利结束，仅剩 1200 万元在保。分析发现，银客网从较早前就已暂停中源盛祥所担保的新项目上线，可见很早前就已经采取风控措施进行管理控制。而据网贷天眼当时统计，中源盛祥至少和 6 家 P2P 平台有项目合作，包括银客网、爱投资、金银猫、银豆网、多美贷、安宜投，其中爱投资担保总额 6.26 亿元，银客网担保总额 7300 万元，中源盛祥为 P2P 平台担保的总额粗略估计 7.2 亿~8 亿元。根据公开信息，中源盛祥为银客网的合作项目代偿了至少 1000 万元，2014 年 12 月为中源盛祥为爱投资的 "建筑陶瓷制造商设备采购" 项目代偿了 3000 万元，仅以这两笔代偿计算，逾期率已经达到 5.6%。这意味着中源盛祥收了 2160 万~2400 万元的保费，却已经代偿了 4000 万元。如果再次出现借款人逾期，中源盛祥的现金流将面临考验。同时，通过查询爱投资平台发现，中源盛祥在 2015 年 7 月 10 日在爱投资上线其担保的 1000 万元项目，累计担保金额近 6 亿元，剩余在保金额 3 亿元，发生过 3000 万元的逾期代偿，值得关注的是，数据显示中源盛祥在爱投资的风险保障金仅为 250 万元，这就是典型的担保公司担保能力存疑的例子。

（2）案例 2——河北融投。

2015 年 1 月全国第二大、河北省最大的国资担保平台，获 AA + 评级资质的担保机构河北融投担保集团有限公司，交由河北建设投资集团有限公司托管，且对外暂停了所有担保业务。

与河北融投有过合作的 P2P 平台也经历了一场信任危机，河北融投担保过多家 P2P 平台包括积木盒子，易九金融及昂道招财猫等平台。河北融投在积木盒子的担保金额高达 5.25 亿元，1 月河北融投的危机出现后，积木盒子也很快被推上了舆论的顶端，作为一家 2013 年上线的平台，2015 年 1 月时积木盒子的成交量只有 50 多亿元，仅河北融投在该平台的担保金额就达到其成交量的十分之一，让所有的投资者对积木盒子对这 5.25 亿元的担保金额的兜底能力都深感怀疑。虽然在此次风波中，积木盒子对该事件进行了平静的回应，声明积木盒子对河北融投的依赖度并不高，所有的风险控制都还主要由自身把控，而且所有的项目都进行了严格的风控审核，但此次事件所引起的投资者的信任危机还是不容小觑的。

融投担保陷入困境是内部操作、外部环境两方面共同作用的结果。

内部操作上，首先是规模盲目扩张，超越监管红线。截至 2013 年底，河北融投净资产约 43.6 亿元，累计担保余额约 311 亿元，担保余额/净资产的放大倍数约 7.1；2015 年初的担保总额约 500 亿元，因为担保公司净资产增长主要来自实收资本，2013 年底至 2015 年初实收资本未变，故暂定其净资产未发生改变，则放大倍数已大幅提高至 11.5 倍，超过 10 倍的监管红线。另外，在其官网上的《银行贷款担保业务指南》中规定，"申请企业（含其关联企业）累计申请的担保额不超过我公司净资产的 20%"，而根据国家《融资性担保公司管理暂行办法》，融资性担保公司对单个被担保人提供的融资性担保责任余额不得超过净资产的 10%，对单个被担保人及其关联方提供的融资性担保责任余额不得超过净资产的 15%，公司的经营相对于国家规定是更加激进的。

外部环境上，宏观经济持续萎靡，房地产企业和中小微企业经营状况不佳致公司代偿压力增大。担保公司的主要客户是依靠自身资质难以获得融资的中小企业，经济环境持续恶化，中小微企业经营状况承压，银行风险偏好下降，融资难融资贵的问题一直未得到有效解决，而这又进一步加剧了这类企业的经营压力，形成负反馈。公司也涉及金融担保业务，主要担保对象为信托等理财产品，主要对接地产项目，而房地产行业持续走弱也加剧了公司的代偿压力。

（3）案例3——中源盛祥与银豆网。

上文案例1中提到中源盛祥在2015年1月即已经出现担保能力存疑的问题，这个问题在后续随着P2P平台债权项目的违约逐渐显现出来。

2015年9月银豆网出现2000万元逾期项目，这项名为"汽车配件企业流动资金周转"借款项目是由中源盛祥融资担保有限公司推荐并承担担保。项目借款期限1年，给投资人的利息为年化15%。借款企业是湖北省襄樊市一家汽车配件加工和销售公司，成立于2013年3月，注册资金2000万元。

9月，该项目出现逾期后，银豆网要求担保公司中源盛祥按照担保协议3日内履行代偿义务。但中源盛祥认为债务人并未失去偿债能力，拒绝代偿。至于为什么拒绝代偿，中源盛祥公告中称主要原因是借款人没有失去偿还能力，只是目前受季节性影响资金困难，"对黄林的到期项目，我司在短期之内暂不予代偿"。中源盛祥给银豆网的解决方案是"借新还旧"，同时对银豆网将中源盛祥作为担保人至于偿债首要位置认为是不合理的。

而该项目本息保障措施显示——由中源盛祥融资担保有限公司提供不可撤销的连带责任担保，根据担保法关于连带责任担保规定以及融资性担保有限公司的规定，债权人在债务人违约时具有选择权，可以选择债务人或者担保人，同时融资性担保有限公司必须是要代偿的且应该即时履约，担保公司可以追债务人的反担保，但不能抗辩债权人追索担保的权利。

银豆网公告中也确认了这一点：《担保函》明确约定中源盛祥所应承担的担保责任为"连带责任保证"，而非"一般责任保证"。当债务人发生还款违约时，中源盛祥的代偿责任不应以先行处置债务人名下的反担保财产为前提，这是中源盛祥作为连带责任保证人所应承担的法定义务。

网站上另一份协议显示，担保公司与该项目公司还签订一份价值为6700万元的5600亩林权抵押和一份该项目公司2000万元股权质押合同。既然有了这层反担保关系，为何担保公司不愿意卖质押物来偿还欠款呢？

这就涉及上文所说的人保和物保，物保的抵押、质押变现通常需要很长的周期，而且实际变现难度会更大，一般不到万不得已，担保公司不愿意处置抵押物。

从上述案例中可以看出，无论从担保公司审核还是法律意义上面，投资者都必须谨慎求证。随着经济发展增速的放缓，P2P 平台上借款的中小企业及个人偿还能力的变化将影响担保公司的担保能力，同时在合规经营等方面存在的诸多问题会让 P2P 与担保公司的合作前景和模式存在更大的不确定性，这些都是投资者必须深度关注的。

11.2　P2P 平台风险分析——业务逻辑视角

P2P 网贷发展至今，平台数千，但是网贷所涉及的业务种类却没有很多，因此 P2P 网贷平台从业务逻辑上来讲，也都开始显出一些共性。从业务的层面上来讲，P2P 网贷的比较典型的几种业务为个人信贷类、车贷类、房贷类、融资租赁、保理、票据等。

11.2.1　小微信贷类

1. 概况

首先，我们先来谈谈信贷类。应该说，"信贷"是 P2P 网贷的开启模式，同时它也是 P2P 的终极模式。为什么呢？

P2P 是个人对个人的资金借贷关系，关系能够达成源自两者之间的需求关系以及信任关系。无论项目如何，是否提供增信，归根结底中间脱不开"信任"二字，因此，可以说"信贷"是 P2P 网贷的开启模式。中国首家 P2P 平台拍拍贷就是"信贷"模式，它的上线开启了中国 P2P 网络借贷的序幕。但是，P2P 发展至今，尤其是在中国，从 2007 年拍拍贷成立至今，已然发展衍生出各种业务，包括抵押、担保、机构合作等各种业务及运营方式，"信贷"已不是纯粹的信贷模式了。

　　P2P 网络借贷相对于民间借贷的最大区别就是打破了地域的限制，让借贷双方不相识，只要项目信息披露足够完备到出借人相信的程度，借贷关系就得以产生。然而，在这个借贷关系中，基于资源和市场的争夺，增信机制开始衍生，包括抵押、质押、个人担保、公司担保等，大部分平台或者后期新成立的平台已不再是纯粹的"信贷"模式的 P2P 平台。在中国，这些业务得以生存和发展壮大主要得益于中国的征信体制的不完善，P2P 借贷关系中的投资人无法获得全面的借款人信息和项目信息，而平台从获客角度出发，为了增信，可能提供类似于平台风险准备金、平台担保、担保公司担保、实物抵押或者质押等项目增信手段，并开始形成平台特有的风格。这也是中国 P2P 网贷必然经历的一个阶段。

　　然而，不管 P2P 平台增信机制如何完善，中间存在一个必然的风险点，那就是 P2P 平台本身的担保能力，如果本身的实力不够或者存在问题，宣传中所提及的再多的所谓的"担保"都毫无意义。这也是为什么在 P2P 疯狂增长的这几年中会有如此之多的平台"跑路"或者"提现困难"？作为提供资金供需关系服务的 P2P 平台既有责任也有义务对项目信息进行最大限度的披露，当借贷信息实现了最大程度上的披露，借贷双方获取的信息极大程度上实现对称，那么上述的"跑路"和"提现困难"等失信行为极大减少，P2P 的"信贷"关系也更稳固而长久。但是随着监管政策的陆续出台以及中国征信体系的日趋完善，这一系列增信机制之前乃至当前所体现出来的优势将不再明显，反倒可能增加很多无谓的成本，投资人也开始有网贷投资风险自担的意识，并开始接受这种投资方式。此时，所谓的"担保"等增信机制也将退出历史的舞台。因此"去担保化"将是这个行业发展的趋势，并且最终实现这个事物产生时的初衷——"信贷"，此时的"信贷"模式才是真正的信贷模式，而不仅仅是 P2P 产生初期的只有一个框架的形态。应该说，这个时候的资金"信贷"模式才是真正意义上的 P2P 终极形态。

　　2. 投资小微信贷类项目关注点。

当前中国从事典型的个人信贷类的 P2P 平台主要有拍拍贷、人人贷、银湖网、翼龙贷等，对于投资人和 P2P 平台而言，这些以个人信贷类为主的平台当前存在哪些风险点呢？

笔者综合考察各方因素，分别针对投资者和 P2P 平台而言，均存在一些风险点。

对于 P2P 投资者而言，P2P 投资者的投资风险主要集中于项目的真实性、借款人的还款能力和意愿。项目如果虚假，那么对于投资者而言，项目违约的风险显然会增加；同时，借款人的还款能力和意愿也是项目是否能够按期还款的重要依据。那么如何考察项目的真实性和借款人的还款能力及意愿呢？投资人可以从如下方面进行审核：其一是平台的项目审核和控制的风控体系。平台虽然可能不承担担保兜底的责任，但是平台作为信息的发布方，有责任也有义务做好项目审核的风控体系，这种可能是纯线上的大数据分析系统，包括平台历史数据的累积和第三方数据的征信体系，平台是否有这一整套的征信体系也是平台项目真实性考察的重要依据之一；其二是平台的项目信息披露程度，除了平台本身的风控体系之外，项目本身的信息披露程度越高，投资人的参考意义越大；其三是平台所披露的项目信息本身，包括项目借款人的往期借款记录和各期的借款目的，借款人的信息是否完整，借款人的信用报告是否披露，借款人在平台上的信用评级等级，投标结束后项目信息是否可查，合同是否合理等。投资人根据这些信息综合评判项目的真实性和借款人的还款意愿和能力来决定投资策略。

另外，对于 P2P 平台而言，个人信贷类存在的风险显然也是项目的真实性、借款人的还款意愿和能力。判断个人信贷类业务优劣与否的重大依据之一就是真实可信，平台上项目的逾期坏账情况反映了平台的项目把关能力，也在一定程度上反映了平台的风控体系，历史数据是平台增信的重要依据之一，因此，对于平台而言，项目审核风控体系是核心竞争力，建立合理且完善的项目审核和数据积累的风控体系是平台体系建设的重点，也是这类业务的 P2P 平台得以持续发展的关键。

3. 典型案例。

以信融财富为例。平台于 2012 年 12 月 27 日上线，运营时间较长，原名为 AA 贷，隶属于深圳市信融财富投资管理有限公司。该公司成立于 2012 年 3 月 22 日，注册资本于 2015 年 8 月 4 日由 5000 万元调整为 1000 万元，目前法人代表齐洋为最大股东，总计占股 93.5%（齐洋是控股股东深圳信融金融控股有限公司的实际控制人，占股 95%）。总体而言，信融财富当前的管理团队同时拥有互联网和金融方面的人才，综合实力较强。截至 2015 年 12 月底，平台累计成交额突破 49 亿元，属民营系平台。

此外，2015 年 6 月 5 日，香港主板上市公司普汇中金国际控股有限公司（股票代码：0997，HK）宣布与信融财富已经签订战略投资合作意向书，拟向信融财富注资人民币 6000 万元，持股比例 10%。2015 年 6 月 6 日，双方就此召开合作发布会。

根据 2015 年 6 月 4 日公布的意向书内容，建议认购事项在先决条件达成后方能给予执行，具体先决条件包括但不限于：目标公司信融财富完成注册资本由 5000 万元向 1000 万元的变更；目标公司没有任何法律上规定的建议认购事项限制；中金提名人选当选为目标公司的董事；中金完成令其满意的对目标公司的尽职调查；目标公司的业务、运营、资产、财务等状况没有重大变化等。

普汇中金国际控股有限公司是港交所主板上市公司，以供应链金融、物流及电子商务为主要业务。本次注资信融财富，是其在传统金融和互联网金融领域的战略布局，这是普汇中金迈进金融"互联网＋"的第一步，通过与信融财富的合作，其将进一步开拓集团于互联网金融业务的发展，同时也加强其业务之多元性及企业实力。

截至 2015 年 12 月底，信融财富已经完成了注册资本的变更，但股权变更上依然没有进展，不过值得期待的是，2015 年 11 月 9 日，信融财富与普汇中金旗下的陕西普汇中金融资担保有限公司签署了融资合作框架协议。

（1）运营模式。

信融财富的债权类型主要为信贷资产，具体包括机构担保项目、品牌合作项目和风险准备金计划项目。其中，品牌合作的项目来源于信融财富的战略合作伙伴，包括融 360、吉屋网和分期 X；机构担保项目主要来源于合作担保公司的推荐，目前平台合作的担保公司有深圳市华圳融资担保有限公司和陕西普汇中金融资担保有限公司 2 家；风险准备金计划项目大多来源于平台线上。

①担保公司。

第一，深圳市华圳融资担保有限公司。成立于 2004 年 12 月 23 日，是一家专业化的商业性担保机构。公司注册资本 11600 万元（100% 货币实缴）。截至 2010 年，华圳担保先后与建行、中行、工行、深发展、招行等多家银行开展担保业务合作，累计获得授信 21 亿元，累计担保 102880 笔，累计担保额超 150 亿元。坏账率方面，华圳在担保的大额项目（超过 200 亿元的项目）中，坏账的项目总额大约为 1000 万元，通过处理抵押物后实际损失为 300 余万元，总体坏账率水平相对较低。

第二，陕西普汇中金融资担保有限公司。成立于 2013 年 6 月 28 日，注册资本 3000 万美元（100% 货币实缴），是经陕西省金融办批准成立的首家外资融资性担保公司，由香港普汇中金国际控股有限公司全资拥有，在陕西省范围内经营融资性担保业务。2015 年 11 月 9 日，信融财富与其签署融资合作框架协议。目前信融财富已经上线相关的融资项目，据官网公示，预计相关产品的年化收益率为 11.1%。

②品牌合作机构。

第一，吉屋网。2015 年 2 月 4 日，深圳市信融财富投资管理有限公司与吉屋网正式签署业务合作协议，信融财富将联合吉屋网及其旗下产品"吉莱宝"针对个人房屋金融服务等多方面深入开展业务合作。吉屋网成立于 2011 年，积极依靠移动互联网，创新了线上客源、线下渠道以及金融资源的连接模式，率先完成了真正意义上房产交易 O2O 闭环。其旗下的"吉莱宝"主要致力于为客户提供房产金融咨询服务，轻松解决购房首付难题。截至 2015 年 12 月 31 日，信融财富平台已成交吉屋网系列产品 3 笔，涉及金额将近 85 万元。

第二，融 360。2015 年 2 月 11 日，深圳市信融财富投资管理有限公司与融 360 公司正式签署业务合作协议，双方将在个人客户及小微企业信用融资贷款等多方面展开深入的业务合作。融 360 成立于 2011 年 10 月，是中国领先金融垂直搜索平台，也是金融垂直搜索领域内的市场第一品牌，三年来用户累计申请金额近 12000 亿元，获得批准 1500 亿元。融 360 致力于为个人消费者和微小企业提供金融产品的搜索、推荐和申请服务，业务范围涵盖贷款、信用卡与理财，是目前覆盖城市最广、服务用户最多的金融搜索平台。截至 2015 年 12 月 31 日，信融财富平台已成交融 360 产品 8303 笔，是所有项目中占比最大的，涉及金额约 12379 万元。此外，信融财富平台本身非常看中融 360 的公信，只是利息较低，投资者兴趣度不高。

第三，分期 X。2015 年 9 月 7 日，深圳市信融财富投资管理有限公司与深圳市五一贷金融服务有限公司（五一贷）正式签署服务合作协议，信融财富将联合五一贷及其旗下产品"分期 X"O2O 平台深入开展业务合作。截至 2015 年 12 月 31 日，信融财富平台已成交分期 X 项目 1599 笔，涉及金额超过 737 万元。分期 X 是互联网租房分期 O2O 平台，平台创业初期获得腾讯联合创始人曾李青先生以及拥有平安背景的架桥资本的种子轮投资，计划将于年底完成 A 轮融资。公司团队为来自腾讯财付通、华为、平安等互联网及金融行业的高端人才，目前平台所涉及的领域包括旅游、教育、驾校、租房、3C 数码等，覆盖的城市包括深圳、广州、厦门、武汉、重庆、成都、长沙等 20 多个城市。

第四，招商信诺。2015 年 12 月，信融财富与招商信诺人寿保险有限公司正式签署服务合作协议。信融财富利用自有优势为招商信诺的人身保险、投资连结保险等保险产品提供展示、推广等服务。此次合作也是信融财富对互联网理财模式的进一步探索。目前，主要的合作方式是展示链接，具体产品是招商信诺的运筹帷幄投连险 A 款和 B 款，下有 4 个账户，分别投资于股票基金、混合基金、债权基金和货币资金，投资人可根据自己的风险偏好选择和转换。该业务并非信融财富自有的资产标的，信融财富只是充当一个展示推广的角色。

总体来说，信融财富挑选的合作机构资质都比较好，担保公司都为受监管的有牌照的融资性担保公司，品牌合作公司的综合实力都较强，且涉及的业务多为风险天然较为可控的优质信贷资产类型。也就是说，信融财富对合作机构的选择较为审慎，在优质信贷资产端方面早早做了布局与尝试。

（2）投资产品类型。

信融财富的产品，就资产标的本身而言，绝大部分都可归为信贷类资产。

从 2015 年年初开始，截至 2015 年 12 月底，不同类别信贷资产的成交规模如表 11 - 5 所示。

表 11 - 5　　　　　　　　信融财富信贷资产成交数据

类别	项目	成交数目（笔）	成交额（元）	投资人收益（元）
机构担保项目	优企贷（华圳担保）	72	621362000	43098234.53
	无忧贷（华圳担保）	6	130000000	6421386.57
品牌合作项目	融 360	8303	102785668	7453805.55
	吉屋网	3	850000	79320.35
	分期 X	1599	7374444	497991.72
风险准备金计划项目	消费贷	203	9041400	1386955.22
	优资贷	54	129990000	4046729.08
债权抵押项目	精选贷	3	365000	45256.92
合计		10243	1001768512	63029679.94

从表 11 - 5 中可以看出，融 360 和消费贷项目产品的成交笔数较大，

优企贷和质抵贷的成交额较大，给用户带来的收益也比较高。

细分测算后发现，优企贷单笔平均金额在863万元；融360和消费贷单笔平均金额在1.23万元；优资贷项目不多，单笔平均金额240万元；无忧贷项目较少，单笔平均金额2167万元；精选贷项目最少，单笔平均金额在12.1万元左右。合作项目中，吉屋网合作时间较长，但项目较少，单笔平均金额在28万元左右；分期X上线时间不久，但成交笔数还不错，单笔平均金额5000元；融360项目量最大。

综合而言，信融财富众多的投资产品类型中，品牌合作项目涉及的单笔金额都较小，风险准备金计划涉及的单笔金额也都比较可控，结合其目前的风险准备金，覆盖率不错。单笔金额较大的资产，比如优企贷、无忧贷和质抵贷，要么是有实力强劲的融资性担保公司进行担保，要么是有足额的抵（质）押物进行保障。也就是说，信融财富对不同产品是有其严格的风险控制逻辑的。

①优企贷。

主要面向部分无优质债权但自身资质优良的企业/个人。该类企业具有一定数额的固定资产，且自身经营状况良好、收益可观。担保方一般通过让其提供足额的反担保措施来确保该融资项目的安全性。

②无忧贷。

为债权转让类融资项目，主要面向已经拥有高优质债权但需要融资周转的企业/个人。该类项目的债权本身一般已具备良好的还款来源和保障。担保方通过对高优质债权凭证的严格审核来确保该融资项目的安全性。

③消费贷。

该项目主要面向小额贷款公司或类小额贷款公司，解决分散、小额融资需求，无须抵押、门槛低，灵活度高。实际上，该产品的借款者多为个人，平台会对借款人信息出具一个芝麻信用分评估结果，还款保障是风险保障金和借款人的信用记录。标的涉及金额小，准入标准严格。

④优资贷。

主要面向自身资质优良的个人。经审核此类融资方具有一定数额的优质资产且信用良好，还款来源有保障，故平台启用风险准备金保障模式以保障平台投资人资金安全。

⑤精选贷。

该项融资服务主要面向平台精选的投资人，前提是借款人在信融财富拥有充足的待还资金，平台通过冻结其债权即债权抵押来确保该融资项目的安全性。

⑥合作品牌区产品。

由合作机构推荐，并提供本息担保。

（3）产品保障模式及风控亮点。

信融财富平台采取多重风险控制机制，结合融资方筛选、第三方担保、担保代偿、电子合同、账户安全、隐私保护等多个方面风险控制。具体而言，平台的资金保障方式为"融资性担保公司＋风险准备金"。

担保公司方面，目前以深圳华圳为主，信融财富为其设定了 2.5 亿元的担保上限。

具体资产类别上，质抵贷项目不由深圳华圳融资担保有限公司和风险准备金兜底，而是通过处置足值抵质押物进行变现。大额贷款由第三方融资性担保公司担保，小额贷款由风险保证金赔付（可查，初始为 500 万元，截至 2015 年 12 月底，风险保证金为 800 万元）。

①风控团队实力强劲。信融财富风控部的高管具有丰富的风控经验，且平台的风控部门对业务的审批率有严格的流程，业务审批通过率不超过 10%。

②外部信贷资产质量较好。信融财富品牌合作区的信贷标的资产涉及金额小，平均金额不超过 2 万元，且由综合实力较强的合作机构进行本息担保，安全程度较高。

③内部多级别多层次的安全保障体系。针对金额较大的信贷资产标的，信融财富严格审核了资质较强的融资性担保公司进行担保，且为其设

置了担保上限，最大限度地保障了投资资金安全。针对线上信贷资产，对金额差别较大的优资贷和消费贷进行了数量上的分层设置，保证了风险保证金的覆盖率。

11.2.2　车贷类

车贷类是当前 P2P 网贷的主要业务之一。

1. 概况。

车贷类业务严格意义上讲，是以自有车辆为担保增信的一种 P2P 借贷关系。为什么当 P2P 发展起来，车贷类业务会发展成为典型的几大市场占有率最大的业务之一呢？

首先是中国汽车市场发展迅速，2015 年全年中国汽车销量约为 2500 万辆，而二手车市场 2014 年交易量已达到 600 万辆，交易额超过 3000 亿元，同比增长 26%，2015 年二手车的交易量将突破近 1000 万辆。这些数据显示，我国汽车普及率越来越高，加之二手车市场发展迅速，这使得汽车抵押业务也变得越来越备受青睐。然而由于车辆本身的价值并不是很高，抵押贷款的流程相对复杂，无论是从成本考虑还是利润考虑，银行的车贷抵押业务并不是首选，因此 P2P 车贷业务得以迅猛发展。而车辆抵押类的借贷业务对于车辆的处置能力方面的风险控制相对较高，所以目前大部分的车贷类 P2P 采取的是"线上 + 线下"的运营模式。那么这种运营模式和业务的风险点主要在哪里呢？归根结底还是借款人的偿还能力和偿还意愿，但是由于车抵的增信担保措施，贷后的追偿和车辆的跟踪处置能力要求也凸显出来。车贷业务主要分为车辆抵押贷款业务和车辆质押贷款业务。

对于 P2P 的投资人而言，车贷业务的风险点一定程度转移，应该说该业务的风险最终承载于车辆的跟踪处置能力。所以对于投资人而言，选择车贷业务的 P2P 平台时，安全方面可以着重考察以下几个方面：其一是 P2P 平台的车辆抵押或者质押业务审批流程、合理程度以及执行情况，这其中就包括平台的线下门店或者合作机构之间的管控制度；其二是 P2P 平台贷后车辆处置能力；其三是 P2P 平台项目的真实性判别和车辆估值合理度判别。

2. 投资车贷项目关注点。

在投资 P2P 平台车贷项目的过程中，根据车贷项目的特点，我们可以从项目核查、汽车标的、借款人、P2P 平台、增信措施等方面进行梳理，包括但不限于以下关注点，其他的常见投资要点，尤其是汽车抵押、汽车质押的差别以及 P2P 平台审核，在本书前面已经详细述及，在此不再赘述。

项目核查。这方面要求车辆抵押/质押贷款真实有效，借款人用自己的汽车进行抵押，首先要办理抵押/质押登记，只有办理了抵押/质押登记才产生法律意义上的物权关系，便于后续追偿。同时，平台办理他项权证时他项权人一般是平台高管、董事等相关联的人，如果他项权人和平台毫无关系，或者仅仅是平台的客服、专员等普通员工，就存在一定风险。此外，必须研究分公司或者资产端合作机构的管理逻辑问题，一般而言从事车贷类业务的 P2P 平台采取的都是"线上＋线下"的模式，资产端一般来自于线下门店，包括贷后管控追偿等都是线下门店作为主要的执行主体，那么对于线下门店的管控制度对于资产端的优劣而言就至关重要了。

汽车标的。主要包括以下方面：（1）汽车抵押/质押贷款应以本地汽车为主，便于查询借款人他项目权证上的信息，同时对汽车保值率和折旧水平进行研究，不同类型的汽车其折旧和保值是不同的；（2）区分汽车权属，以免后续发生纠纷；（3）抵押/质押折扣率的问题。在这里面有两层折扣。第一层是评估机构对汽车的评估值相对于市场价格的估值情况；第二层是贷款额相对于评估值的折扣，这两个折扣率越小，安全系数越高，行业平均折扣率水平在上文已有述及；（4）区分全款车和按揭车。按揭车是未结清贷款的汽车，对于按揭车要关注其还款额和放款额的适当性；（5）质押车辆的保护及管理措施；（6）抵押车辆的动态监控措施，如装

GPS，防止借款人把已在一个平台上抵押的车子拿到另一个平台重复抵押借款，或者直接把已抵押的车子低价卖掉，来个人车消失不见；（7）平台的车辆变现处置能力；（8）车辆是否购买了保险。

借款人。借款人个人信用状况良好，无不良信用记录事项，同时对工作性质、其他贷款情况、资金流水、还款能力等方面进行详细查询。

增信措施。常见增信措施包括借款人引入担保人或者担保公司、平台引入担保人或者担保公司、保险公司信用保险等手段。

3. 典型案例。

以车能贷为例。车能贷是中国领先的汽车互联网金融平台，专注于汽车抵押贷款这一重度垂直的细分市场。平台是飞马旅 2014 年下半年全国创业大赛的冠军，于 2014 年 11 月 5 日上线，2015 年 1 月飞马旅成为平台联合创始人，2015 年 4 月，车能贷获得飞马旅和伯藜创投 1200 万元的联合天使投资。车能贷采用谨慎和专业的评估方法、独特的综合信用评估体系、强大的风险控制手段，累计放款额突破 1 亿元而保持零坏账率。

（1）运营模式。

车能贷以汽车作为抵押物，是将民间资本与汽车抵押贷款衔接在一起的 P2P 金融信息服务平台。

车能贷平均每笔借款金额约为 6 万元人民币，借款周期为 1～3 个月，属于短期临时周转的借款。每笔借款均需有车辆作为抵押物，平台对车辆精确评估后借款金额约为车辆评估值的 70%，并安装 GPS 进行 24 小时的监控。

车能贷风控的基本原则为本地人、本地车、本地户口、本地有房产，这样从大概率上已经杜绝了坏账的发生。车能贷的借款客户群体包括个人、个体工商户、小微企业。借款用途主要为支付房租、装修款、购买原材料、支付货款、支付工程款、支付押金保证金、生产经营周转使用、生活消费使用等。

车能贷不从事一车二抵和按揭车辆的借款，车能贷确保所有车辆均为全款车，并必须到当地车辆管理所办理抵押登记。对逾期违约的借款人，车能贷进行先行赔付，100% 保障网络投资人的本金和利息；逾期发生后债权将自动转让给车能贷，由车能贷委托保全公司进行催收保全以及对车辆进行处置变卖，无形中提高了车能贷的风险控制能力。

在业务发展上，车能贷为直营发展模式，业务以上海、浙江为主，并逐步辐射至华东区域。2015 年第四季度开始实施全国战略布局，在上海、浙江、江苏全面布点。目前，车能贷分别在杭州、宁波、金华、台州、上海浦东新区、上海虹口区设有分公司。预计到 2016 年底，车能贷将在华东区域拥有 30 个城市分公司的网点，员工达到 1000 人，年投资资金达到 10 亿元，年营业收入达到 1 亿元。

（2）客户投资产品和收益率。

车能贷为网络投资人提供年化收益率 15% 的理财产品，由于车辆抵押贷款具有短期、小额、分散的特征，车能贷的理财产品满足了投资理财人"有抵押更安全、收益远高于银行、短期快速"的理财需求。

车能贷平台专注于个人车辆抵押贷款，产品标准。平台以 3 个月标的居多，还款方式大部分为到期还本按月付息，标的金额小且分散，风险相对可控。

（3）风险准备金保障。

车能贷"本息保障计划"是车能贷为保护平台全体投资人而建立的信用风险共担机制，平台所有的投资人经过身份认证后，在平台的投资行为都适用于该计划。对于逾期或者违约行为，车能贷进行先行赔付，100% 保障网络投资人的本金和利息。逾期发生后债权将自动转让给车能贷，由车能贷委托保全公司进行催收保全以及对车辆进行处置变卖。

目前，车能贷正在积极和一家银行协商争取早日能够办理资金存管。

（4）风险管理、信用风险管控及信息公开。

车能贷风控的基本原则为本地人、本地车、本地户口、本地有房产，从大概率上已经杜绝了坏账的发生。车能贷对于风险管理十分重视，在贷前、贷中和贷后三大过程中均体现了其专业和审慎的风险控制水平。

贷前风险管控：①对车：网上信息对比＋专业评估师判断（有没有泡水车等），并对其出具评估报告，抵押成数最多七成。②对人：身份证＋户口本＋居住地的水电费单的系统审核（依靠国家电网的数据，通过水电费的连续性来判断居住地的真实情况）。此外，对超过 10 万元以上的借款会安排家访，第一看装修，第二看厨房，第三看卧室，以此评估借款人有没有跑路的倾向；如果借款人没有房子，则去找直系亲属，证明亲属与借款人的关系；如果是父母的房子，则会去查询父母的户口本（核心点：一定要找到家在哪儿，人在哪儿）。

贷中风险管控：①车辆管理上采用双重保障方式，每辆车都会安装两个以上的 GPS 定位系统，有线和无线各一个。此外，用大事件汇报的形式辅助管理，对最新情况进行实时监管；②客户经理团队会随时提醒借款人续缴车辆保险；③严格监管续贷流程，只接受两种方式的续贷：一是全部还清以后可续贷；二是还完评估价值的差额后可续贷。

贷后风险管控：①有专门的车贷客服部，还息提前 3 天系统短信提示；提前 2 天系统电话提示；提前 1 天提示客户经理通知客户，违约 1 天罚息 3％；②有专门的下属保全公司，逾期发生后债权将自动转让给车能贷，由车能贷委托保全公司进行催收保全以及对车辆进行处置变卖。

车能贷的风控，不但有自己制订的 3 万字左右的风控细则，还接入了亿微数据身份实名认证、同盾科技、好贷、蜜蜂数据、平安集团前海征信等众多反欺诈大数据风控系统，对于借贷合同，车能贷接入了安存科技作为电子合同证据。每增加一份投入就意味着提高一个安全级别，至今车能贷的坏账率为零，1.3 亿元的理财资金 100％安全回收、全额兑付。

同时，在信息公开上，车能贷平台均会发布每个月的运营报告。车能贷公开信息包括：

项目信息。抵押物及借款人的简要介绍、车辆实物照片、注册登记等信息。

实时财务数据。官网对外公布了平台历史成交额、为投资人赚取的收益，另外还公布每笔借款的投标记录。

11.2.3 房贷类

房贷类也是当前 P2P 网贷的主要业务之一。应该说房屋抵押借贷是中国比较传统的担保型借贷业务。这源自中国对于房产这种不动产的重视和价值观念。银行是房贷的重要平台之一，但是银行房贷手续复杂，加之中国近年房价持续上涨，绝大部分百姓是按揭购房，房贷未偿清，绝大部分不可能获得银行再贷款。因此，当房贷偿还一部分时出现资金紧张，银行贷款行不通，从而催生了很多民间赎楼和房产抵押借款。2015 年，P2P 网贷兴起，房产作为中国人重要的固定资产之一，抵押是作为增信手段的重要担保借贷方式之一。对于房产抵押类型的借贷而言，其风险主要集中在不良资产后期的处置上面。房产的估值相对于车辆而言属于较大的资产，这类项目的借款金额较大，一旦出现逾期或者坏账，房产的接手和变现则是一个较大的问题，因此从事这类业务的平台需要考验的一个重点是房产抵押物的处置能力。

对于 P2P 的投资者而言，类似于车辆抵押业务，首先需要考察平台房产抵押估值、抵押手续和审批流程的合理性和执行性；其次需要考察平台贷后逾期时房产处置程序的便捷性等问题。与此同时，对于 P2P 平台而言，房贷类业务实际上的资金安全性风险是比较小的，一般 P2P 对于房屋的抵押率比较低，一旦出现违约或者逾期，房屋作为资产进行变现用来给投资者偿还借款。但这是在房产抵押手续流程没有漏洞，并且房屋的估值、抵押率以及处置情况都配套的情况下才可以如此。因此针对房贷业务，平台需要做好以下几点：其一是房产估值、抵押手续流程合理完备；其二是有相配套的房产处置能力。如果做不好这两点，平台的房贷业务的风险就不低。

投资房贷项目关注点：

在投资 P2P 平台房贷项目的过程中，根据房贷项目的特点，可以从项目核查、房产、借款人、P2P 平台、增信措施等方面进行梳理，包括但不限于以下关注点，其他的常见投资要点，尤其是房产抵押以及 P2P 平台审核，在本书前面已经详细述及，在此不再赘述。

项目核查。这方面要求抵押贷款真实有效，借款人用自己名下房产进行抵押，首先要办理抵押登记，也就是他项权证，只有办理了抵押登记才产生法律意义上的物权关系，便于后续追偿。同时，平台办理他项权证时他项权人一般是平台高管、董事等相关联的人，如果他项权人和平台毫无关系，或者仅仅是平台的客服、专员等普通员工，就存在一定风险。相比高管、董事，普通员工流动性大，一旦离职，贷款人出现逾期或者无法偿还贷款的情况，追偿起来非常不便。

房产标的。主要包括以下方面：①房产抵押贷款应以本地房屋为主，便于查询借款人其他项目权证上的信息，同时对房产所属地区的房价走势和均价进行预判，尽量选择经济发达地区的房产。②区分房屋的类型以及确权，避免后续发生纠纷。③是否存在租赁人等，法律中有"买卖不破租赁"的规定，即租赁物在租赁期间发生所有权变动的，不影响租赁合同的效力，如果是"先租赁后抵押"，贷款人即使不能按期还贷，由于租赁合同仍然有效，平台也很难顺利处理抵押房地产，必须要规避这一块的风险。④抵押折扣率的问题。在这里面有两层折扣：第一层是评估机构对房产的评估值相对于市场价格的估值情况；第二层是贷款额相对于评估值的折扣，这两个折扣率越小，安全系数越高，一般来说，商品房抵押率不超过70%，商业房产抵押率不超过50%。⑤是否是二抵的房屋。房屋贷款尚未结清银行商贷，这种房屋抵押贷款，就是俗称的"二抵"。"二抵"房屋必须是现房，且有一定升值空间，房屋必须是使用银行贷款购买的一手房，房屋已经办理抵押登记，且抵押权人必须是银行且贷款额度 = 房屋价值×抵押率 – 原贷款的本金余额。⑥该房产非借款人唯一住房。如借款人违约，而该房产为借款人唯一住房且用于赡养家属的房屋，在执行过程中为了照顾家属等，一般在执行时间上会比较长，无形之中加大了借款人的时间成本。⑦平台的房产变现处置能力。

借款人。借款人个人信用状况良好，无不良信用记录事项，同时对工作性质、其他贷款情况、资金流水、还款能力等方面进行详细查询。

增信措施。常见增信措施包括借款人引入担保人或者担保公司、平台引入担保人或者担保公司、保险公司信用保险等手段。

11. 2. 4 融资租赁类

融资租赁是指出租人根据承租人需要，出资购买租赁物，提供给承租人使用，承租人支付租金的交易活动，是将融资、融物以及资产管理集于一体的新型金融产业。融资租赁将租赁物的所有权和使用权分离，在合同期间内租赁物所有权归出租人，承租人拥有使用权。

1. 融资租赁分类。

融资租赁业务种类可以分为直接融资租赁、售后回租、厂商租赁、杠杆租赁、联合租赁、委托租赁、转租赁、资产并购、投资等。

直租就是租赁公司把承租人需要的设备买回来，然后租给承租人，定期收取租金。

售后回租指承租人将自有物件出卖给出租人，同时与出租人签订融资租赁合同，再将该物件从出租人处租回。

联合租赁是指多家有融资租赁资质的租赁公司对同一个融资租赁项目提供租赁融资。由其中一家租赁公司作为牵头人。无论是相关的买卖合同还是融资租赁合同都由牵头人出面订立。

委托租赁是指具有从事融资租赁业务资格的公司作为出租人，接受委托人的资金或租赁标的物，根据委托人的书面委托，向委托人指定的承租人办理的融资租赁业务。在租赁期内，租赁标的物的所有权归委托人，出租人只收取手续费，不承担风险。租赁期满后，租赁标的物产权可以转移给承租人，也可以不转移给承租人。

转租赁是指承租人在租赁期内将租入资产出租给第三方的行为。

据报道，2014 年底全国共有 2100 家融资租赁公司，融资租赁行业规模达到 3.2 万亿元，同比增长超 50%，预计 2020 年行业规模将达到 12 万亿元。然而，目前大多数融资租赁公司资金来源比较单一，并且不稳定，所以这些公司通过与 P2P 网贷平台合作的形式来拓宽融资渠道。

2. 投资 P2P 融资租赁项目关注点。

在投资 P2P 平台融资租赁项目的过程中，根据融资租赁项目的特点，可以从项目核查、融资租赁资产、承租企业、融资租赁公司、增信措施、资金流、常见文档等方面进行梳理，包括但不限于以下关注点，其他的常见投资要点在此不再赘述。

项目核查。租赁项目在中登网动产融资等级系统可查，同时由于融资租赁时间周期长，而网上的标的一般为几个月，因此需要仔细查看其融资的额度与时间的配置。

融资租赁资产。主要关注：①名称、规格、原价、购置时间、折旧政策、生产厂家，从而对该设备的价格定价是否公允得到认识。②检查设备购买是否有发票。③设备购买是否有经销商。④设备是否具有权属争议，具有抵押权或者其他他项权利。⑤设备存放地点。⑥设备保险情况。⑦租赁物所有权转移证明。⑧租赁物照片。⑨融资租赁公司对产品贴标及安装监控。⑩承租设备性能稳定，具备较好的流通性和变现能力。

承租企业。主要关注：①企业长期在银行的信用较好，信贷上都有正常的还款，未发生过违约现象，银行对企业的授信额度也较高，在央行征信无不良记录。②股权结构：若公司股东都为法人，则公司的规模相对较大。若股东既有法人又有自然人，则规模次之。如果全为自然人，则公司规模相对较小。③行业利润率水平与公司融资成本比较研究。④属于重资产还是轻资产行业。⑤企业净资产、现金流对还款的覆盖率。⑥企业涉诉信息。

融资租赁公司。主要关注注册资本、外部股东支持、对资产及所涉及行业有强控制力，如线上有真实交易数据，线下有仓储物流、对资产的变现渠道多、变现能力强等方面进行综合考虑。

增信措施。主要包括：①承租企业法人，大股东无限连带担保：个人信用状况良好，无不良信用记录事项以及房产、资金、贷款情况、资金流水等。②（直接融资租赁项目）经销商厂商回购担保。设备经销商提供回购担保承诺函，向融资租赁公司承诺为承租人履行主合同约定承担履约担保责任，在承租人违约下提供租金代付责任。③承租人缴纳履约保证金。④第三方担保：担保企业类型、注册资金、对外担保金额，担保余额，运营情况良好。⑤融资租赁公司提供回购约定，若发生逾期、坏账情况，融资租赁公司先行向投资人还款，再行处置标的物。

资金流。可以关注的点包括：①在售后回租模式中，如果承租企业当初贷款购买机器，在此模式下要转为融资租赁公司来还，中间会有转贷手续或者融资租赁公司替承租人付清贷款余额。②关注放到平台上的融资租赁合同是新开的，还是之前的旧的合同。如果是旧的合同，应查询之前已偿还多少期，是否有逾期记录（如有，就要考虑承租人能力问题了）。③直租项目所融资金不经过借款企业，直接打入所购设备供应商处，借款用途唯一且透明，这是一种资金安全度更高的模式。

常见文档。包括《售后回租合同》《买卖合同》《租赁物清单》《租赁物保险单》等。

11.2.5 保理类

保理全称保付代理，是基于应收账款的融资和服务，其主要模式为卖方（应收账款债权方）出于加速现金回笼目的而希望提前变现因赊销产生的应收账款发起业务，将自身持有的应收账款债权以一定的折扣比例转让给保理机构。保理机构获得应收账款债权后持有到期获得买方（应收账款债务方）的全额偿付。

我国实际开办保理业务要从 20 世纪 90 年代算起。在 2012 年商务部允许商业保理试点之前，我国的保理业务基本上以银行保理为主。2012 年后，商业保理开始迅速发展。

2012 年 6 月，商务部同意在天津滨海新区、上海浦东新区开展商业保理试点；2012 年 12 月，商务部同意港澳投资者在广州市、深圳市试点设立商业保理企业；2013 年 9 月，商务部正式发文批准重庆两江新区、江苏苏州两个城市作为商业保理第二批试点。

截至 2014 年底，我国共有保理机构 1127 家。据统计，2014 年底我国商业保理的业务量在 200 亿元以上，预计 2015 年商业保理的业务量将达到 1600 亿元，未来三年到五年我国商业保理的业务量将达到 5000 亿元。

1. 保理公司的分类。

作为一家保理商可以根据客户的不同需求，为其提供诸如销售账户管理、信用风险控制、应收账款催收、买方资信调查、坏账担保等多种服务。将以上服务的一件或几件做任意的组合，就能得到不同的保理产品。根据保理的功能组合，可以将保理种类大致分为如下品种：（1）按出口商和进口商是否位于同一国家或地区，保理分为国际保理和国内保理。（2）按保理业务的作业机制不同，分为双保理与单保理。（3）按保理商是否提供融资服务，可将保理分为到期保理和融资保理。（4）按是否保留追索权，保理业务分为有追索权的保理以及无追索权的保理。（5）按保理商是否将保理业务通知买方，保理可以划分为明保理和暗保理。（6）按照保理主体，可分为商业保理与银行保理。目前我国商业保理规模仅为银行保理的 2.5%，发展空间巨大。

表 11 - 6　　　　　　　　　　　银行保理与商业保理的区别

	银行保理	商业保理
功能	侧重于融资	专注于一个行业或领域，提供调查、催收、管理、结算、融资、担保等综合服务
风险控制	考察卖家资信情况、抵押支持、占用授信额度	看重应收账款质量、买家信誉、货物质量等
适用企业	有足够抵押和风险承受能力的大型企业	任何企业

2. 保理公司的业务流程。

保理公司业务流程主要包括买方资信调查、保理公司提供融资、应收账款催收等方面。

买方资信调查。在应收账款形成之前，卖方需要对买方的资信情况进行调查，确定赊销的期限和金额。但并不是所有的企业都有能力对买方行风险评估，尤其是对于小企业来说，在这种情况下，保理公司可以依托自身的风险识别能力协助企业进行应收账款形成之前的事前调查工作。

保理公司提供融资。卖方应收账款形成后，为加快资金周转，卖方将应收账款出售给保理公司。根据有无追索权，又分为有追索权的保理和无追索权的保理。目前，商业保理公司的杠杆上限为 10 倍，保理公司负债的主要来源目前是银行和 P2P 平台等。

应收账款催收。保理业务中还有一个非常重要的即应收账款的催收，但是国内保理目前侧重于保理融资，多为有追索权的保理，同时也缺乏相应的法律人才，因此此块业务开展较少。同时也存在政策限制，针对商业保理的商务部 419 号文（即《关于商业保理试点有关工作的通知》）及上海、天津两地的试点办法规定了"三个禁止"，即禁止专门从事催账业务；禁止受托从事催账业务；禁止从事讨债业务。

上述三个步骤构成了保理的核心步骤与流程，在实际业务及开展情况中，出现了反向保理，在普通保理中的核心企业是卖方企业，而在反向保理中的核心是买方企业。保理公司通过和核心买方企业签订协议，向其供应商（卖方）提供融资服务。尽管核心不同，但是在风险点的掌控上，反向保理和普通保理一样，看重的都是买方的信用情况。例如，农林牧渔行业的新希望和大北农，通过搭建服务"三农"的网络平台，引入 P2P 等第三方资金为种植户提供资金服务。如爱投资平台上就有大量的反向保理项目。

3. 投资 P2P 保理项目关注点。

在投资 P2P 平台保理项目的过程中，根据融资租赁项目的特点，可以从项目核查、应收账款、债务企业、保理公司、增信措施、资金流、常见文档等方面进行梳理，包括但不限于以下关注点，其他的常见投资要点在此不再赘述。

项目核查。明保理将出现债务人，暗保理不会出现债务人，所以暗保理对审核的难度会加大。可主要查询保理项目在央行应收账款质押公示登记系统，以及债务企业与债权企业交易历史。

应收账款。主要要点如下：①债务人与债权人交易真实有效：基础交易合同核实无误，销售协议真实有效；②通过审核合同条款，印章真实性以及原债务人开具的验收证明，判断原债权人已真实履约，确保后续不会产生应收账款的纠纷；③核查原债权人银行对账单及财务报表，保证应收账款的真实性与合法性；④应收账款折价保理中关注应收账款保理总额为基础交易产生的应收账款的比例。

债务企业。商业保理公司服务的企业以中小企业居多，和小贷公司、典当行的部分客户是有重叠之处的，但是小贷公司、典当行着重考察的是资金需求方的资信，而商业保理着重考察的是贸易中买方（即债务企业）的资信。主要包括：①企业长期在银行的信用较好，信贷上都有正常的还款，未发生过违约现象，银行对企业的授信额度也较高，在央行征信系统无不良记录。②股权结构：若公司股东都为法人，则公司的规模相对较大。若股东既有法人又有自然人，则规模次之。如果全为自然人，则公司规模相对较小。③行业利润率水平与公司融资成本比较研究。④属于重资产还是轻资产行业。⑤企业净资产、现金流对还款的覆盖率。⑥企业涉诉信息。

保理公司。主要从安全性、风险性等方面考虑。安全性包括注册资本、股东外部支持等，如天津、上海等均规定实缴注册资本不低于5000万元，深圳前海对内资保理公司规定认缴资本不低于1000万元。风险性主要从保理余额、保理放大倍数、风险度（到期时间集中度、行业集中度、客户集中度）等方面进行研究与查询。

增信措施。主要包括：①若为附追索权的保理，则债务人违约时，基于保理合同中可追索条款，债权人负有还款责任。②债权企业提供担保。

③债权人企业法人或大股东无限连带担保。④保理公司承担回购责任。⑤引入担保企业或者第三方担保。

资金流。在资金流向方面，出现了应收账款账户监管模式，即保理商设立应收账款监管专户，监管应收账款的归集及回收，保证本息足额、按时偿还，这是一种资金更为安全的模式。

常见文档。包括债务企业与债权企业的《销售协议》、经过债务企业确认并签字盖章的《应收账款转让通知确认书》以及债权企业与保理商签订的《国内保理业务合同》等。

4. 哪些保理公司的项目是优质的。

第一类是物流企业、行业信息强大或者处于产业链核心的保理公司，其对上下游企业的资信状况比较了解，对上下游企业的把控力度也比较强。

第二类是平台类保理公司，有交易的真实数据，可以保证贸易的真实性；如卖方有融资需求，保理公司只要与第三方支付公司合作做好过程控制，融资信用风险低。如阿里小贷公司向淘宝商家提供订单贷款，贷款基于卖家店铺已发货、买家未确认的交易订单金额，买方确认后自动还款。

第三类是未来有能力做企业征信的公司，可以借助云联网平台实现应收账款的转让。国外已经形成了应收账款交易所平台模式，典型代表为全球最大应收账款交易所 RecX。

11.2.6 票据类

票据是指出票人依法签发的由自己或指示他人无条件支付一定金额给收款人或持票人的有价证券，即某些可以代替现金流通的有价证券。票据包括汇票、本票和支票。

汇票是出票人签发的、委托付款人在见票时或者在指定日期无条件支付确定的金额给收款人或者持票人的票据。按照出票人的不同分为银行汇票和商业汇票。由银行签收的汇票为银行汇票，由银行以外的企业、单位等签发的汇票为商业汇票。商业汇票按其承兑人的不同，又可分为商业承兑汇票和银行承兑汇票两种。其中承兑人为非银行的称为商业承兑汇票，承兑人为银行的称为银行承兑汇票。

本票是出票人签发的，承诺自己在见票时无条件支付确定的金额给收款人或者持票人的票据。银行本票是申请人将款项交存银行，由银行签发给其凭以办理同一票据交换区域内转账或支取现金的票据。目前，在我国流通并使用的本票只有银行本票一种。

支票是以银行为付款人的即期汇票，可以看做汇票的特例。

由于本票、支票及银行汇票的功能仅限于支付结算，并不具有融资功能，所以一般所说的票据业务是指商业汇票业务，我国票据市场交易的基础产品主要是商业汇票。

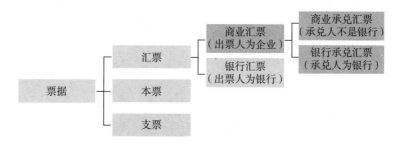

图 11 -1　票据的类型分布

商业汇票有如下特点：

第一，只有根据购销合同进行合法的商品交易，才能签发商业汇票。除商品交易以外，其他方面的结算，如劳务报酬、债务清偿、资金借贷等不可采用商业汇票结算方式。

第二，商业汇票既可以由付款人签发，也可以由收款人签发，但都必须经过承兑。只有经过承兑的商业汇票才具有法律效力，承兑人负有到期无条件付款的责任。商业汇票到期，因承兑人无款支付或其他合法原因，债务人不能获得付款时，可以按照汇票背书转让的顺序，向前手行使追索权，依法追索票面金额；该汇票上的所有关系人都应负连带责任。

第三，未到期的商业汇票可以到银行办理贴现，从而使结算和银行资金融通相结合。商业汇票一律记名升允许背书转让。商业汇票到期后，一律通过银行办理转账结算，银行不支付现金。

1. 票据交易流程。

我国票据市场交易的基础产品主要是商业汇票，是为企业尤其是中小企业提供短期资金融通的场所，可以分为一、二、三级市场，分别对应票据的发行市场（签发和承兑）、流通市场（背书转让、贴现、转贴现）、再贴现市场，票据市场参与主体包括企业、银行、非银行金融机构、票据中介、中国人民银行，其中以商业银行为主导。

从票据交易流转环节来看，主要包括签发和承兑、背书转让、贴现、转贴现、再贴现，各环节的参与对象与概念如下所示。

签发和承兑：企业与商业银行或资信较高的企业之间。企业签发票据并通过商业银行或信用资质较高的企业进行承兑，票据作为一种信用凭证诞生，实现了企业间的支付结算功能。

背书转让：企业之间。企业作为票据流通关系人，因各种对价关系而通过背书支付方式，使票据这种信用凭证代替货币充当交换媒介的功能。企业之间的背书转让通常对应一定的商品交易关系或债权债务关系。

贴现：企业与金融机构之间。企业作为商业汇票的合法持票人，在商业汇票到期以前，为获取票款可以由持票人或第三人向金融机构贴付一定的利息后，以背书方式将持有的票据进行转让。

转贴现（含回购）：金融机构之间。转贴现是指金融机构为了取得资金，将未到期的已贴现商业汇票向另一金融机构转让的票据行为，是金融机构间融通资金的一种方式。

再贴现：商业银行与人民银行之间。商业银行需要流动资金时，可以通过再贴现的方式将自身持有的已贴现票据出售给中国人民银行。再贴现业务是商业银行进行流动性管理以及头寸管理的重要工具，也是央行调节货币政策的工具。

2. 票据交易模式。

传统票据业务中，票据的贴现和转贴现是经过不同银行相互倒手，而都倾向做大票业务，小票业务对银行等金融机构成本过高，不适合做，因此持有小票的企业难以找到票据的流通渠道。互联网票据平台大量出现，解决了一部分中小企业小面额、短期限、低信用票据融资难问题，将票据市场参与者扩大至全社会。2013 年，中国金融机构累计贴现票据规模约45.7 万亿元，其中，面额 500 万元以下的小额票据约 20%，而银行间市场只能消化其中一半，整体在民间信贷市场中流转的小额票据规模超过 4 万亿元。而 P2P 是其主要模式，分为票据质押和票据贴现。

1. 票据质押。

借款人以票据作为质押物，向中介机构借款，中介机构发布借款标的，找投资人融资，到期借款人归还本息，赎回票据。这种方式与一般的P2P 质押融资没有本质的差别，其借款利率也与一般的网贷平台利率相一致，一般可达到 16%～18%，甚至更高。在这种方式下，票据一般距到期日还有较长时间；而借款方对资金的需求期限一般较短（10 天至 1 个月），如果直接去银行贴现，将付出较高的贴现利率，同时周期较长。因此，在借款利率和效率等方面的综合比较下，仍有一部分借款人倾向采用这种方式获得资金。

2. 票据贴现。

从严格意义上来讲，票据贴现是票据质押的一种方式，但其实质为票据的直接贴现，平台仍从中赚取贴现利差。借款人将银行承兑汇票质押给平台，为规避法律风险，票据一般由第三方支付公司，或银行托管，随后平台发布借款标的，投资人自行投标。在此模式下，借款期限一般与票据剩余期限一致，借款人不再赎回票据，借款标的到期后，由平台或第三方托管机构直接到承兑行提示付款，用票款对投资人进行还款，这是目前大多数平台选择的模式，主要以票据宝、金银猫等为代表。

在这类模式下，投资者的投资门槛一般较低，如金银猫和投储在线——宝票赢家均为 1 元起投，相比于同等收益的银行理财产品，其投资门槛大大降低。同时，投资期限灵活，借款期限一般与票据到期时间相一致，为几天到半年期不等，可满足不同投资人群的需要。

由于银行承兑汇票贴现利率约 6%，该种模式的利率也基本维持这种水平（6%～7%），或由其他方式补贴，给投资人较高利率。尽管与多数 P2P 平台相比收益略低，但却高于银行同期理财产品。加上风险性较低，因此吸引力较大。借款标的一放出，往往就被"秒抢"。

据不完全统计，目前拥有票据理财交易的网贷平台就近 20 家，而且数量呈增长态势，这些平台大部分都是 2014 年开始成立的。2014 年可纳入统计的从事票据理财交易的网贷平台有 13 家，总成交额不到 40 亿元。其中，金银猫、票据宝交易份额占绝对优势。金银猫是全国最大的互联网票据平台，2014 年票据业务成交市场份额达 40%。以票据作为切入点，将企业、银行、投资者三者组成良性链条，其金融互联网首创银行 P2B + O2O（线下服务点）模式，旗下产品有金包银、银企众盈、商融保盈等。票据宝于 2014 年 6 月成立，是人人网投资的票据理财平台，资金第三方平台监管，以风控严格赢得业内认可，2014 年市场份额已达 7.9%。依托商业银行的票据托管平台与第三方支付平台开展业务，其业务模式是以银行承兑汇票作为质押担保，通过票据宝网络平台向投资者募集资金。

总的来看，上文所述融资租赁、保理、票据等皆属于供应链金融范畴，20 世纪 70～80 年代，美国完成利率市场化，直接融资市场成为重要支柱性融资渠道，多渠道、多层次资本市场的建立为融资企业提供了极大的便利。而国内中小企业融资业务仍是主流金融机构尚未完全覆盖的领域，较低的渗透率本身蕴藏着较大的业务机会，供应链金融恰逢其时。

供应链金融的优势在于动产融资服务，中小企业的应收账款、存货、预付账款等流动资产均可作为融资抵押。2014 年非金融企业存款、应收账款、预付账款总额将近 90 万亿元（其中应收账款存量 30 万亿元以上），34.8% 的企业赊销期大于 60 天。假定 90 万亿元中 20% 可用于供应链融资，同时假定"融资金额/质押资产金额"比例为 50%，则 2014 年潜在供应链金融空间可达 9 万亿元，可开发空间巨大。

融资租赁和商业保理已经成为供应链金融资金端的桥头堡，被公认为成长前景最为优越的投资领域；企业应收账款融资、票据融资等融资模式也在不断深入。供应链金融作为产业模式升级的自然演化，"从产业中来，到金融中去"，具有深厚的行业根基。

在平台或者合作机构开展供应链金融业务时，可以从以下方面对平台或合作机构进行研究：第一，对行业的认知是否深刻。平台或者合作机构是否对行业具备更为深刻的认知，对行业周期以及微观运行具备传统金融机构不可比拟的优势。第二，是否是行业的强势一环。工业企业对行业把控力侧重产业中上游，电商平台侧重下游。第三，对融资企业的掌控力度是否足够强。平台或者合作机构对融资企业在物流、仓储、信息、资金等方面是否具有掌控力度。平台或者合作机构能否基于自身业务把控能力、仓储能力以及互联网平台，在以动产抵押为核心的融资模式上较传统金融机构更具优势。第四，动产的处置速度。产品标准化程度越高，价值评估越容易，同时高度标准化的产品在资产处置上更容易，降低流动性风险。

随着 P2P 网贷行业资产端竞争的加剧，互联网金融逐渐向垂直资产渗透、产业资本也不断涌入供应链金融，形成"产融结合"，实现了项目的风险可控和业务的协同发展，如腾邦创投：

深圳市腾邦创投有限公司于 2014 年 6 月 10 日成立，为上市公司——深圳市腾邦国际商业服务股份有限公司（股票代码：300178，股票简称：腾邦国际）全资子公司，腾邦创投平台于 2014 年 9 月 25 日上线，截至 2015 年 11 月底，平台累计成交额突破 20 亿元。

1. 平台模式。

腾邦创投为上市公司腾邦国际旗下全资子公司运营平台，是独立运营的法人单位。腾邦创投公司背靠上市公司信用担保，深耕产业链金融。在资产端建设上，平台采取引入合作机构债权的模式。在引进债权项目上，腾邦创投依托其母公司集团产业资源优势，深挖产业链上下游企业，并逐步向外延伸开发优质资产；依托严格的风控审核程序，严格的审核对每一笔引进的债权资产，确保引进债权资产风险可控。在风控审核流程上，腾邦创投实行对合作机构和引进债权的双重审核机制。既在合作机构选择上，制定了机构的门槛标准进行筛选，同时也对引进的债权资产进行严格审核。对于投资者保障上，腾邦创投引入了实力第三方增信机构债权承接、保险公司代偿、履约保险等方式以保障投资者的投资权益。

腾邦创投目前的合作机构主要有深圳市前海融易行小额贷款有限公司、深圳市前海腾邦商业保理有限公司、腾邦物流以及其他资质过硬的合作机构等。债权主要类别有保理融资、车辆抵押贷、企业经营贷、大客户约定标、个人经营贷、个人周转贷、价值链贷等。平台有第三方资金托管，目前资金托管公司为深圳市腾付通电子支付科技有限公司，后续将根据出台的行业监管细则严格执行资金托管方式。腾邦创投将在前期合作机构审核及债权风控审核的经验积累之上，引进更多的合作机构及债权资产。

2. 投资产品类型及保障。

腾邦创投 2014 年 9 月上线至今累计成交额突破 20 亿元，这一速度在行业内发展还是比较快的，这得益于腾邦创投在资产端建设的不断完善、对项目风控的审核以及保障措施的不断推进，在投资产品丰富度、投资保障方面都为投资人提供了更多的选择。

（1）资产端建设完善、项目风险可控。

腾邦创投平台标的类型主要有保理融资、车辆抵押贷、企业经营贷、大客户约定标、个人经营贷、个人周转贷、价值链贷标等，近两个月的标的主要是保理融资、车辆抵押贷和企业经营贷，偶尔有大客户约定标。

部分保理融资产品由深圳前海腾邦商业保理有限公司提供，一般为融资企业转让应收账款于深圳前海腾邦商业保理有限公司，由深圳前海腾邦商业保理有限公司为该企业融资提供增信，保理项目一般风险较低。

车辆抵押贷产品由深圳市前海融易行小额贷款有限公司提供债权承接

服务，为车辆抵押标，授信额度不超过估值的 50%，车辆抵押贷标的金额较小，项目风险可控。

企业经营贷、大客户约定标由深圳前海腾邦项目担保有限公司提供债权承接服务。

价值链贷标由深圳前海腾邦价值链有限公司提供债权承接服务。

除以上标的外，还有个人经营贷、个人周转贷等产品，但数量较少。

（2）"合作机构 + 保险公司"双重保障机制。

腾邦创投采取"合作机构 + 保险公司"双重保障机制，为投资者资金本息安全进行保障。

首先，腾邦创投保障方式采用合作机构担保模式，且均为本息担保，具体来说，保理融资担保公司为深圳前海腾邦商业保理有限公司。车辆抵押贷、个人周转贷的担保公司为深圳市前海融易行小额贷款有限公司。企业经营贷担保公司为深圳前海腾邦项目担保有限公司。大客户约定标担保公司为深圳市前海腾邦项目担保有限公司。价值链贷标担保公司深圳前海腾邦价值链有限公司。

其次，近期腾邦创投将对平台上的项目与太平财险合作推出"履约险"，这是国内首家真正提供本息全额保险保障的 P2P 平台"履约保证保险"。在履约险保险期内，如借款人未履行与被保险人签订的借款协议约定的还款义务，对于借款人未偿还的逾期借款本金和利息，将由太平财险先行全额赔付，履约险的推出对于投资人来说无疑是具有重要意义的一件事情，保险公司的引入，将进一步提高产品的保障效果。

（3）管理团队底蕴足、背靠上市公司信用。

腾邦创投为腾邦国际旗下全资子公司，腾邦集团以物流仓储业起家，产业涉及旅游、物流、金融资管等多行业，实力雄厚。从腾邦创投和其母公司的实际控制人经验看，创始团队的管理和创业经验丰富，并且也可以判断出创始团队是勇于创新型。

同时，随着业务的扩展，腾邦国际对腾邦创投的支持力度不断加大，腾邦创投初始注册资金为 1000 万元，2015 年 4 月 16 日，注册资本变更为 10000 万元，专业的运营团队、独立的中后台风险控制、广泛的项目资源保障了平台运营健康稳健，为不同的风险偏好的投资人提供了多样化产品。

3. 腾邦创投内外协同的发展逻辑。

腾邦创投虽然是 2014 年才成立的新平台，但是在业务版图上已经形成腾邦国际战略的重要一环，深度契合腾邦国际互联网金融的发展方向，同时深耕旅游产业链金融，在金融业务的布局也是非常全面的，这是腾邦创投发展的内部基础。另外，依托腾邦集团在旅游、供应链、物流、酒类等多年的实业运作与深耕，对产业链相关公司已形成核心地位，在融资方式上已形成类供应链金融的模式，为腾邦创投的项目来源及风险控制提供了强大支撑。

（1）腾邦国际"旅游×互联网×金融"内部协同发展。

腾邦国际是之前主要以航空客运销售代理业务为主，并提供酒店预订、商旅管理和旅游度假等服务的综合商旅服务提供商，公司是国内最大的航空客运销售代理企业之一。从 2013 年开始，实行金融与旅游创新结合，切入小额贷款领域，2014 年底即明确了"旅游×互联网×金融"战略，切入 P2P 平台、征信、保险领域，这从腾邦国际注册资本前五大子公司的业务布局就可以看出来。

表 11 – 7 腾邦国际业务布局

序号	子公司名称	参控关系	参控比例（%）	投资金额（万元）	成立时间	公司主营业务
1	深圳市前海融易行小额贷款有限公司	子公司	100.00	50000	2013 – 04 – 01	专营小额贷款业务
2	深圳市腾付通电子支付科技有限公司	子公司	100.00	10000	2009 – 09 – 16	第三方支付
3	深圳市腾邦创投有限公司	子公司	100.00	10000	2014 – 06 – 10	P2P 平台
4	重庆腾邦航空票务服务有限公司	子公司	100.00	6500	2012 – 07 – 25	旅游咨询
5	深圳腾邦征信有限公司	子公司	100.00	5000	2015 – 08 – 04	征信

①融易行

为了快速扩大旅游市场份额，腾邦需要与众多中小机票代理商、旅行社合作，同时为旅游者提供服务，在这个过程中，腾邦可以为代理商、旅行社甚至旅游者提供融资服务，深圳市前海融易行小额贷款有限公司（以下简称融易行）作为小贷公司恰恰完善了这一环节。根据公开资料显示，2014 年 6 月底，发放贷款和垫款余额为 2.66 亿元，2014 年底，发放贷款和垫款余额达 9.22 亿元，2015 年 6 月底，发放贷款和垫款余额已达 12.7 亿元。2015 年 3 月，融易行注册资本从 3 亿元增加至 5 亿元。

融易行的本质上属于供应链金融范畴，这种模式相对于传统模式其创新之处在于很大程度上革新了风险控制的手段：传统的金融机构进行贷款审核时，对线下抵押、担保模式过于倚重而使得本可优化的服务流程变得复杂，也提高了金融机构进行数据验证和核定的线下调查与审核成本。也正因为如此，出于成本与收益的边际效应考虑，银行在进行客户选择与分层定位时，往往更偏好于财务和运营数据完整、资产负债状况明了的优质大中型企业，而对像旅行社和机票代理商等缺乏线下实物资产和抵押品的小微企业，往往是避而远之。而融易行在进行小额放贷时，因为已经在线上掌握了贷款对象历史的经营数据和未来的经营收入（腾邦分销商的月结款流水要走腾付通支付通道），坏账风险自然降到了最低。而根据公开资料显示：在此风险控制的基础上，公开资料显示，融易行的贷款的发放实行审贷分离。全面实行贷款抵押、担保。实行贷款风险等级管理。把企业的生产经营状况、资金营运状况、财务核算状况等方面的资料存入信息库，实行客户经理制，对贷款单位实行单个的动态监测，同时实行授权、授信制度，降低坏账风险。

②腾付通

深圳市腾付通电子支付科技有限公司（以下简称腾付通）是腾邦国际旗下的第三方在线支付平台，目前腾付通已经获得 3 个支付牌照——网络支付，移动电话支付和银行卡支付。腾付通开展业务较早，同时支付业务也与公司的旅游等产业链相关，同时自主研发 MPOS 移动支付解决方案，很好地满足了产业金融需求，不仅为集团内的各类互联网平台提供支付，还为集团外部的商户（线上、线下）提供支付服务，同时可以积累大数据，为公司在大数据业务方面的发展打下坚实的基础，为后续腾邦创投的发展起到重要的支撑作用。

腾邦创投和融易行、腾付通共同构成了腾邦国际的互联网金融生态圈，在上述三大主要平台之外，公司还通过并购及投资方式进一步拓宽互联网金融业务空间，设立了全资子公司腾邦征信有限公司，同时战略投资参与发起设立前海再保险股份有限公司，涉足再保险业务。拟出资 5000万元参与设立相互人寿保险公司。通过收购深圳中沃保险经纪有限公司进入保险经纪领域，公司金融板块日趋完善。

征信、支付、保险等方面的布局对腾邦创投平台在未来的项目风控、项目数据积累、产品保障等方面都具有重大促进作用，平台的运营水平将得到进一步提升。

（2）外部支撑发展。

我们从上文介绍的平台模式可以看出，除了融易行提供车辆抵押贷、个人周转贷的债权承接服务外，腾邦集团旗下的腾邦资产、腾邦物流旗下公司也提供了债权承接服务，如保理融资、企业经营贷、大客户约定标、价值链贷等。其中：

腾邦资产旗下的深圳前海腾邦商业保理有限公司、深圳前海腾邦项目担保有限公司涉及保理融资、企业经营贷、大客户约定标等。腾邦资产作为深圳市人民政府指定的"深圳（福田）国际互联网金融产业园"独立运营主体，对园区企业的风险识别能力较强，同时由于业务往来所形成的对企业信息的把控更为详细、具体，可以在产品、物流、仓储、资金融通等多个维度建立融资企业的全面信息，对企业的融资风险有更强的理解和把握，且经过合作机构和腾邦创投的双重审核后，项目的风险更低。

腾邦物流旗下的深圳前海腾邦价值链有限公司涉及标的价值链贷标。

腾邦物流为一家在香港联交所主板上市的公司（股票代码：06880.HK），是"国家高新技术企业"、"深圳市重点物流企业"、"中国物流百强企业"、"中国民营物流企业十强"，主要从事现代物流和价值链业务，通过价值链业务的互联化和平台化，在相关细分行业打造自己的核心竞争力。物流和供应链金融业是分不开的，物流公司具有专业的货物存储管理、丰富的买卖双方的交易信息，对上下游企业的运营情况具有深度认识，所以在为上下游提供融资服务时，在风险控制和货物抵质押等方面都存在优势。

此外，腾邦创投也在不断扩大与外部机构的合作，后续将不断完善合作机构和资产端建设，经过严格的审核程序，接收风险可控的项目，在可控的风险条件下保护投资者的收益。

综上所述，腾邦创投背靠上市公司信用担保，管理团队底蕴足，在深耕旅游产业链金融的同时不断完善资产端建设如保理、车辆抵押等，且无论对内部项目还是外部项目均实行严格审核，项目风险可控。此外，采用"合作机构+保险公司"双重保障机制，且平台杠杆率（贷款余额/注册资本）低，进一步提升了平台对投资者的保障能力。因此，从市场空间，资产端的质量，风控模型的角度来说，平台的发展空间是非常大的。保险、征信的布局，将进一步完善平台的风险管控及业务布局。

11.3 P2P平台创新模式分析

长期以来，以银行为典型代表的间接融资占据了社会融资的主流，在经济上升周期，商业银行放贷的风险管控和不良率的都比较容易管控。随着经济增长速度的放缓和调结构、转方式的经济发展政策，融资企业的还款能力下滑，根据中国银行业公开资料，贷款不良率仍在增长通道。贷款不良率拐点迟迟未来之前，商业银行的普遍做法是加速暴露和处置不良资产，将更多资源转向中间业务。对于在资产端只能分食银行"剩饭"的P2P网络借贷而言，真实不良率和优质资产变得越难控制。

另一方面，则是不断增加的理财需求，随着中国经济多年的高速发展，过去 10 年中国居民的财富稳步增加，每年新增财富都在 20 万亿～30 万亿元，目前居民总财富已经接近 300 万亿元，在利率下行周期中，将有更加巨大的资产配置或者理财需求。

一个被普遍认同的结论是，未来 P2P 网贷行业的资金端将不是主要的问题。网贷行业主要问题在资产端和风控建设上，P2P 网贷正面临转型，尤其在资产端，随着越来越多的 P2P 平台涌入，房贷、车贷等主流资产已经进入同质化竞争阶段，优质资产的争夺越来越激烈，P2P 平台要么转型平台型理财超市，要么在垂直领域寻找资产。

1. 资产端——找准客户群是极为重要的风控防线。

目标客户群的定位是 P2P 业务风险控制中第一道也是极为重要的一道防线，准确的客户群定位，对借款主体、利率、用途的全面掌控意味着良好的业务基础，同时通过产品金额、期限、还款方式等方面的设计可以有效降低逾期和发生损失的风险。

在客户群定位上，随着行业竞争加大及规范政策的出台，未来 P2P 行业将向构建"大而全"开放生态系统演进，场景化、产业链将成为未来发展的方向。

互联网把人的存在提到空前高度，随之产生的场景化思维注重用户体验，产品设计更多围绕用户的实际情况和消费习惯展开，通过行业间的跨界融合和由此衍生的社群效应，对市场依次迭代，达成黏性互动。通过金融生活场景化，为获取足够丰富的优质金融资产、降低获客成本、提高流量导入以及客户黏性等问题提供有效解决方案。场景化构建最有可能在充值、交易、支付、转让等具有金融属性的行为环节，以及电子商务、娱乐、沟通交流和信息获取等社会环节实现突破和成功。

在产业链上，基于产业链协同原理，开展产业链金融、提高资金效率的好处在每个参与者都有体现，产业链不仅是资金流、产品链、信息链，还是一条信用链条。一方面，将资金有效注入处于相对弱势的上下游配套中小企业，解决中小企业融资难和产业链失衡的问题；另一方面，将借贷信用融入上下游企业的购销行为，增强其商业信用，促进中小企业与核心企业建立长期战略协同关系，提升供应链的竞争能力。

2. 风控技术的提升是决战未来的基础。

所谓金融的互联网渠道化与互联网的金融服务。无论是哪种模式，其必定与金融密切相关。金融的互联网化本质就是金融，而互联网的金融服务也是从互联网端衍生到金融服务，因此互联网金融的本质还是金融，金融的核心是风险控制。

而现阶段大部分平台利用的风控模型是基于银行风控体系建设的部分风控组织，且缺乏有效的上下游为其服务、没有经过长久运营积累，风控水平还需要不断完善，这些从主流 P2P 平台的违约率、逾期率就可以看出来，风控建设还有巨大的提升空间。未来成功的 P2P 平台必定是在风控水平上有着创新发展的平台。具体有以下几个方面：

新技术的应用。包括 GPS、生物识别、大数据等，目前，车辆抵押已经普遍应用 GPS，生物识别技术也将不断深入。此外，通过云计算、大数据等新技术来提高运营效率和风险控制能力是互联网金融的核心要素。目前，P2P 网贷平台对于云计算、大数据等新技术的应用还远远不够。

多种变量的广泛应用。不断积累、完善对于借款人的评价变量，促进风险评估结果更加全面、更加客观。不同于征信公司以信用记录为导向，P2P 网贷平台对借款人的评价指标需要覆盖更多，包括但不限于具体借款项目的指标。

风险评估方法的改变。传统的评分卡方法源于银行等传统金融机构，在互联网技术的发展下，应进行不断升级。美国等国家的 P2P 网贷平台广泛采用信用评分、决策引擎等技术手段，对客户的风险评估成本低。而中国网贷行业人力采集数据及风险评估仍然是主要方法之一，网贷机构动辄有数万人，而由此导致的客户获取成本居高不下。

预授信等营销手段。通过预授信，可以提前完成对客户的贷前调查、信用评定和核定授信额度，在符合贷款条件的前提下，客户需要贷款时，提供符合要求的材料即可以快速获得贷款。

创新贷后管理、催收与资产处置模式。贷后管理是对贷前审批的印证与补充，针对贷款审批的结果，对借款人的借款用途、还款能力进行实时跟踪，并可以对问题贷款进行提前预警，防患风险于未然。然而，P2P 网贷企业在这一环节是比较弱的，现实存在的原因也是上一条说的人力资源、成本过高的问题，这也是必须找准客户群的深层次原因。

在资产端建设、客户群定位与风控也是不断融合的，基于场景化、产业链的资产端建设在后续的风控上也存在天然的优势，这两方面的共同发展就是以后 P2P 网贷行业精准营销的未来方向，也是构建垂直型平台的方向，以及这两方面的融合上，已经有不少 P2P 企业进行探索和尝试，如 HelloMoney（你好财富）和可溯贷。

（1）HelloMoney（你好财富）——投资 + 消化模式。

为成都芒柠网络科技有限公司旗下运营网站，是一家专注于汽车行业的互联网金融平台。平台于 2014 年 6 月上线，2015 年 3 月获得上海中路集团天使投资。HelloMoney 创造了互联网金融 IOD 模式——投资 + 消化模式（Investmentor Digestion），切实地帮助实体企业发展，高效地连接起了企业和投资者：企业可以通过 IOD 模式，将存货快速转化为流动资金，同时实现存货的销售；投资者可以在非常安全的前提下，通过自身的操作，达到完美的投资效果。具体模式为：平台的借款标的是二手车商在售的车辆，和其他专注于汽车抵押贷平台最大的不同是，HelloMoney 会为借款人做推广协助商家销售，投资人也可以通过自身人脉资源协助商家销售，如投资人协助销售成功将获得额外的收益。

借款车商通过 HelloMoney 对接线上投资人，第三方担保公司作为该借款车商的担保人，同时借款车商将借款车辆过户到第三方担保公司作为反担保措施，整个流程中实现了车辆抵押、第三方担保，项目风险可控。

（2）可溯贷——农业金融"P2FD 运营模式"。

可溯贷隶属于国鼎文化科技产业发展股份有限公司"可溯"三合一平台，由华鼎国学研究基金会指导并由该基金出资千万元，于2014年3月在杭州发起成立。华鼎国学研究基金会是经由中华人民共和国民政部核准登记的全国性非公募型基金，业务主管单位为国务院参事室。2014年5月，可溯平台荣获由商务部、工信部、国资委三部委权威核准的信用评级机构——中国互联网协会信用评价中心认证颁发的2014年中国互联网信用认证企业资质，评为AAA级（最高级别）。截至2015年12月底，平台累计投资额突破8亿元，注册用户突破115万人。

可溯贷由一群在金融、农业、互联网领域的专业人士组建而成，熟悉金融本质，也了解中国农业市场需求，力求利用互联网信息技术实现投融资客户双方共赢。可溯贷将"互联网＋农业＋金融"的理念融合，在新经济形势下如何运用互联网大数据来为农村、农业和农民服务做出了有益尝试，同时也为投资者打造了一个深耕农业金融的互联网垂直化金融平台。

①运营模式

可溯贷的核心运营理念是P2FD（Person To Farm Data）运营模式，这是可溯贷为打造智慧农业产业生态圈而首创的农业产业相关的垂直化互联网金融投融资模式。旨在利用互联网大数据化下的信息技术，调动社会优质资源对优质农业企业的创新发展进行资金、信息以及销售支持。

可溯平台为全国首创"三网合一"平台，"三网"是指国鼎文化科技产业发展股份有限公司旗下的互联网金融系统平台、互联网追溯系统平台、互联网电子商务系统平台，目的是从优质农业企业发展的资金需求、销售需求以及用户对农产品使用安全整个流程通过互联网大数据实现有机结合，将农村、农业、农民范围中的符合要求的中小微企业的发展壮大的资金需求、产品安全性以及产品销售这三个企业运营的决定性因素采用垂直载入、平行串行的模式分别对应上传至以上平台，从而达到产业链的无缝连接，形成"可溯贷"、"可溯查"、"可溯电商"三个互通功能，也为"互联网＋农业＋金融"的智慧农业产业生态圈的落地实施奠定了基础。其中：

可溯贷是可溯智慧农业产业生态圈系统中的金融平台，旨在利用互联网金融产品，为智慧农业产业生态圈企业发展提供必需的信息以及资金的扶持，解决体系中优质小微企业、农业企业发展中的资金缺口。平台运用先进的技术手段和风控体系，打造以智慧农业产业生态圈行业细分服务的、具有鲜明的自身特色。

可溯查通过物联网数据采集，将智慧农业产业落实在生产、仓储、运输等环节，做到产品品质安全有据可查，从而塑造生态圈体系中企业优势品牌，提升企业品牌以及产品的核心竞争力，提高民众对产品的安全感、信任度。

可溯电商为可溯智慧农业产业生态圈打造的专业 B2B、B2C 互联网商务平台，担任信息发布、农产品销售、大宗交易撮合的作用。平台与银行共同订制贸易资金通路，保障贸易资金的安全性，提升线上贸易的便捷性，切实解决生态圈体系内企业采购难题、销售难题，并由银行提供融资支撑服务，促进生态圈发展。

②投资产品类型

可溯贷涉及农业金融的产品主要有优农企融贷和优企供应贷。

第一，优农企融贷。

优农企融贷通过企业所在的地方政府推荐，选择优质农产品生产、种植及加工企业，实地尽职调查。融资企业以土地承包经营权作质押，地方政府协助平台建立可溯查系统监督生产情况。第三方合作资产管理公司为融资项目提供本金保障支持，在借款人无法足额偿还本金和利息时，可收购投资人针对该笔标的的债权，确保投资人的本息安全。项目信息透明度高，借款项目可查。

第二，优企供应通。

选择优质供应链中核心企业扩大生产的融资需求，盘活生产贸易型企业应收账款的沉淀资本，增强企业资金流动性。

应收账款折价 80%，由专业律师审核基础交易合同，审核合同条款，应收账款的真实性与合法性、印章真实性、原债务人开具的验收证明和原债权人的发货证明，并由原债务人通过银行电子票据系统针对该基础交易向原债权人开立电子承兑票据；设立应收账款专户，监管应收账款的归集及回收，保证本息足额、按时偿还。

第三，优企供应贷。

选择优质供应链中核心企业，及时有效解决其生产经营，原材料采购的融资需求，增强企业活力。

优质抵押物由专业第三方评估公司评估，法人企业相关股东为项目本金、利息、罚息提供不可撤销的无限连带责任保证担保，设立应收账款专户，监管应收账款的归集及回收，保证本息足额、按时偿还，第三方合作资产管理公司为融资项目提供本金保障支持，在借款人无法足额偿还本金和利息时，可收购投资人针对该笔标的的债权，确保投资人的本息安全。

第四，正大项目集。

正大项目集是可溯贷平台的另一大产品类型，是由正大集团旗下正大饲料公司推荐，为其采购饲料的经销商和养殖户发放饲料采购专项贷款。正大集团作为第三方，根据饲料订单合同真实性保证，追溯贷款资金使用，融资金受借款人委托直接打入正大账户用于饲料采购，保证用于育肥、养殖，正大和养殖户签订收购协议，销售回笼资金由正大直接打入可溯贷还款账户。借款人养殖的生猪销售由正大收购，经正大集团根据饲料订单合同保证贸易真实性的养殖户。借款人养殖的生猪销售由正大收购，经正大集团根据饲料订单合同保证贸易真实性的养殖户。此外，借款人需缴存5%的保证金，需与正大合作1年以上，优先选择有正大驻场人员或区域经理管理的养殖户。

综上所述，可溯贷解决了农业企业的融资需求、可溯查解决了农产品安全问题且在贷后措施中对农业企业借款实际用途可以进行实时跟踪、可溯电商形成了农业企业、商品的资金流、物流、信息流的全面信息，对可溯贷的贷前审核、风险管控具有促进作用，这三个平台共同构成了互联网农业产业生态圈。

12

当前 P2P 网贷投资八大误区

笔者之前在进行网贷基金产品和体系的设计过程中对整个 P2P 网贷指标和投资趋向进行了深入的研究，并简单总结了网贷投资的几大误区。在整理风险管理的过程中，发现了该误区在当下依然具有重要警示意义，故单独成文，与各位读者分享。

12.1 误区一：网站安全认证标签，从何而来？

平台网页最下方的诸如诚信网站、可信网站、网站安全认证等标签往往是投资者打开网站首页后直观可见的标识，有人视其为官方或专业机构认可其正规性的证明，因而相信平台具有一定的资质保障。另外，有投资者会对网络技术方面的问题产生误解，例如常常有人认为交易界面使用 http 传输协议风险很大，使用 https 则会安全、正规很多。

其实，很多网站安全认证标签花钱即可办理，并无太大可信度。至于 https/http，则是为网页提供的加密服务，应用 https 并不能代表公司的安全和正规性。网站遭受的攻击绝大部分是针对服务器进行的，https 并不能保证服务器的安全，以此来甄别网贷平台的安全性并不可靠。

投资者在一开始就应明确：对平台的考察是综合而细致的工程，切不可被平台网站的小伎俩所迷惑，更不能轻信、夸大一些类似 https 协议等未经证实的传言。

12.2 误区二：第三方资金托管，万事大吉？

第三方资金托管是指第三方支付机构（包括银行）为平台开发定制账户系统，提供系统外包运营服务。一方面，为 P2P 平台提供支付和结算服务，帮助平台和用户实现充值、取现、资金划拨等；另一方面，保障用户资金由第三方支付机构全程监管，平台无法触碰。第三方资金托管需开设托管账户，即为投资人和借款人设置虚拟二级平级独立账户，实现点对点的资金流动监控。投资者充值到第三方支付账户，通过平台完成投标以后，投标信息匹配到第三方支付的系统里，第三方支付把投资人的钱直接拨至借款人账户中，整个交易过程由第三方支付机构监管、操作，平台无法触碰资金，有效规避了资金池模式。因此，有投资者认为只要平台资金在第三方托管就万无一失了，平台无法触碰资金，也就无法圈钱跑路。

资金第三方托管下平台虽无法触碰投资人资金，但并非就不会发生平台所有人利用平台集资的风险。比如一些实行线下债权转让模式的平台，其利用自有资金在线下放贷，在线上进行转让，投资者投标后的资金最终还是流向平台所有人。一些平台甚至可以虚构借款人账户发行假标，直接为自己圈钱，这些也都有以往案例可循。

投资者应认清资金托管的有效性和局限性。重点研究平台上的标的详情，考察借款项目信息的披露是否足够，审核材料、相关合同是否完备且有公示，平台是否有发布假标和自融的嫌疑。

2015 年 7 月 18 日，中国人民银行等十部委联合印发了《关于促进互联网金融健康发展的指导意见》，随后，7 月 31 日，中国人民银行发布《非银行支付机构网络支付业务管理办法征求意见稿》。应该说，进入 2015 年下半年，针对互联网金融大行业的国家政策开始从讨论阶段进入实际执行阶段。无论是 P2P 平台还是投资者也开始意识到资金托管的重要性，一些平台开始联系与银行方达成托管，然而就网络信息显示而言，很多平台宣传的所谓银行托管消息也有待考证，有的是将"意向合作"宣传为达成合作，有的甚至纯粹只是噱头，当然不排除当中有些平台真正努力地在促成银行托管事宜。因此，从网贷基金风控的角度而言，除非真的看到资金托管（非存管）协议以及报告，否则所谓的"托管"只是空谈而已，不足以给平台加分。

12.3　误区三：管理团队、顾问团队：看起来很美

一个公司的管理团队直接决定公司的发展运营能力，所以，管理团队分析也是风险考察至关重要的一环。我们常会看见有平台在其网站团队介绍栏中将其管理团队的履历极尽吹捧，并会挂出一些看似大有来头的律师、顾问团队，投资者或许认为这么多优秀人才管理的平台一定比较靠谱。

实际上，P2P 平台管理团队中的律师、导师、顾问等虚衔大都是熟人拉来充门面的，一旦平台出现问题，这些人所能承担的责任十分有限，因此，我们考察一个平台的管理团队是否强大，还需看其是否真实参加了公司的管理工作。另一方面，对于真实参加公司管理工作的人员介绍也不可尽信，经常看见平台会把其管理团队吹捧得天花乱坠，某某如何经验丰富，曾在哪些大型企业担任管理岗位，有着几十年金融从业经历等。从星火钱包多次线下考察的经验来看，平台管理团队的实际简历和能力与网站上所介绍的出入甚大，例如某平台网站上介绍该平台的风控总监有着光大银行从业经验，但翻看其实际的简历却并没有。因此，对于平台管理团队的介绍不能盲目迷信。

对于管理团队的考察，重点应放在学历、专业程度、从业经验等方面，网站上的介绍仅能作为参考，建议投资者还应通过第三方途径（如第三方论坛、QQ、第三方调研）核实平台管理团队的经历。对于网贷基金的信息搜集者而言，这些信息的核实最好是能通过线下调研的方式来

进行。

12.4 误区四：风投机构和知名合作机构：大树底下好乘凉

最近不少风投机构都进入网贷市场，拿下一个风投好似找到一个靠山，投资者普遍认为经过专业风投机构考察并投资了的平台安全性肯定没问题，加之一些山寨财经新闻报道的渲染，大家自然更觉靠谱，于是也把资金纷纷投入了该平台。但这些所谓获得风投的平台融资情况是否属实，风投机构自身实力如何呢？就像上咸 BANK 之流，同样也是获得风投并且媒体争相报道，可最后还是"雷"了。另外，部分平台经常在网站的合作机构栏挂出一些知名大企业，如知名银行、媒体、大金融机构等，投资者因对这些大型机构的认可也增加了对平台的信任。

首先"获得风投"事件的真实性不能仅听媒体的报道，很多媒体只要有钱就可宣传，并无太多毫无操守可言。哪怕是应该最靠谱的央视，前一段时间旗下的影响力生活栏目就报道过一批 P2P 平台，结果其中有很多后来还是跑路了。其次，即使真获得了风投，风投机构的身份、实力也都值得怀疑，现在创投行业火爆，各种山寨风投机构层出不穷，平台自己搞个关联企业投点钱是不是也算获得风投背书了呢？另外，部分平台为了给自己增信而在网站上挂出一些所谓的合作伙伴，其真实性有待查证，甚至是不可查证。例如有的银行只不过为平台提供了支付通道，平台就宣传与此银行合作，其实都是一些八竿子打不着的关系。

对于声称自己获得风投的平台，首先应在专业第三方机构确认消息的真实性，最好能在相应风投机构自己的网站上查证。其次，对风投机构的信息、实力也应做相应的详细考察。而对于网站上所列的合作机构，应考察其与平台到底是怎样的合作关系，有无实质的协议证明等。对于网贷基金而言，这些信息的核实都是至关重要的。

12.5 误区五：担保，乱象纷纷如何辨识

担保是目前 P2P 平台最为常见的风控措施，各平台使用的担保模式也都不尽相同，其作用当然也是千差万别，不能一概而论，有投资者认为有了担保就一定能降低投资风险，即便出了问题反正也能由担保公司兜底。

1. 担保公司的资质。

自 2008 年以来，为缓解中小企业资金紧张以及融资难等问题，国家推动担保机构设立的力度逐渐加大，由此催生的各家担保公司品质良莠不齐，自身担保的资质让人质疑。

一方面，担保公司的人员素质问题堪忧。担保工作是一种对专业知识要求较高的工作，对于从业人员的专业素养也有相应要求。但目前很多担保公司的专业性人才极其缺乏，仅凭借老板的个人经验便为某公司提供担保，对被担保公司的财务情况、运营状况都未做相应验证，因此极易引发风险。

另一方面，担保公司自身实力不易查证。很多担保公司甚至并无实际资产，仅由几个自然人股东认缴了几千万元的注册资本，后期将资金作为某股东的借款转移，公司账户中无留存资金，公司名下也无任何资产，一旦出现问题则无半点赔付能力。公司就像一个空壳，隐性风险巨大。

2. 担保公司是否真实提供担保。

有一些平台不具备资产抵押的资质，因此需要将债务人的一些抵押物登记在具备此类资产管理资质的公司名下，从而与这些公司建立了合作伙伴关系，但是此类公司并不对平台的债权或者平台本身提供任何担保责任。还有些平台自称由某担保公司对平台标的提供本息保障，但是既无担保协议，也无担保合同，一旦出现问题，此担保权益的法律效力也无从考证。

3. 担保公司是否存在违规担保。

第一，担保公司可能存在超限担保。根据《担保法》规定：担保公司的资金杠杆比例是在注册资本的十倍以内，超过范围均属于违规担保，存在风险隐患。例如近期发生的河北融投事件，一个 42 亿元注册资本金的公司其担保额度却远在 420 亿元以上，与 50 多家 P2P 平台合作，风险爆发后问题频出、牵连甚广。

第二，担保公司可能存在自担保。在国家大力提倡构建担保体系的情况下，大量资金涌入担保行业，也出现越来越多的企业为了解决自身融资难的问题，自己设立或投资担保公司，担保公司为自身的股东公司债权提供担保的案例时有发生，在无外部监管或者监管不到位的情况下，担保公司内部存在很大可操作性，风险隐患较大。尤其是很多资金困难的房地产公司利用这种方式填补资金黑洞，由此引发的风险将使投资人损失惨重。

考察平台的担保情况要综合分析其担保资质、自身实力，相关审核材料是否完备并且在网站上公示，是否存在违规担保，是否有失信记录（可在全国失信系统查询）等。另外，还应注意网站关于担保的限制提示，是100% 全额担保还是部分担保？是本金担保还是本息担保？是担保公司担保还是平台兜底？这些都需要投资者详细阅读网站相关公告和说明，做好认真考察之后再进行投资。中国 P2P 平台当前的一大特色仍然是通过各种方式来进行平台的增信，而第三方担保则是其中比较常见的方式。对于网贷基金而言，针对这种模式的考察，担保公司的信息就显得相当重要。如中源盛祥事件，前文已有具体介绍。

12.6 误区六：注册资本越高越靠谱？

很多投资者考察平台的过程中比较关注注册资本这一指标，信奉"注册资本是平台实力的体现"，注册资本越高越安全。

注册资本也叫法定资本，是公司制企业章程规定的全体股东或发起人认缴的出资额或认购的股本总额，并在公司登记机关依法登记。据 2013

年 12 月 28 日《公司法》修改所示，除法律法规另有规定外，取消有限责任公司最低注册资本 3 万元、一人有限责任公司最低注册资本 10 万元、股份有限公司最低注册资本 500 万元的限制；不再限制公司设立时股东（发起人）的首次出资比例和缴足出资的期限。公司实收资本不再作为工商登记事项。

由上可知，P2P 平台所鼓吹的"注册资本是平台实力的体现"这一说法并不确切。大多数 P2P 平台成立于 2014 年之后，受益于公司法修正案的影响，并没有注册资本的检验（验资）和实缴。那么平台的注册资本只是根据企业法人的喜好，随意填写的吗？其实也并非如此，企业的注册资本代表企业运营所使用的资金，一般而言，金额越多，企业的实力也越强。针对 P2P 平台而言，当平台倒闭，债权人可以依法对公司资产进行处置时，法人将会补缴注册资本金。这样在极端情况下（公司没有其他任何资产）注册资金的数额就是债权人可以处置的资产总额。但有些平台从成立开始就没想过资产处置问题，这类平台本来就没有什么资产，反正最终都要跑路，因此还不如恶意夸大注册资本金额来吸引不了解法律的投资者。

这样看来，平台的注册资本对投资者可谓是一把"双刃剑"，既可在一定程度上检验平台的资金实力，也有可能是一个骗局的开端，作为普通消费者的我们应该如何进行甄别呢？

第一，考察实缴资本。

不同于注册资本可以延期缴纳，实缴资本则是实打实的，并且一旦缴纳除非公司缩减规模否则不能退回。如果一家平台可以直接实缴 5000 万元资本金，说明其股东的实力确实比较雄厚，也显示其在 P2P 借贷领域发展的决心，平台跑路的概率也会比较低。

第二，注意过高或过低的金额。

虽然注册资本不能代表公司实力，但过高或过低的金额也可反映出平台的问题。比如注册资金只有 50 万元，看起来很诚实，有多少就写多少，可在投资者看来，注册资本过低的平台要么是没胆量的欺诈平台，要么是确实资本实力匮乏的"土"平台，投资者都应该避免投资；又比如一个小地方的不知名平台，却宣传注册资本过亿元，这就明显有夸张的嫌疑。综合国内 P2P 平台的发展现状，公司的注册资本大多集中在 1000 万元至5000 万元之间，星火钱包的投资建议是选择注册资本超过 5000 万元的实力平台或高于 1 亿元的知名平台进行投资。

12.7 误区七：标的实际收益：怪我数学没学好？

很多时候，投资者为 P2P 平台的高收益率心动而砸下重金，期待借款到期时赚得盆满钵满。可实际收益到手后却发现和想象的不同——怎么这么低呢？那么到底是平台在骗人还是自己的算数没学好呢？

作为投资者，在投标前我们最关注的是标的收益率、期限和风险等问题，一般而言，期限较长、风险较大的产品其收益率也相对较高，通常以这种逻辑来判断、比较标的收益率是没有问题的，但投资者们不要忘记还有一个指标也非常重要——还款方式。我们先来看看 P2P 借贷的几种主要还款方式：（1）每月还息，到期还本。（2）到期还本付息。（3）每月等额本息。前两者的最终收益一般和标的显示差别不大，而第三种则是投资者误区产生的原因。每月等额本息还款的原理非常简单：全部还款按月均分，每月还相同金额的钱，也就是说随着还款的进行，借款的本金在不断地减少，刚开始的还款里本金占主体，而到最后的几期则是利息占主体。只了解这些也并不能解释为什么投资者的收益会变少了，那么问题出在哪儿呢？其实是平台标注的标的收益率有问题。投资者实际的收益是本金所产生的那部分利息，但随着等额本息中本金的减少，利息也会相应减少，而有些平台标注的收益率是这些本金不减少时该标的预期收益率。投资者如果想要达到这种收益水平，就需要在每月本息回款后，立刻将还回的本金投出（复投）。这种情况下平台有自动投标机制还好，如果只能手动，这月新投出的标的本金下月又会回款，还需要再投……这将耗费投资人极大的时间和精力。大多数时候，投资者常是等到全部回款结束才进行下一轮投资，那么实际收益率经粗略估算就只剩预期的一半了。就好像原本年化有20%的融金所，一下就变成了年化10%的友金所，投资人的失落可想而知。

除了还款方式这个影响标的收益的大哥以外，还有许多其他小弟也同样不能忽视。典型的如利息管理费，利息管理费作为平台对投资者的一种收费，经常会"润物细无声"地出现，而且只能在犄角旮旯的资费标准说明中才能找到它的踪影。利息管理费一般都取收益的10%，比如原本年化20%的收益率在去除利息管理费后就只剩下了18%，可能很多比较随意的投资者自始至终都没发现有这个扣费的存在。除去利息管理费，还有会员费、提现费、充值费等，不同平台不尽相同。这些小兄弟们一旦齐心协力，把年化10%的友金所变成6%的陆金所也就不是梦了。

因此，投资者应特别注意平台关于收益率的计算，还款方式是不是每月等额本息还款（如果是一个月及以内的借款则没有区别）。还应注意平台是否要加收利息管理费，充值、提现等。总之，投资者需擦亮双眼，认清平台的实际收益率，不要承担着高额风险却得不到相应的回报。

12.8 误区八：保险公司合作，资金100%保障？

在P2P跑路潮和倒闭潮的大环境里，在去担保化的趋势下，通过跟保险公司合作来增信已成为各大P2P平台吸引投资人的常规手段。据不完全统计，业内至少已有一百多家平台在其官网宣称和保险公司达成了合作，为投资人提供"100%资金安全保障"。

诚然，在去担保化的大趋势下，由保险公司保障资金安全确是一大亮点。但不能忽视的是，与保险公司合作的成本是比较高昂的（保费与风险是正相关关系），草根平台很难承受。

1. 保险公司在合作中究竟保的是什么？

其实，在保险行业的监管中，并未就其与 P2P 行业的合作领域完全放开，目前，保监会允许的合作范围还是比较有限的，所谓的"资金安全"大多是指"因盗刷、盗用导致账户资金损失这一非常规风险"。

以财路通为例，该平台在其官网首页位置上发布了一则"中国人寿财险与民安财产保险公司联手承保"信息，以"100% 本息保障"、"保险公司承保"等字样进行宣传。但通过对合作机构的调研发现，其合作方中国人寿这样表示"中国人寿财险北京分公司与财路通合作仅限人身意外伤害保险，其他风险保证保险均不在公司的承保范围。如果客户购买财路通理财产品，中国人寿将不承担投资资金的任何责任。"也就是说，与保险公司合作是实，但 100% 资金安全保障是虚。

其实，目前还基本上不存在由保险公司 100% 承保投资人投资资金安全的案例，保险公司的保障范围有多大，必须深入其与平台合作的保险产品，且投资者要特别注意不同保险产品的免除责任（不保的范围）。

2. 保险公司与 P2P 平台主要的合作方式。

据调查，目前保险公司与 P2P 平台合作的方式主要有这样几种：一是上文提到的为投资人面对的盗刷、盗用等非常规风险提供保障，比如账户安全险；二是为借款人提供人身安全保险，保障借款人的还款能力，实质是针对借款人的人寿保险；三是为平台高管提供避责服务，保障高管层人员因合同条款不清等问题造成的事故责任，比如董事、监事及高级管理人员职业责任保险（董责险）；四是为担保标的抵押物提供相关的保险服务，实质是财产保险；五是为信用贷款者提供信用保险，主要针对无抵押物的信用标，保额较低，主要体现为信用险；六是履约保险，保险公司向履约保证保险的受益人（即债权人）承诺，如果被保险人（即债务人）不按照合同约定或法律规定履行还款义务，则由该保险公司按照保单约定承担赔偿责任的一种保险产品。

其中，账户安全险、寿险、责任险和财产险保障的范围都属于小概率事件，是保险公司的常规业务，跟 P2P 网贷投资者最为关注的、平台宣传最多的"本息保障"、"100% 资金安全"几乎没有实质关联，但却是当前二者合作方式的主流。换言之，目前保险公司主要是基于其自有产品（财产保险、人寿保险等常规产品和类似董责险等个性化产品）与 P2P 平台进行合作。

信用保险和履约保险已经算是触及了 P2P 网贷平台的核心业务地带，但因其风险较高，保险公司对其尚处于比较保守、谨慎的态度，因此在合作的过程中，这种方式属于少数范畴，普及率很低。

3. 信用保险、保证保险与履约保险究竟为何物？

（1）信用保险。

信用保险是指权利人向保险人投保债务人的信用风险的一种保险，是一项企业用于风险管理的保险产品。其主要功能是保障企业应收账款的安全，原理是把债务人的保证责任转移给保险人。

信用是商品买卖中的延期付款或货币的借贷行为，信用保险的产生是基于信用制度的发展。常规来说，信用保险的投保人只能是企业，具体可以分为商业保险、出口保险和投资保险三大类，其中商业保险又包括贷款信用保险（保险人对银行或其他金融机构与企业之间的借贷合同进行担保并承保其信用风险，债权人是投保人与被保险人）、赊销信用保险（保险人为国内商业贸易的延期付款或分期付款行为提供信用担保）和预付信用保险（保险人为卖者交付货物提供信用担保）；出口保险是为企业在出口贸易、对外投资和对外工程承包等经济活动中提供风险保障的一项政策性支持措施，属于非营利性的保险业务；投资保险又被称为政治风险保险，保险人承保的是海外投资者的投资本金和收益因政治风险而遭受的损失，主要目的是鼓励资本输出。

信用保险发展到后来，也出现了以个人信用为标的的保险产品，比如常见的雇员忠诚保险就是一种个人信用保险，保障的是雇主因雇员的不诚实行为而遭受的经济损失。

此外，还出现了个人消费信用保险这一个性化险种，它具体是指个人在没有抵押物和担保人的情况下，通过购买个人消费信用保险，由保险公司对其信用进行担保，就可在短时间内从银行获得小额消费贷款，若其没有按时偿还贷款，由保险公司负责赔偿。目前这一领域的代表产品有"平安易贷"，个人缴纳保额（金额与贷款额度一致）的 20% 作为保费，即可向平安银行申请贷款，贷款利息为一般贷款利率，但综合成本较高。在这种贷款信用保险中，银行是权利人，借款人是投保人，权利人为被保险人，保险公司是保险人，保险人为被投保人提供信用保险保障被保险人的权益。从各方主体关系来看，这种模式和信用保险的定义是有出入的（在信用保险中，投保人是权利人）。

（2）保证保险与信用保险。

保证保险是由保险人以保证人的身份为被保证人向权利人提供信用担保，如果由于被保证人的行为导致权利人遭受损失，在被保证人不能补偿权利人经济损失的情况下，由保证人代替被保证人赔偿权利人的经济损失，并拥有向被保证人追偿的权利。其中，投保人是债务人，被保险人是债权人，保障的是被保险人的权益。常见的保证保险产品有诚实保证保险和消费贷款保证保险。

综合来看，信用保险与保证保险存在以下几点区别：

①保险合同涉及的主体关系不同。常规的信用保险中，权利人是投保人和被保险人，在保证保险中，权利人是被保险人，债务人和信用被保证人是同一人，为投保人。

②保险责任不同。保证保险承担的是一般责任保证，信用保险是连带责任保证，二者的具体差别类似于保证担保的法理内容，具体见笔者的专栏文章《保证担保》。

③性质不同。保证保险实质上是一种担保行为，保险人是以其信用向投保人提供担保，收取的是担保手续费，而信用保险则是一种实实在在的保险产品，投保人缴纳的是保险费，是保险公司通过精算后确定的风险承

接费用，承保责任较大。

（3）履约保险。

履约保险，是对债务人履约能力的不确定性的一种保险形式，是保险公司向被保险人（债权人）承诺，如果投保人不按照合同约定或法律的规定履行义务，则由该保险公司承担赔偿责任的一种保险形式。

具体到 P2P 网贷行业中，履约保险的投保人是平台借款人，被保险人是平台投资人，保险人是保险公司，保障的范围是被保险人的本金和收益，借款人的履约能力除了要考虑包括还款能力在内的客观因素，还要从诚信的角度考虑其道德风险。

特别要说明的是，平台作为投保人这一现象。从当前各平台与保险公司合作的信息披露来看，目前，还很少看到由平台用户直接与保险公司签订保险协议的情况，故在此推测，可能存在直接由平台作为投保人购买相关保险产品的行为，保险成本在用户的融资成本和收益中进行摊销。暂且不论这一过程的增信效果与影响，先就法律层面来看看平台投保的合规程度。

《保险法》规定，投保人和被保险人必须是具有保险利益关系的存在，P2P 平台作为信息中介平台，乍看之下和被保险人是没有太多保险利益关系的。深入调查后，发现我国现行《保险法》第五十三条对此做了如下规定"投保人对下列人员具有保险利益：（1）本人；（2）配偶、子女、父母；（3）前项以外与投保人有抚养、赡养或者扶养关系的家庭其他成员、近亲属。除前款规定外，被保险人同意投保人为其订立合同的，视为投保人对被保险人具有保险利益。"

单从文字上看，我们对上述法条可以有两种理解：一种是认为不论投保人和被保险人之间有无其他利益关系，只要被保险人同意，投保人就对被保险人具有保险利益。另一种则认为，被保险人的同意是建立在投保人和被保险人之间具有实质利益关系的基础上，这种实质利益关系除了亲属或近亲属等关系外，还有依据其他法律关系产生的利益关系，如债权债务关系、合伙关系、劳动关系以及雇佣关系等。

结合 P2P 投资的实践情况来看，投资者需要重点关注平台出具协议的相关内容。

4. 当前都有哪些平台为投资人保障了哪些安全？

在 P2P 行业去担保的趋势下，在行业风险不断聚集的背景中，通过与保险公司的合作来增信，成为当下一种较为常见的现象。具体而言，去年财路通与国寿财险北京分公司的合作开启了这一序幕，之后，国寿财险、民安保险、大地保险、众安保险、天安保险等多家财险公司都曾传出开始尝试与 P2P 进行业务合作的消息，涉及 P2P 平台多达 10 余家。

就合作内容而言，目前还主要聚焦在财产险、意外险、账户安全险等一些无关痛痒的产品上，比如拍拍贷、挖财网等平台联姻保险公司，保障其用户个人交易账户的资金安全。

当然，随着 P2P 行业的发展，二者的合作也在持续深入，可以看到，有越来越多的保险公司开始在尝试为 P2P 平台用户提供信用保险、履约保险，甚至"跑路险"等产品。比如，天安财险与米缸金融达成了战略协议，双方将在履约保证保险方面开展合作；精融汇与华安保险合作引入履约保险；懒投资签约阳光保险，为平台用户提供国内贸易险，保障买家的信用；宜信联合信托公司发行了一款和保险公司合作的产品，主要是为用户提供金融机构贷款损失信用保险服务，算是信用保险的一种。此外，黄河金融的案例较为特别，它与浙商保险达成合作，就平台股东万好万家集团对平台项目的担保协议进行履约再保险，总保额 800 万元，单笔保额上限 50 万元，相当于给用户资金安全进行了一个双保险，但额度有限。

虽然 P2P 网贷行业与保险公司的合作已经取得了较大的进展，但不能忽视的是，这种模式在当前的普及率并不高，事实上很多广泛报道过的合作案例最终进展都不大，大多停留在纸面上。且合作的平台，大多也是针对一个个具体的项目进行合作，投资者在投资时要擦亮眼睛，一看有没有保险、二看保什么、三看不保什么、四看赔付原则。

5. P2P 牵手保险的难点与空间。

保险公司的产品定价是基于大数法则，依据保险标的所面临风险的规律性（财产保险主要指损失概率，人身保险主要指死亡率等）、保险公司经营费用及经营状况、保险市场供求状况等因素来确定单位保险金额所应收取的保险费。

在产品研发设计上，由于 P2P 产品目前还属于非标资产，且创新速度快，保险公司很难对其风险进行量化，从而也导致定价的困难：定价过高导致融资成本过高，影响 P2P 资产收益；定价过低又不足以覆盖其风险。

在产品经营上，P2P 产品的创新性导致其个性化较强，覆盖率较低，时效性较短，而保险产品的主要收入来源在于死差益、费差益和利差益，需要依靠销售规模。毫无疑问，P2P 行业资产的这几种特性，对保险公司的精算能力、风险控制能力和运营成本是提出了较大的挑战的。

虽然 P2P 行业与保险公司的牵手存在种种问题，但仍然没能阻挡二者之间合作的热情，平安成立了陆金所，阳光成立了惠金所，越来越多的保险公司也加入到了这个行列等。可以预见的是，P2P 行业作为互联网金融的重要板块，随着行业的继续发展与监管的落地，保险公司是不会轻易放弃这块蛋糕的，二者的合作方向必将持续深入。

第四篇 网贷基金投资策略

13 P2P网贷评级

14 基于评级的投资额度控制

15 网贷基金流动性管理

网贷基金投资策略的制定与其风险控制紧密相连，也是网贷基金产品设计的末端。在网贷基金整个产品的设计过程中，投资策略直接体现了产品结构、产品的风险控制结果，所以说，它是整个网贷基金产品设计的末端。如何把控好这个末端，本篇中我们将进行简单介绍。

　　投资策略制定有两个重要环节，其一是投资比例和投资阈值的制定，其二是资金流动性管理。首先，由于网贷基金是P2P投资组合，投资比例和投资阈值的制定是与产品设计过程中底层资产的质量息息相关，而底层资产的质量的最终评定则由价值评级而定。因此，本篇章中先对网贷评级进行介绍，然后介绍投资比例和投资阈值制定准则，最后介绍流动性管理，形成完整的投资策略制订方案。

13

P2P 网贷评级

在介绍 P2P 网贷评级之前，我们先来看一下债券基金和货币基金的评级。债券基金的评级包括资产信用等级评估、期限和资产占比影响度评估、基金管理者评估、市场等其他因素评估几大方面。货币基金评级包括信用风险评估、流动性风险评估、市场风险评估、基金管理者及其他因素评估。而网贷基金的评级同样离不开这些思路，目的是为了能给予投资价值更公正的评价，为投资提供参考依据。

接下来将对网贷评级的历程以及评级的思路和方向进行阐述，然后将在上一篇章中对 IFRM 风险控制系统的基础上详细介绍 IFRM 网贷评级与投资策略制定的相互关系。

13.1 P2P 网贷评级历程

网贷评级是新生事物，同样也是伴随着 P2P 网贷行业而生，与网贷基金紧密相关。应该说，一个好的网贷基金，必然同时参考着好的网贷评级体系，因此，本篇章中对网贷评级进行介绍。

跟任何事物的发展一样，网贷评级也是经历了从无到有，从青涩到成长，最终也必将进行发展到成熟的阶段。

P2P 网贷从 2005 年开始出现至 2009 年，都没有出现评级。在坊间被笑谈为网贷评级的"黑暗时代"。2007 年，中国 P2P 网贷开始起步，到

2009 年的两年时间，P2P 网贷行业尚处于开始阶段，行业被公众所知度还处于小圈子范围之内，影响力很浅，整个 P2P 行业的体量也很小，因此，投资者对于筛选平台等这些方面也无甚需求。

2010 年至 2012 年被坊间称为网贷评级的"青铜时代"。

不同于国内之前的网贷平台，从 2010 年开始，大部分网贷平台开始提供本息保障，这意味着只要平台不跑路或者倒闭，投资者在这个平台的投资都是安全的（排除风险准备金耗尽的情况）。这也是中国 P2P 网贷发展的一大特色——为了平台的增信而发展来的"担保"型网贷平台。平台的增信 P2P 这种模式初时极大地点燃了投资者的热情，然而好景不长，一批风险控制能力薄弱和有诈骗嫌疑平台的跑路给投资者敲响了警钟，新平台高额的收益固然美好，但一旦碰上平台跑路，投资者将血本无归。因此一些聪明的投资者便开始了对网贷平台风险的评级，筛选出认为安全的平台供大家投资。这一阶段的评级者多为 P2P 普通投资者，评级的目的是为了给自己的投资作为参考，所以他们所进行的评级往往也是在投资或准备投资的平台。这时候评级的最大优点就是评级人因自己对平台更为熟悉而容易捕捉异常，但这种做法的不足之处也很明显。首先是个人的精力和资金有限，无法覆盖大量平台（虽然当时平台数量也不多）；其次是个人判断会带有强烈的主观色彩，特别是评价自己投资的平台，社会称许性会放大平台的优点；此外，评级者可能综合判断出这个平台操作模式上存在一些问题，但是短期内不会出问题，由于其利息高可能也会短期内给予较高的评级，显然这种评级从长期来看并不算科学。可以说这个阶段网贷评级的萌芽已经产生，但是并不完美，被称为网贷评级的"青铜时代"。

2012 年至 2014 年是网贷评级的"白银时代"。

这一时期同时又是 P2P 借贷的爆发时期，各类具有中国特色网贷平台如雨后春笋般破土而出，这既给了投资者更多的机会，也给投资者带来了平台风险辨别的挑战——三年间有近 300 家 P2P 借贷平台倒闭，让投资者蒙受了巨大的损失，也严重威胁了 P2P 借贷行业的信誉。在这个背景下，由于投资者的需求，第三方网贷评级机构应运而生。这类机构大多以网络社区的形式为载体，将网贷平台的数据统一整理、汇总，最终公布到网上供投资者参阅，并且开辟可供投资者交流的社区论坛，以此为平台，让来自五湖四海的广大投资者及时分享最新鲜的第一手资料。这时候的评级还没有形成规范，第三方门户要在运营和竞争中求得生存，必然需要资金的支撑，然而，这些支撑却大多数来自 P2P 平台的资助或是广告费用，因此，这种相关关系下诞生的网贷评级结果将存在一定倾斜，很难做到完全的客观性和真实性。但是由于投资者的需求和发展的必然，网贷评级机构的重要性已经凸显无疑，我们称这一阶段为网贷评级的"白银时代"。

2015 年之后将是网贷评级的"黄金时代"。

步入 2015 年，网贷评级才迎来了真正的"黄金时代"。随着越来越多的风投资本、上市公司、国有企业将触手伸向 P2P 网络借贷，整个市场越发变得复杂。投资者面对着"乱花渐欲迷人眼"的市场，既怀有兴奋，又充满困惑——在有限的精力和资金下，该如何筛选和投资呢？面对这种情况，一种全新称为"网贷基金"的机构投资者出现了。众所周知，基金是募集大众的资金进行投资，体量大，出于投资者的角度，机构投资者为了分散风险，往往选择投资几十个甚至上百个 P2P 平台，这时对不同网贷平台的评级就变得至关重要。网贷基金模式的特点就是结合了"投资"和"研究"，并且研究结果直接对投资者负责，应该说投资者相当于研究结果的出资人，在行业内我们称为"买方市场评级"。接下来我们针对"买方市场评级"进行简单的介绍。

13.2　买方市场评级

随着 P2P 网贷行业发展迅猛，各类 P2P 网贷评级报告也相继问世。然而，各类评级机构受限于资金和收益来源，评级立场存在很大差异，评级结果也有很大不同。就像证券市场中由于证券分析师所站的立场不同，证券分析师被分为卖方分析师和买方分析师。其中卖方分析师是指那些受雇于投资银行或是券商等卖方金融机构，他们所撰写和发布的研究报告的根本目的在于为所在卖方金融机构发展业务，他们的收益来源于这些金融机构，所以他们进行证券分析所站的立场也是这些金融机构；而买方分析师则恰恰相反，他们可能是单个的投资者，可能是纯粹为投资者进行咨询和服务的机构，他们的收益来源于投资者，进行投资分析时也是站在投资者的角度考虑，所以他们代表的是投资者的立场。

类似于证券评级市场，网贷评级可以从评级机构或评级者的立场以及其生存的资金和收益来源进行分类，笔者认为可以分为三类，分别是卖方市场 P2P 网贷评级、弱买方市场 P2P 网贷评级以及买方市场网贷评级。

第一类是卖方市场的网贷评级。这一类评级者的资金和盈利主要依赖于网贷卖方市场（即 P2P 网贷平台）的资助或广告费用，我们称为卖方市场网贷评级，这一类评级机构在评级时代表的是卖方市场，评级时极有可能向收益来源方倾斜。因此，基于这样一种利益关系而生的网贷评级存在有失客观性和真实性的可能。

这一类评级机构一般开设了网贷评级、论坛等服务，然而这些服务的运营模式和数据接入所需资金或多或少来源于一些 P2P 网贷平台的资助或广告费用。因此，此类相关联关系下产生的网贷评级可能存在客观性倾斜。很多平台出现问题时还处在评级靠前之列，如快速贷、上咸 BANK、易网贷、通融易贷、呱呱贷，对于投资者而言，这类评级存在一定的客观性和真实性问题，极有可能误导投资者。

第二类是弱买方市场的网贷评级。这一类评级机构的部分资金和收益来源于 P2P 平台的资助或广告费用，但是同时它还利用自有资金进行投资，结合自己投资和分析的基础上再进行网贷评级，并且这类机构需要根据自己的评级做出自有资金投资决策。从评级的出发点和收益立场来看，可以划分到投资者这一方，但是却又不完全属于投资者，因此，我们称这一类评级为弱买方市场网贷评级。如贷出去，示范基金是它的投资自有资金，它的网贷评级影响它的投资决策，因而在此基础上进行的网贷评级相较于卖方市场而言，会比较客观。但仅仅是自有资金投资安全方面的考虑还不足以支撑这类评级的完全客观真实性。

第三类是买方市场的网贷评级。这一类网贷评级机构完全立于买方市场，机构运营和收益来源主要依赖于投资者，网贷评级结果的出资人相当于网贷投资人。那么，在这种利益关系中诞生的网贷评级的客观性和真实性将在最大程度上得以保证。

这类评级机构的典型代表是 P2P 网贷机构投资者（即网贷基金），如星火钱包的网贷评级。这一类机构运作的资金部分来源于自有资金，部分来源于投资者，那么，作为广大投资者用户以及自有资金的资产管理方，机构的网贷评级结果所能发挥的作用则显得尤为重要，它直接影响了机构的投资决策和投资人的收益。从资金管理安全和谨慎的角度考虑，网贷评级对于这些机构的意义都尤其重大，因此，在网贷评级上的投入就不仅仅是资金那么简单，更多的是要考虑评级的科学性。而从投资者的角度而言，风险控制是网贷评级体系建设中最为关键的一环，因此，这一类机构的网贷评级体系不仅是各类指标的综合评级，还包括严密的风险控制评定。如此，从这种单一的评级立场来看，这一类机构的网贷评级才会更加客观和真实，对网贷投资也就更具参考价值。

综合来看以上这三类网贷评级，三者最大的区别在于立场不同，由于三者资金和收益的来源不同使得评级立场有差异，从而导致了评级结果的差异化。卖方市场网贷评级由于资金和收益主要依赖于 P2P 网贷平台资助或广告费，评级结果不可避免地会向提供资助的平台有一定的倾斜。弱买方市场网贷评级虽然有自有资金进行投资，但是其多元化服务的运营模式决定了或多或少与一些 P2P 网贷平台之间存在合作关系，甚至是资助与被资助关系，那么，这种关系中出来的网贷评级结果仍然无法做到完全的客观和真实。而买方市场网贷评级与前两者的最大区别就是基于对管理的自有资金和投资人的资金安全负责的出发点，它必须完全站在投资者的角度

去进行评级，那么，这种立场中诞生出的网贷评级结果将更加客观和
真实。

笔者对以上三类网贷评级方式和结果进行比较和分析，认为网贷评级
作为 P2P 行业衍生的产业，未来发展前景很是看好，并且其中买方市场网
贷评级将会是行业主流。主要是基于以下三方面的因素：

其一是随着网贷行业的发展，网贷基金也将蓬勃发展，作为 P2P 的机
构投资者，它所研究出来的买方市场网贷评级也将逐渐进入人们的视野，
由于其立场的特殊性，必将受到广大投资者的追捧。

其二是买方市场网贷评级同样由于立场的特殊性，其评级体系指标需
向风险控制方面倾斜，而这样的网贷评级结果对整个 P2P 行业而言，无疑
就是一份 P2P 网贷平台风险强弱的黑白名单。此类信息披露恰恰可以很好
地加强 P2P 行业的民间监管力度，加速行业健康发展。

其三是随着行业的发展，仍然由于买方市场网贷评级是完全的投资者
角度，在投资者需求不断膨胀以及自身发展的共同推动作用下，买方市场
网贷评级拥有更大的动力去完善自我，顺应市场需求。相较其他类型的网
贷评级体系，立场的特殊性使得买方市场网贷评级体系有更加迅速的市场
反应机制，可以较早地进行网贷评级的自我修正和体系的自我完善。

13.3 网贷基金动态评级

在本文第三篇网贷基金风险控制中介绍过网贷基金的风险控制体系应
当是动态的，而在动态风险控制体系中，动态评级又是关键的。

13.3.1 当前网贷评级存在的问题

2013 年以来 P2P 网贷行业出现大规模倒闭、跑路、提现困难等问题平
台，社会各界对 P2P 网贷行业的发展都抱有一定的怀疑。毫无疑问，P2P
网贷行业的发展是中国金融行业改革的重要组成部分，也是推动中国当下

经济结构调整的重要力量，网贷评级行业的产生与网贷评级系统的建设为尚存困惑的众多投资者与借款人带来了期望。迄今为止，定期发布网贷评级结果的大型机构已经不下数十家。但是有一点可以肯定，当前网贷评级并未能够对 P2P 行业的发展产生引导作用，反而网贷评级行业本身也是良莠不齐，相互矛盾的评级结果与相互攻讦的评级报告更像是一幕幕自演自导的闹剧，对解决眼下互联网金融乱象难有意义。

当前的网贷评级体系与 P2P 网贷行业所期冀的网贷评级体系相去甚远，张五常先生在《中国经济制度》中曾提过资源的过度竞争的最后结局只能是资源租值的下降与资源的最终消失。网贷评级也是一种资源，但目前网贷评级的行业已是过度竞争，这也造成了网贷评级公信力的急剧下降。当前网贷评级体系主要存在以下几点问题：

第一，参与机构社会公信力不足。

网贷评级机构作为第三方机构却与平台本身有着千丝万缕的利益关系。无论是高校背景，还是中国社科院背景，还是大型民营企业背景，还是 P2P 平台背景。它们的背后，都或多或少有着平台的援助与支持，这种评级被称为"卖方市场评级"，其评级结果服务于平台而非投资者，最终造成了评级结果的自相矛盾与相互攻讦。

第二，评价体系标准缺失与不合理。

从评价指标的筛选与整理而言，许多重要指标并没有被考虑到，而同时，一部分并不需要的指标却占据极大比重，造成整个评级体系的失衡。首先，评级体系的构建需要从网贷平台的参与主体以及主体所参与的业务流程出发，做到在每一个细节上的风险控制。而非仅仅是从一些大而泛的指标来判断一个平台的好坏。平台的规模有多大，平台的成交量有多大在一定程度上的确可以反映平台的经营状况。但却不能完全反映平台的真实经营情况。就拿国家的 GDP 总量来说，那仅仅是一个存量累积的概念；对大多数情况而言，那仅是一个数字，对于广大的人民群众来说，GDP 总量的增长的确在一定程度上反映出了收入的提高情况，但却不能说因为 GDP

增长了，所以人民的生活水平提高了。因此，要反映平台的真实情况，不能够仅从表面数据来判断，既要有存量的指标也要有流量的指标；既要有宏观的指标，更要有微观具体的指标，一个风险评估体系最重要的是做到细致，将业务中存在风险的每一个影响因素都找出来，同时再根据这些因素的可取性来进行判断选择。最终形成较为完整的评估体系，而非仍旧仿照传统企业的财务指标衡量方法来确定风险，那样并不真实。其次，指标整体是随时需要变动的，有的指标需要剔除，有的指标也需要更新。比如说，我们经常用 GDP 来衡量经济发展水平一样，但是随着国家经济发展方式的转变与结构的调整，未来单纯以 GDP 衡量经济发展水平并不能很好地反映经济实际情况，所以应当予以调整。我们的评级体系也是一样，指标需要实时更新，根据环境与平台自身的变动而调整，不能僵化。

从网贷之家、融 360、中国社科院、大公国际、央财魔方——易观智库等评级机构所发布的评级报告中，其指标都是大同小异，都是针对平台的规模、平台运营能力、高管团队背景、风险控制、IT 安全、信息披露等指标进行评估，暂且不论这些指标是否全面、仅以指标增减和指标权重变化程度来看，我们也可以发现目前网贷评级机构评级系统的僵化。2015 年上半年出现了一系列 P2P 老平台出险潮，其中包括紫枫信贷、起点贷、365 金融、金汇丰等平台，这些平台众多评级机构中的评级指标显示平台经营状况良好，前期在评级机构的评级中较靠前，然而它们却出险了，可见当前的评级体系存在我们没有覆盖到的方面以及不合理之处。

第三，选用方法缺乏针对性。

从评级方法来说，指标量化过于追求形式上的统一而忽略了指标本身的特殊性。毫无疑问，评级指标的确有相当一部分需要量化，但是仅用一个具体的数值去量化却要相当考究，正如在经济研究当中，我们研究通货膨胀更多的是关注 CPI 与 PPI 指数一样。但是无论如何，我们有一点可以肯定：当一个数值无法对指标的含义完全衡量时，就应当寻找其他的合理方法进行量化。此外，也并非所有的指标都可以量化，有的指标能够感觉到它一定存在一个界定的数值却无法衡量，就拿平台的发展周期来说，一个行业或说一个具体的企业，它必定是存在一个发展周期的。但是，这个周期具体有多久，这个周期所伴随的风险具体是多少，这些都无法真正衡量。因此，有些指标需要选取，但却不一定需要量化，量化反而并没有意义。

从赋权方法来说，当前的评级机构的权重确定更多的是依靠主观判断而非客观事实依据。事实上，任何一家平台的发展都或多或少有着它独特的优势与发展潜力，如果仅以行业共通之处来评估一个平台的风险，显然并不具有适用性。指标确定权重不应当仅从主观的判断认为这个指标应当赋多少权重。权重的目的在于判断其对风险的影响程度，而风险本来就分为多种，如果拿一个影响信用风险的指标来衡量其对市场风险的影响程度则毫无意义。因此，在确定权重之前首先需要判断的是指标所衡量的风险是什么，根据不同风险的衡量方法来确定权重才更为合适。而不是像大杂烩一样，将所有的指标笼统地分类然后确定权重，那样的主观误差性太大。更重要的是，权重的确定方法多种多样，不同的方法可能会产生不同的结果，若不事先确定调整系数，则难以肯定权重的误差。每一次的评估结果都要与实际情况相比较，并对原有体系进行不断的改进。赋权方法更多应当体现行业的普遍性与平台的特殊性，任何一个指标究竟应当赋予多少权重因平台的特殊性都应有一定的浮动范围，而不是一成不变。对于一些出现异常波动或说突变性的指标，如现金流的大幅度突变、发现平台部分信息造假等情况，如果仍旧参照之前该指标体系设计的权重进行评价，那么将无法准确评估平台此时的风险水平。因此，评价体系的评价方法不应该是笼统的，而是需要具有针对性的。

第四，缺乏一个统一的评级标准与评级制度。

当前的评级机构所公布的评级报告的结果却存在极大的差异，这使得评级机构所公布的评级报告难以具有一定的参考价值。评级的结果可能是因为主观调查的误差或数据的缺失存在一定的差异，但是却不能使评级标

193

准存在差异，这样将造成社会信服力的下降。银行业整体的风险评价都是具有一个统一的标准的，在网贷行业的规范化发展的过程中，评级发展的方向需要朝着统一的评级标准与评级制度。

简而言之，当前网贷评级机构公信力不足，内容缺失僵化，方法不具有针对性，标准不具有统一性。这对解决当前的网贷行业困境并无意义；一个合理有效的评级体系，主体应当是全面的，它不会仅仅考虑平台的利益；内容应当是全面的、实时变化的；方法应当是准确的、合理的，能够考虑到平台的特殊性，也能够考虑到行业的普遍性。它应当是一个行业的共识，是评级机构共同遵守的标准，是一个能够反映平台生态的、动态的评级体系。

13.3.2　网贷基金动态评级思路

现下的诸多网贷评级体系缺乏系统性的统一的标准和制度，网贷评级结果存在一定的公信力，对投资者的投资参考意义存在偏颇，价值有待商榷。投资的可变性太强，从生态科学分析的角度来看，动态预警性的评级才能满足投资者的需求。而动态评级体系需要应当如何来建设呢？

第一，动态评级体系必须紧紧抓住风险产生的根源，将平台生态的参与主体、参与客体、参与要素全部包容。动态评级的目的是防范平台未来发生的风险。在一个生态系统当中，任何风险都是主观行为主体与客观要素结构共同作用的结果。然而，客观要素发生作用是通过主观主体行为才能产生的，因此主体的行为才是一切风险的根源所在。只有充分考虑到每一个主体行为的作用，才能够看清风险的程度与影响。P2P 网贷行业的主体包括平台本身、互联网载体、投资方、借款方、担保方、评级方、监管方、托管方。一个动态的评级系统，它的所有指标设计应当紧紧围绕这些参与主体而展开，不能仅局限于一个主体，这样才能够让风险评估更加的精确。同时，它更应当考虑到相关的生态体系对它的影响，P2P 行业生态毕竟从属于金融体系，更从属于经济体系，所谓牵一发而动全身，其他生态体系环境的变化将无疑会冲击行业安全。

第二，动态评级体系的风险评估应当从风险的传导机制切入，如此才能够使指标与方法更具有针对性与准确性。一个风险的传导机制简单地来说就是"主体行为出现变化—主体各方力量失衡—生态系统失衡—风险爆发"，风起于青萍之末，这句话不假。主体行为出现的变化往往能够在细节中发现。对于网贷平台来说，其实就是网贷平台的每一笔业务流程以及每一个参与方参与的业务中所引致的结果，这些结果造成了主体力量的失衡。因此，动态评级体系指标的建设，应当着重从参与主体所参与的业务流程中切入，找到每一个风险可能产生的因素。

第三，动态评级体系的指标应当具有阶段性与差异性的特征。互联网金融发展具有纵向阶段性与横向差异性的特征。当前国内金融改革的步伐逐步加快，P2P 网贷参与主体的行为影响因素日渐复杂，因此动态评级系统的指标应当具有一定的灵活性。在指标设计上，更应当体现出不同平台的差异性，指标的结果不仅仅能够有一定的集中趋势，也应当反映一定的离散程度。指标量化上，能够更加具有趋势性与平稳性的分析，一个平台的发展必然具有阶段性与周期性的特征，因此，在指标的量化上则应当较好地契合这一特点。在指标的权重上，也应当具有一定的调整系数与浮动比例，这是受平台的行业特殊性与发展特殊性所影响的，在发展的不同阶段，在平台的不同背景与经营业务下，指标的影响程度并不相同。因此，唯有体现灵活与动态变化，才能够符合行业的发展特征。

第四，动态评级体系的方法应当是主客观相结合，具有针对性与适用性。评级体系最重要的一步是对平台的风险评估作出一个大致的量化结果，这就必然要涉及指标权重的考量。然而，正如前文所说，并非所有的指标都能够量化，也并非所有的指标都适合量化。量化不当将造成指标失去评估意义，正如一栋房子，指标是这栋房子的一砖一瓦，而指标的评估方法就是建造房屋的水泥，水泥用错了地方，砖块也必然不稳当。动态评级指标的评估方法应当针对这些指标所代表的业务与所反映的含义选择其合适的方法，如此才能够使评估更为有效。

第五，动态评级体系必须能够很好地监测到参与主体的预期变化。众所周知，推动社会经济发展的动力之一就是社会主体对经济的期望。相对于网贷平台来说，其发展也是依赖于平台参与主体的预期。网贷平台能够发展壮大其关键在于三点：一为需求、二为信任、三为控制监管。需求在于草根阶层有投资需求，然而将资金存入银行获利甚微，放入股市资金不够。同时中小企业、个人消费、创业有贷款需求。网贷平台的作用在于给具有投资需求与贷款需求的个人一个相互沟通的机会，并促使二者达成协议，使双方的需求都得到满足。信任在于投资者相信平台能够为其挑选值得信任的借款人，投资者相信借款人不会逾期还款或者不会不还款，投资者相信平台不会出现提现困难、跑路、挪用资金。投资者相信在出现问题之后担保公司与平台会垫付本息，投资者相信社会的评级机构评出来的结果是合理有效的。投资者相信监管机构与社会大众对平台的监督与平台自律能够促使平台经营管理规范合理。投资者相信平台公布的信息都是合理的、经过审查的、没有水分的、真实与全面的数据。控制监管即平台有足够的能力控制风险与预防风险，监管体系与制度是足够完善可以防止平台出现违法行为。平台也相信投资方是理性的。这三大关键将形成平台的预期，因此风险评估主要就是围绕形成平台的三大关键而展开的。

第六，动态评估体系中的舆情监控最重要的是能够做到预警的作用。舆情的传导过程正好是"由点及线，由线及面，由面及体"或者说是"由体及面，由面及线，由线及点"的反向传导过程。舆情的评估与动态风险评估体系并不一致，动态评估体系可以对指标进行赋权并计算出风险值，但舆情监控的目的并不是说最后需要计算出一个什么具体的数值，舆情监控的目的很明确即为在舆情即将发生之前能够做到预警的作用并未能够在发生舆情之后测算出舆情的后续发展趋势以降低平台的风险损失。也就是说动态舆情的目的在于事先预警，同时能够根据舆情传导的过程推算出舆情产生的影响以及后续的波动，由此对平台决策产生影响。舆情监控最重要的是对舆情进行评级，针对舆情的影响程度而分级，如此，才能够使舆情评估更加准确。

2015 年 7 月 18 日，中国人民银行等十部委发布《关于促进互联网金融健康发展的指导意见》，这标志着 P2P 网贷监管的一只靴子正式落地，网贷行业未来将面临加速的洗牌。动态评级体系未来的建设将以其适用性与针对性为中心，随着监管环境与社会经济环境，行业环境的变化而不断进行结构性的调整。其未来的动态评级系统将会呈现以下几种姿态：

第一，动态评级体系将充分基于大数据优势，建设成为更加智能的评级体系。通过将碎片化的数据进行分析整理成为有用的数据，确保评级体系指标的全面覆盖与指标针对的准确性。

第二，动态评级体系将基于多维度数据模型与算法对风险进行评估预测。从不同的角度出发将可能囊括不同的风险因素，从而计算出不同的结果；动态评级的目的是希望精准预测风险，因此多维度数据模型与算法将成为其独有优势。

第三，动态评级系统的数据与模型将做到实时更新。不同的环境，不同的发展阶段，行业所面临的风险将会变化，则原有的风险因素将无法全面描述其风险特征。因此，只有将新的风险因素归纳，并对原有的数据分析模型进行调整，它才会更具准确性与合理性。

总而言之，动态评级未来将会是全面的、智能的、变化的评级体系。这也是一个好的网贷基金所必须具备的。

13.3.3   网贷评级的方向

在动态评级的基础上，网贷基金节点上的评级体系该如何设计呢？

1. 国外 P2P 网贷评级模式。

国外的 P2P 信用评级的主体是平台本身，所做的评级也是债权本身的评级。这也跟前面提到了中外差异有关，美国 P2P 平台形成了两家公司（Prosper 和 Lending Club）领头的局面，两家巨头市场占有率超过 90%。

债权本身的评级主要依据是征信数据（标准普尔、惠誉、穆迪）以及平台历史交易信息和数据。如 Prosper 是运用第三方征信数据以及借款人申请数据、历史交易数据建立违约模型，这个模型的数值范围是 1～11 的数值，其分值越高，表示违约概率越小，信用风险越小。此外，国外 P2P 第三方也有信用评级，功能类似于中国的网贷之家、网贷天眼等第三方 P2P 信息网站，比较典型的是成立于 2013 年的 Orchard，它采用的信用评分是直接的违约模型的方式，分值为 0～100% 的数值，分值越高，违约概率越大，表示信用风险越大。通过数据显示两方评分的结果趋势正好相反，评级结果几乎一致。投资者可以根据评分等条件直接选择合适的债权或者通过 Orchard 等第三方直接抢标购买合适的债权，加之平台少，评分合理，投资者直接投资的难度并不大，Prime Meridian Income Fund 这类网贷基金的最大作用在于依据前端的评分形成科学的债权组合，同样也是基于债权评级的基础之上。

2. 中国网贷评级方向。

与美国的 P2P 网贷评级最大的不同之处在于网贷评级的主体不再是平台本身了，更多地依赖于网贷基金和第三方，然而各网贷评级的结果相异甚远，主要原因在于中国 P2P 平台品种繁多且质量良莠不齐，平台本身的质量其实大方向上代表了它所持债权的质量，因此中国的 P2P 网贷的评级主要是指对平台的评级。

而对平台的评级实际上相当于 P2P 平台所属企业的评级，这就回归到了我们最为熟悉的企业评价领域，类似于资本市场中基金公司对所投资企业的尽调评价。同样的，一个好的网贷基金公司在做好专业的 P2P 理财专家的时候，需要对所投资的 P2P 平台进行深入调查，建立与这个行业契合的尽调体系、评价体系，才能更好地选择出具有投资价值的平台，形成具有投资价值的债权组合，从而对自己负责，对广大的投资人负责，这是网贷基金的使命，同时也是它长期发展的方向。

随着产品多元化进程以及国家 P2P 监管政策的逐步落地，未来的 P2P

市场将更加规范化，同时 P2P 作为信息中介的作用将占主导地位，去担保化已成大势。因此，未来 P2P 网贷的评级将在平台评级的基础上结合债权评价的方向发展。总体而言，网贷评级主体仍然是平台评级，但更多子项包括平台债权类别、债权质量等将纳入考虑，或者分领域地进行平台评级，这些都将是未来网贷评级的发展方向。

13.3.4 星火互联网金融研究院评级

星火钱包是中国首批网贷基金，星火互联网金融研究院也是中国首批深入调研 P2P 平台的买方评级机构，在中国早期及当前的行业背景之下，评级模式大方向采取平台评级的方式。星火认为平台评级实际上是 P2P 企业投资价值的评级，P2P 平台标的类似于资本市场的债务，企业或个人通过 P2P 平台发行这些债务，P2P 平台充当信息中介的作用，但是同时对通过自身渠道发布的债务有审核的作用，平台的长期发展依赖于这些债务的质量。因此，债务质量与平台质量在一定程度上成正比关系。考虑到这些，星火钱包投资首先考虑的是平台的投资价值的评价和评级。通过一系列评价指标进行评价，再通过合理的方式（比如前面提到的评级委员会）进行平台级别的最终确定。

星火钱包对平台进行评级的方法参考资本市场上企业债评级（企业信用评级）的方法，穆迪对企业信用评级的级别分为投资级（Aaa、Aa1、Aa2、Aa3、Baa1、Baa2、Baa3、投资级以下 Ba1、Ba2、Ba3、B1、B2、B3、Caa），标准普尔和惠誉（投资级 AAA、AA＋、AA、AA－、A＋、A、A－、BBB＋、BBB、BBB－，投资级以下 BB＋、BB、BB－、B＋、B、B－、CCC）。

参考企业信用评级的方法，星火互联网金融研究对 P2P 平台投资价值的评价分为九个级别，分别为投资级：AAA、AA、A、BBB、BB、B、CCC、CC、C，非投资级：D 级。当然，与债券基金和货币基金一样，星火的评级体系是动态的，并且不仅定期跟踪，而且包括实时跟踪。因此，星火考察后的平台都会在星火数据库中有相应的投资价值评级级别，并遵循星火 IFRM 动态风险控制体系，可能发生变化，级别变动轨迹也将记录在案。表 13 - 1 是星火的评级表。

表 13 - 1　　　　　　　　　星火互联网金融研究院评级表

平台投资评级	建议分散投资比例	推荐期限	推荐程度	风险偏好程度
AAA	不超过总债权 10%	1～24 个月（一年之内最佳）	推荐	风险规避型投资者
AA	不超过总债权 8%	1～18 个月（一年之内最佳）		
A	不超过总债权 4%	1～12 个月		
BBB	不超过总债权 3%	1～12 个月	中性	风险中立型投资者
BB	不超过总债权 2.5%	1～10 个月		
B	不超过总债权 2%	1～8 个月		
CCC	不超过总债权 1.5%	1～6 个月	谨慎推荐	风险偏好型投资者
CC	不超过总债权 1%	1～6 个月		
C	不超过总债权 0.3%	1～3 个月		
D	不投资	不投资	回避	

如表 13 - 1 所示，D 级为非投资级，C 级至 AAA 级为投资级，其中 C 级至 CCC 级适用于风险偏好型投资者投资类型；B 级至 BBB 级适用于风险中立型投资者投资类型，A 级至 AAA 级适用于风险规避型投资者投资类型。

13.4　P2P 网贷评级要素

网贷基金的风险控制与 P2P 网贷评级紧密相连，对于网贷基金而言，网贷评级最主要的目的是辅助投资策略的制定，这个评级应该是动态的。因此，根据网贷基金风险控制的理念，P2P 网贷评级的要素主要是两大方面：

第一是动态体系的设定。对于网贷基金而言，网贷评级是网贷风险控制体系中核心一环，尤其是评级指标体系的设定。因此，指标体系的科学性和合理性都是网贷评级的核心要素。

　　第二是动态体系的执行问题。就任何体系本身而言，体系发挥出最大的效用必须依赖于它的执行。因此，就网贷基金而言，必须要有相配套的评级执行体系或者制度方可使体系发挥出最大的效用。在执行过程中，最重要的一环又以动态跟踪为重中之重。实时风险控制实际上就是动态评级的具体体系。动态跟踪的具体内容则又以评级体系中的具体指标为主。星火钱包作为网贷基金风险控制之王，就设有全套的网贷评级风险控制体系以及执行体系，本书附录中附有某平台某时刻的详细风险评估报告，读者可以细细品味当中细节。

14

基于评级的投资额度控制

IFRM 网贷基金的投资策略中，投资额度是基于评级结果而制定的。基于 AAA 级至 C 级的九个投资级等级中，对应平台拥有对应的投资额度以及投资建议投资期限。应该说，从 C 级至 AAA 级平台的投资价值是逐步提高的，建议投资期限的范围也逐步允许扩大。最低投资上限的为等级最低的 C 级平台，投资债权不超过总债权的 0.3%，一般建议投资期限不超过 3 个月。第二阶段的 B 级至 BBB 级平台的投资上限控制在 2% ~ 3%，期限也不超过 12 个月。最高等级的 A 级至 AAA 级平台投资比例上限比从 4% 可以跨度到 10%，期限上限为 1 ~ 2 年。对于资产端的投资流动性而言，期限的流动性也是很重要的，因此在根据级别确定分散投资比例的同时还确定了投资期限的上限。

上文中讲到的风险控制的三大要素分别是"精选债权、极致分散、动态监测"，而由于中国 P2P 多而杂的因素使得"精选平台"变得尤其重要，所以也详细地介绍了 IFRM 精选平台的有效方法。而"精选"的要素可以直接反映在投资上面，如表 14 – 1 所示，不同等级的平台拥有不同的投资比例。

对于"精选"而言，依据风险控制体系基本上已经完成了平台的精选，并给予了相应等级的评价。那么网贷基金的分散性又该如何保证呢？作为投资者，如何来看一个网贷基金的债权分散性呢？

我们先来看一组网贷基金平台的债权集中度数据，如表 14 – 1 所示。

表 14 - 1 网贷基金平台债权集中度情况

时间		星火钱包	平台 1	平台 2	平台 3	平台 4	平台 5
2015 年 8 月 13 日	在投份额（万份）	3602.3	46579	16103.33	12582.87	4059.79	11049.45（累计）
	在投平台总数	97	55	45	84	90	90
	债权集中度	57.27%	77.81%	97.06%	71.19%	90.54%	10.30%
2015 年 7 月 16 日	在投份额（万份）	3276.84	39032.38	14488.19	8971.75	2704.41	10324.07（累计）
	在投平台总数	103	43	47	87	105	90
	债权集中度	53.30%	86.59%	98.75%	65.31%	85.44%	12.30%
2015 年 7 月 1 日	在投份额（万份）	3052.68	33660.64	12737.1	7194.19	1744.98	9796.82
	在投平台总数	102	26	49	86	128	90
	债权集中度	50.41%	93.96%	98.41%	61.02%	82.78%	15.50%
2015 年 6 月 15 日	在投份额（万份）	2849.12	29227.89	11912.66	6215.15	1191.08	9376.06（累计）
	在投平台总数	101	23	52	86	145	90
	债权集中度	50.14%	95.08%	98.15%	58.37%	84.18%	15.90%
2015 年 中雷合计	2015 年中雷总数量	1	6	9	6	12	1
	2015 年中雷总金额	450	50658	105641	2036681	218164.12	94685

注：统计时间截至 2015 年 8 月 13 日，债权集中度为前十名平台的投资份额占比。

如表 14 - 1 所示，平台 1 网贷基金平台前十债权集中度占比连续两个月均在 77% 以上，最高达到 95%；平台 2 网贷基金平台前十债权集中度占比连续两个月均在 97% 以上；平台 3 网贷基金平台前十债权集中度占比连续两个月在 58% ~ 71%；平台 4 网贷基金平台前十债权集中度占比连续两个月在 82% 以上，最高达到 90%；平台 5 网贷基金平台前十债权集中度占比连续两个月在 10% ~ 15%。星火钱包前十债权集中度连续四周稳定在 50% 左右。

从以上数据可见，平台 1、平台 2、平台 3、平台 4 的债权集中度均较高，投资策略较为相似，大部分资金集中投资于前十的平台，而平台 5 的投资策略与其他四个平台刚好相反，投资平台为 90 家，前十的投资比例为 10% 左右，可见资金几乎是平均分配到所投平台，而星火钱包投资平台为 100 家左右，前十位投资占比为 50% 左右，从投资结果上可以反映出投资策略应该是阶梯式的，与表 14 - 1 的评级表中投资上限相符合，AAA 级平台最多占比为 10%。

因此，一个投资策略制定合理的网贷基金平台的投资平台投资占比应该根据投资价值等级呈现阶梯式形式，平台 5 债权集中度较小，平台投资金额几乎是平均分配，所以虽然只中雷了一个平台，但是金额却也将近 10 万元；平台 1 至平台 4 债权集中度均较大，中雷平台数目和中雷平台总金额均较多，未成功应用好网贷基金的"分散"的要素。同期，星火钱包在 IFRM 风险控制体系以及阶梯式的合理投资策略之下，2015 年仅中雷 1 个平台，中雷金额为 450 元，可见投资策略在这中间所起的作用不可小觑。若星火没有进行阶梯式的投资策略制定，严格控制好投资比例和阈值，而是将资金平均分布在投资平台，那么中雷金额可能将不止 450 元，而是像平台 5 那样是 10 万元，甚至更多。

综上所述，一个风险控制好的网贷基金必须要配以合理的投资策略，才能更好地做好风险控制和管理，确保投资安全。

网贷基金流动性管理

在第 2 章网贷基金产品设计中，我们讲到网贷基金设计的三大要素，其中流动性是其一。本小节中，我们将讨论网贷基金的流动性管理体系设计。在网贷基金的投资策略的制定和实施过程中，流动性设计和管理是投资额度控制之外的最重要的一方面。

企业的流动性狭义上指的是企业资产在价值不损失情况下的变现能力和偿债能力。变现能力是企业产生现金的能力，它取决于可以在近期变为现金的流动资产的多少，偿债能力是企业及时偿还各种债务的能力。

本文所讨论的网贷基金是狭义上的网贷基金，运作模式是债权转让，因此，网贷基金中的流动性指的是投资端资产变现能力（也就是企业变现能力），以及销售端应对用户正常和极端情况下产品赎回和提现的能力（类似于偿债能力），以及合理价格出售产品的销售能力（类似于销售端的企业变现能力）。在网贷基金的运作当中，风险和流动性管理是两大核心管理要素。在前面一篇中我们重点探讨了网贷基金的风险管理，现在我们来重点探讨投资过程中关于流动性管理方面的内容。

15.1 流动性管理基本要求

在对投资端流动性管理和销售端流动性管理介绍之前，我们先来了解一下流动性管理的基本要求。笔者通过多年的实践共总结了以下六方面的内容：

其一是提高流动性管理的预见性。通过负债和运营资金问题对资产总量的制约，制订切实可行的债权组合增长计划，有效控制整体流动性状况。该方面的要求需要依据平台的增长规模相关资金运营情况而确定，因此对于平台资金的运转情况，要求平台流动性管理者需要有高度的资金全局观，对资金和大势有着敏锐的预见性。

其二是加强债权组合期限结构的管理。在对债权进行重组时充分考虑对各个不同期限债权持有的结构调整，保证在不同的时期都有资金回流，以弥补短时间内现金流资金不足的情况。针对目前公司业务种类的多样化，对于有明确期限的定期产品还应掌握在未来特定时期到期资产数量（现金流入）与到期负债数量（现金流出）的构成状况，及时调整优化债权组合的期限结构，尽可能做到到期资产与到期负债近似匹配。

其三是加强流动性分析。利用流动性比率、现金流分析法、流动性风险压力测试等方法评估流动性风险，及时发出预警信号。这方面的要求需要与平台对投资端的风险控制动态跟踪同步进行，只有动态及时分析才能及时把握状态，及时对投资策略做出调整。

其四是对客户投资额的增长及其投资习惯做适当的评估分析，充分预计流动性对客户投资增长的依赖程度。将敏感负债的部分保持相对较强的流动性；将脆弱资金保持适当的流动性。这方面属于平台的客户需求分析，是解决好销售端流动性风险的重要管理办法，同时，也需要对金融市场及投资行为有全面的分析和敏感判断。例如，根据中国人的消费习惯，在节假日期间现金需求较大。因此，节前提现概率大，在此时，资金计划就需要做出合理的安排以确保节前提现需求。

其五是增强对各类不同产品投放期限、结构、节奏等的把握能力，对投资资金的需求和供给能力做出恰当的预计，将资产负债比例控制在合理的范围内。在第三篇中提到过不同类型的产品风险点存在差异，因此在流动性管理上需要对不同类型的产品结构、投资期限有全面把控，合理进行配置。

其六是建立多层次的流动性屏障。现金存量、可转债权资产量及可发净值标量，并客观统计分析本公司正常运营所需的现金比率，将现金存量与债权资产量维护在合适水平，确保流动性充足。在本项要求中，现金存量根据平台所属公司的规模来确定，可控制性较小，但是可转让债权资产以及可提现净值标量资产规模则是平台投资之时可以控制的，为了应对某些时段用户较大的资金需求，债权转让资产的比例就显得尤为重要了。一般来说，对于活期规模较大的网贷基金平台而言，可转让债权资产规模要求就相对较为严格。

15.2　投资端流动性管理

在了解了流动性管理的基本要求的基础上，我们现在特别针对投资端和销售端分别细说流动性管理。

IFRM 体系的投资端的流动性管理主要是要做好评级基础上的投资资金的调配，实际上也就是依据表 14 - 1 的投资策略表，做好投资资金计划并严格执行。一个优秀的网贷基金应该在评级的基础上有科学的投资策略。这个投资策略可以是对应等级的计划投资资金配比，这个资金配比范围的确定可以采用一些统计方法进行，IFRM 就是采取专家压力测试的方式确定的。此外，在周期性资金投资计划的制订和实施过程中，还需要综合考虑投资资金的变现能力，这与所投资平台的资产债权转让及投资期限有关。在投资资金策略制定的大方向上，考虑资金流动情况和预测资金变现极端情况等因素制订相应的投资资金计划是网贷基金产品流动性管理的一大关键环节，尤其是活期产品的资金计划中特别需要注意。这也是流动性管理中的基本要求。应该说资产端的可转让债权的灵活性是网贷基金的活期产品资金流动性管理中最重要也是最有效的办法。根据用户的理财习惯，每个网贷基金平台对投资端的资产变现能力要求不一。在这一方面，星火钱包通过对用户行为分析出可转让债权占比占活期债权的相当比例以上，平台的产品流动性才不会有很大压力。当前，星火钱包活期可转让债权的占比已经超过 60%，并在逐步朝着更高目标前进。此外，考虑到平台的变动性，在定期产品债权中，星火钱包同样设定了可转让债权占比的下限。

在投资资金策略制定的基础上，如何保证投资能贯彻执行，还能保持应对突发状况的灵活性呢？那就体现在投资管理办法中。

当前网贷基金运作模式对现金流的要求较高。如何有效地施行投资资金策略是需要合理的投资管理办法的。那么里面必须包含的要素是什么呢？

首先是需要制定各个投资平台的投资指南，从产品的结构到产品资金流动方式和规则来制定每个平台的投资指南。在 IFRM 体系中，星火钱包的投资指南被称为"投资手册"，如 IFRM 执行系统图所示，交易员在进行投资操作时所依据的是该平台的投资手册，这个投资手册包括流动性管理角度和风险控制管理角度的指示性要求，是交易员的投资使用说明书，可以使得投资效果不因岗位变动而遭受影响。其次在网贷基金的投资管理中，需要给予平台投资交易员一定范围内随机应变的权利，事实上，这也是网贷基金动态跟踪的重要方面。当然，这个权利给予的同时必须要求合规，并且与事后报备记录、会议召集等一系列管理办法相结合。

最后是需要保持投资指南的有效性。跟动态风险控制一样，投资也是需要与时俱进的，除了产品安全性方面，产品的流动性方面也是需要不断试验、跟踪和改进更新的。因此，P2P 平台对应的投资交易员需要严格按照投资指南进行投资和跟踪。

总之，网贷基金投资端的流动性管理工作首先需要做好资金的投资计划，实际控制好资产端债权转让标的占比，随时应对活期产品投资流动性风险，与此同时，做好投资端的策略实施管理工作，保证投资工作按计划井然有序地进行。

15.3　销售端流动性管理

销售端流动性风险主要有两方面，首先是应对用户正常和极端情况下产品赎回和提现的能力。在正常情况下，这方面的风险与产品的资金流向有关，资金流向正常，严格按照产品设计的规则进行是可以应对正常情况下产品的赎回和提现能力的。其次，极端情况是指特殊情况下用户集中赎回和挤兑情况，包括预测范围内的极端情况和预测范围外的极端情况，而预测范围内的极端情况一般指节假日前或是周期性股市行情变动等。预测范围之外的极端情况是不可抗因素导致的。那么这些极端情况下集中挤兑的流动性风险管理是网贷基金产品运作的重点之一，要应对此极端情况的能力必然与投资端资产变现能力息息相关。因此，为了预防极端情况下用户的赎回和提现情况，要求做好投资端的流动性管理工作以及两端之间的衔接工作。

此外，销售端流动性风险还包括产品无法以合理价格及时出售的风险。由于中国网贷基金是狭义的网贷基金，其运作模式采用债权转让，如果无法以合理价格及时出售产品，将占用大量自有流动资金，整个产品生成和销售链条阻塞。因此，应对产品的销售端出售流动风险的最佳办法就是扩大产品影响力吸引和留住足够的用户。

15.4　"债权转让"的误解

在前文的流动性管理介绍中，尤其是投资端流动性管理中，反复提及资产端的债权转让标的。星火钱包曾出现过用户对于这个"债权转让"的概念存在一定误解的情况，认为"债权转让"为可以在星火平台上进行星火债权的转让。在此笔者进行简单的说明。

星火钱包活期产品是及时赎回模式设置，用户提出赎回需求，由平台进行秒回购，再出售给其他用户，在这个产品中，是债权转让关系。这个是产品设计模式上面的债权转让关系。

另外，投资端的可转让债权标的是指星火钱包通过自购再转让给星火用户的债权能够在所购 P2P 平台进行债权转让的标的，在 IFRM 体系的流动性管理中所说的"债权转让"就是指拥有 P2P 平台的可转让债权标的。

第五篇 中外网贷基金典型案例

16 国外网贷基金案例

17 国内网贷基金案例

18 小结

16

国外网贷基金案例

自 2012 年 5 月 Prime Meridian 成立网贷基金以来，Blue Elephant Consumer Fund、Symfonie Lending Fund（UK）和英国第一个上市网贷基金——Global Investments Fund 相继成立，且包括 Funding Circle 在内的 P2P 平台也开始涉足上市基金项目。

16.1 全球首家网贷基金公司——Prime Meridian Income Fund（US）

Prime Meridian 是专注于在线 P2P 投资策略的投资管理公司，公司 2012 年 5 月成立了 P2P 投资基金 Prime Meridian Income Fund LP，公司采用有限合伙基金形式，集中于 P2P 个人消费信贷项目的投资。Prime Meridian Income Fund（以下简称 PMIF）是采用自动化投资技术的资金，利用投资算法和 P2P 平台的投资机会并评估风险。通过这种投资算法，Prime Meridian Income Fund 试图获得超过 P2P 债权平均预期回报的收益水平。

根据公开资料显示，该基金最低投资额为 50 万美元，收取 0.75% 的管理费和 10% 的收益。在流动性上，采取按月计息的规则，基金采取每月定期放开申购的操作方式，在到期前提前赎回需支付费用。从投资方向上看，主要投资于在线借贷平台 Prosper 和 Lending Club 上的债权，所投资债权的经过统计为：借款人平均收入在 7 万美元以上，借款人平均 FICO 分数在 695 以上，且还需符合 Prime Meridian Income Fund 投资模型，借款周期为 36～60 个月。根据 2015 年半年报显示，其组合中债权等级及贷款正常/逾期比例状态如下：

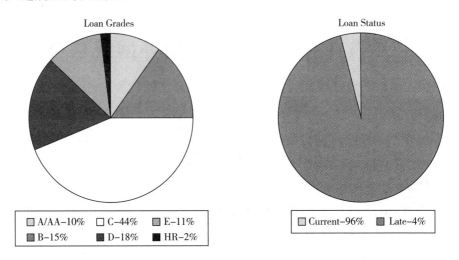

注：A－HR，越往后的 FICO 得分越低，目前国内与 FICO 进行合作的 P2P 平台，也有用此指标的。

图 16－1　PMIF 2015 年上半年债权等级组合图

自成立以来，该基金保持了良好的回报记录，数据显示，从成立至 2015 年 6 月，该基金累计收益率高达 28.99%，复合年度回报率为 9.21%，而同期的跟踪美国综合债券的 iShares Core US Aggregate Bund（AGG）基金年度汇报仅为 1.07%。截至 2015 年 6 月，在其累计存在的 38 个月中，该基金始终保持各个单月正的盈利，基金累计净值没有发生过回撤，年度夏普比率高达 27.79。

表 16－1　　　　　　　　　PMIF 成立至 2015 年 6 月的回报列表

	2015 年	2014 年	2013 年	2012 年
Jan.	0.64	0.69	0.87	
Feb.	0.59	0.65	0.72	
Mar.	0.69	0.70	0.85	

	2015 年	2014 年	2013 年	2012 年
Apr.	0.62	0.67	0.80	
May	0.64	0.71	0.82	0.69
Jun.	0.59	0.68	0.75	0.96
Jul.		0.71	0.84	0.84
Aug.		0.67	0.83	0.89
Sep.		0.67	0.77	0.72
Oct.		0.76	0.80	0.81
Nov.		0.61	0.72	0.75
Dec.		0.66	0.70	0.90
YTD	3.84	8.51	9.89	6.75

16.2 掌管 3000 亿美元资产的黑石主管加盟——Blue Elephant Consumer Fund（US）

Blue Elephant Consumer Fund，LP 成立于 2013 年 7 月，同样采取有限合伙方式，Blue Elephant Consumer Fund 通过计算机自动撮合基于众多 P2P 在线借贷平台的高度分散的债权组合。使 Blue Elephant Consumer Fund 得到众多关注的是前黑石集团固定收益部主管 Brian Weinstein 的加盟，Brian Weinstein 在黑石时为机构掌管着超过 3000 亿美元的固定收益类资产组合，截至 2015 年 6 月，Blue Elephant Consumer Fund 管理资产规模也仅仅为 10349 万美元。据 Brian Weinstein 所述，他看好 P2P 信贷资产未来扩张的规模以及 P2P 资产的高额回报。

根据公开资料显示，该基金最低投资额为 25 万美元，收取 1% 的管理费和 15% 的收益。在流动性上，基金采取每月定期放开申购的操作方式。从投资方向上看，主要包括个人消费信贷项目与小微企业信贷项目，投资平台也从 Prosper 和 Lending Club 扩展到 Social Finance（SoFi，人人网陈一舟参与风险投资），harmoney 等平台，与别的 P2P 投资基金不同的是，该基金采用 2~3 倍杠杆进行操作。根据公开资料显示，近期持有的债权经过统计为：平均贷款额度 12622 美元，债权笔数 7554 笔，杠杆比例达到 2.25 倍。

根据公开数据统计，该基金自成立以来投资业绩良好，每月均取得正收益，回撤为零。其中，单月最大收益为 1.19%，年度符合收益 10.69%，而同期巴克莱银行美国 BOND 指数年化收益仅为 3.11%。

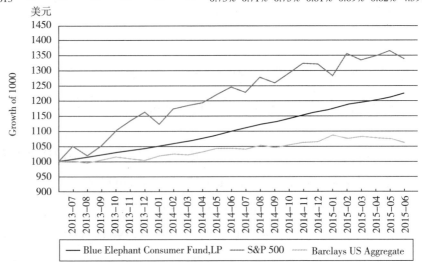

Historical Performance

	Jan.	Feb.	Mar.	Apr.	May	Jun.	Jul.	Aug.	Sep.	Oct.	Nov.	Dec.	Year
2015	0.77%	1.10%	0.70%	0.63%	0.84%	1.04%	…	…	…	…	…	…	5.19%
2014	0.79%	0.70%	0.71%	0.89%	0.98%	1.19%	1.01%	0.99%	0.67%	1.04%	1.04%	1.01%	11.59%
2013	…	…	…	…	…	…	0.73%	0.71%	0.75%	0.81%	0.69%	0.62%	4.39%

图 16-2　基金收益与同时期的标准普尔 500、巴克莱银行
美国 BOND 指数对比

16.3　第一只全球化投资的网贷基金——Symfonie Lending Fund（UK）

Symfonie Lending Fund, LP 为英国 P2P 投资基金，但其也获得了美国

SEC 注册，非美外国投资者也可以投资，基金投资策略中说明投资对象包括 P2P 债权、公司债、国债，但根据目前最新数据投资标的全部为 P2P 债权，投资策略为多国家投资，采取货币对冲机制，产品设计上与别的不同的是细分了子产品设计——目前有 2016 年到期（3 年期，预期年化回报率6.5%）和 2018 年到期（5 年期，预期年化回报率 8.5%）两个子产品，但其子产品资产是分别独立的。基金管理费 1.5%，利润 10% 收费，实行月度开放、年度审计原则，目标收益率 8% ~ 15%。

在投资标准上它也按照投资平台、债权两方面进行投资。

对平台的重点考核因素：理解平台的所有权背景及管理办法；理解平台对信用风险、信用等级的评定过程、评估平台的运营、政策和流程；根据平台的报表评估平台的毛利润和净利润；复盘平台从成立至今的运营过程。

对债权的重点考核因素为：细分借款人收入和职业；细分债务/收益比率；细分明显的消费贷款；借款人债务历史管理；外部信用评分。

根据 2015 年 8 月数据统计，拥有债权 1421 个，逾期债权 59 个，逾期率 0.2%，平均到期毛利率 11.2%，预计到期净利率为 8.9%，债权平均到期时间 3.2 年，主要投资的平台有 Prosper（美国）、Lending Club（美国）、Funding Circle（英国）、Bondora（爱沙尼亚）。

表 16 - 2　　　　　SYMLF 所投资平台分布及相应统计指标

Site	Number of Loans	Avg. Int. Rate	Avg. Mat. (yrs)	A	B	C	0 - 3yrs.	4 - 5yrs.
Prosper	206	12.1%	3.7	3%	3%	1%	36%	64%
Lending Club	689	12.0%	3.8	10%	49%	24%	35%	65%
Funding Circle	464	10.4%	2.8	18%	8%	49%	55%	45%
Bondora	60	26.1%	1.9	0%	0%	88%	87%	13%

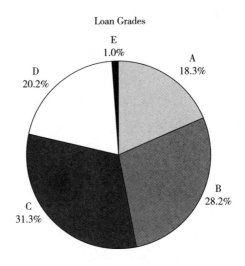

图 16 - 3　SYMLF 所投标的等级分布

16.4　英国第一个上市网贷基金——Global Investments Fund

Global Investments Fund 管理者为 Eaglewood Europe，Eaglewood Europe 的前身为 Eaglewood Capital Management 公司，该公司成立于 2011 年，总部位于纽约，是一家专门服务于线上信贷业务的投资管理公司，并在美国证券委员会（SEC）注册登记为投资顾问。

2014 年 4 月 30 日，管理着巨额资产的伦敦公司 Marshall Wace 获取了 Eaglewood Capital Management 的控股权，并将其更名为 Eaglewood Europe。Global Investments Fund 是 Eaglewood Europe 成立的投资信托，前期主要投资于欧洲 P2P 平台的债权项目，集中于英国 Zopa、Ratesetter、Funding Circle 等平台。

2014 年 6 月，Global Investments Fund 实施了 IPO，公开发行 2000 万股普通股，募集资金 2 亿英镑，并在伦敦股票交易所（LSE）上市，代码就是 "P2P"，由此成为第一只在交易所挂牌交易的 P2P 投资基金，该基金定位为主攻信贷资产投资，净年化收益率目标为 5% ~ 15%，这意味着投资者可以通过上市投资工具参与 P2P 贷款运作之中。

为了加快战略布局，在运作过程中，该基金也通过 Conversion shares（C 级股票，又称可转换股票）募集资金。可转换股票最低投资标准为1000 英镑，C 股投资者无须承担任何的发行成本，在募集后一段时间内转换为普通股票，但是这期间的投资收益不会受到影响，借助 C 股，投资者可以优惠于普通股现行市场价格的方式投资于目标公司。2015 年 1 月，该基金又募集了 2.5 亿英镑的 C 级股票，这些 C 级股票在 7 月 22 日，按照净资产含量转换成为普通股。7 月 24 日，公司又通过 C 级股票募集资金 4亿英镑。与此同时，公司在 2015 年 6 月募集 2000 万英镑。

根据公开数据统计，截至 2015 年 6 月 30 日，普通股净资产 22097 万英镑，每份净资产 1004.44p（1 英镑 =100p），每份价格 1063p，净资产溢价率 5.83%，总收益率 6.3%，扣除费用后净资产收益率 6.13%，半年度每份额分红 39.5p，算上之前的分红，自上市以来已累计分红 4 次。C 级股票净资产 24865 万英镑，每份额净资产 994.63p，总收益率 5%，扣除费用后净资产收益率 1.36%，分红 8.5p。

表 16-3　　　　　　　　GIF 自上市以来收益和分红表

		Jan.	Feb.	Mar.	Apr.	May	Jun.	Jul.	Aug.	Sep.	Oct.	Nov.	Dec.	Inception to Date *
Total NAV Return (Ordinary share)	2014	—	—	—	—	—	0.16%	0.17%	0.22%	0.23%	0.48%	0.54%	0.50%	6.13%
	2015	0.54%	0.59%	0.64%	0.41%	0.71%	0.77%	—	—	—	—	—	—	
Total NAV Return (C share)	2014	—	—	—	—	—	—	—	—	—	—	—	—	1.36%
	2015	—	0.19%	0.08%	0.24%	0.39%	0.47%	—	—	—	—	—	—	
Share Price Performance ** (Ordinary share)	2014	—	—	—	—	—	7.25%	0.37%	0.19%	0.05%	0.93%	1.41%	9.26%	6.30%
	2015	0.93%	0.09%	1.79%	0.17%	5.41%	2.03%	—	—	—	—	—	—	
Share Price Performance ** (C share)	2014	—	—	—	—	—	—	—	—	—	—	—	—	5.00%
	2015	7.50%	0.09%	0.56%	2.31%	1.90%	2.33%	—	—	—	—	—	—	

续表

		Jan.	Feb.	Mar.	Apr.	May	Jun.	Jul.	Aug.	Sep.	Oct.	Nov.	Dec.	Inception to Date*
Dividend Per Share (Ordinary share)	2014	—	—	—	—	—	—	—	—	—	—	6p	—	45.5p
	2015	—	12.5p	—	—	16.5p	10.5p	—	—	—	—	—	—	
Dividend Per Share (C share)	2014	—	—	—	—	—	—	—	—	—	—	—	—	8.5p
	2015	—	—	—	—	—	6.5p	—	—	—	—	—	—	

在投资分布上，该基金与遍布世界的 15 家在线借贷平台建立起了深入的合作关系，体现在除了投资各个平台的个人消费信贷债权（普通股和 C 级股总资产的 74%）、小微企业信贷债权（总资产的 23%）外，该基金还对其中的 10 个平台进行了股权投资，另外还将一部分资产配置在货币市场。普通股和 C 级股对各项资产投资比例如图 16 - 4 所示。

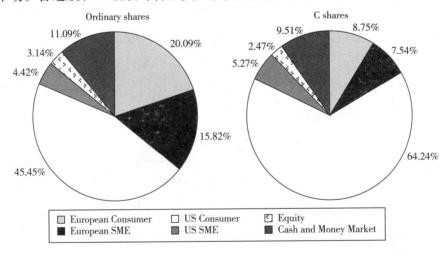

图 16 - 4　GIF 普通股和 C 级股资产投资对比

该基金在未来发展目标展望时表示，从地域上将不断挖掘新的平台，如澳大利亚、新西兰。从资产类别上，无论是从债权细分还是股权投资上，都会进行全面配置。

16.5 Funding Circle、LendInvest 涉足上市基金项目

在上市基金募集资金快速发展的背后，作为拥有大量 P2P 债权的在线借贷平台自然不会放过这个机会。

2015 年 9 月，英国排名前三位的在线借贷平台 Funding Circle 宣布开启 P2P 平台上市基金项目，募集资金 1.5 亿英镑，年收益率为 6% ~ 7%。这个基金与英国市场已有的基金最大的区别在于，基金不收取投资者的管理费与收益费用。相对于 P2PGI 和 VPC 特别借款投资，这个基金也会为投资者提供更多、更深入的中小企业负债披露。另外，欧洲投资银行也将向该基金注入一大笔投资。

继 Funding Circle 之后，2015 年 10 月，LendInvest 宣布将成为英国第二个进入基金领域的 P2P 大平台。早在 2015 年 6 月，中国上市公司昆仑万维科技股份有限公司（简称昆仑万维）以 2200 万英镑入股该平台。LendInvest 于 10 月 14 日发布了近两年的收益状况，在 2014/2015 年度，公司收益总计 310 万英镑。根据 Liberum AltFi Volume Index UK 显示，迄今为止，平台已经累计发放贷款 4.2 亿英镑。

17

国内网贷基金案例

从中国第一家网贷基金——火球网上线开始，中国的网贷基金行业呈现飞速发展，各具特色的格局。陆续涌现出多元化运营、规模快速增长的真融宝，深挖风险控制、坏账率近乎零的星火钱包等网贷基金。

17.1 中国网贷基金先锋：火球计划

火球网于 2014 年 1 月上线，产品为火球计划，成为国内第一家让投资者以"一元钱就能投资上百家平台的近万份债权"的理财平台，让投资者在最大限度地降低投资风险的同时获得较高的收益，其前身是做网贷搜索引擎和评级的。火球计划最初投资的平台大多为线上选择，后面逐渐集中到考察过的平台。火球计划中筛选的平台会考虑地域、行业、类型等，尽量让借款类型多样化。

2014 年 3 月，唱吧创始人陈华、梅花创投创始人吴世春和基调网络创始人陈麒麟作为天使投资人，投资了火球网 200 万元人民币。2014 年 7 月，源码资本与明势资本共同对火球网注资近千万美元。

2014 年 8 月，提出关于"火球＋"，"火球＋"允许火球的用户相互之间进行交易。买家可以直接购买其他用户拥有的火球计划份额，减少排队时间。卖家可以通过自定义交易价格赚取额外的收益。"火球＋"实际上为火球计划产品带来上文所说的二级市场。在这个市场上，投资者可以自定份额，自定义价格，类似股票的竞价成交机制，而且这还是 T + 0 的。尽管投资者在火球计划上可以进行赎回操作，但是当火球计划产品份额供不应求的时候，很多用户需要通过"火球 +"从其他用户手里买到火球计划的份额。

作为行业先驱，火球网也付出了代价，根据火球网 2014 年运营报告，其 2014 年所投资 P2P 平台发生坏账平台达 48 个，但金额都不大，总计为 257665 元。为了进一步把握债权组合的风险，火球网将精选低风险的业务平台进行合作，同时在 2014 年运营报告中，也表示将从债权转让向委托融资模式转变。在委托融资模式中，火球网采取了合作平台保证金（委托融资额的 1% ~ 5%）、风险备用金（债权原始收益率中的 2.5% 左右）、逾期代偿、追偿等一系列风险控制措施。

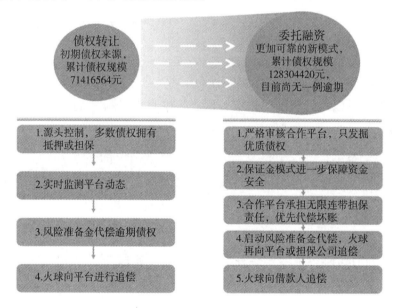

资料来源：火球网 2014 年运营报告。

图 17 - 1　火球 2015 年模式变化

经过层层筛选及考察，火球网与大学生分期购物品牌"趣分期"达成战略合作，共同打造大学生金融与生活服务生态圈。在此项业务中，火球网将同融 360、积木盒子等公司共同作为趣分期的理财服务方，为国内大学生提供稳定、可靠、小额、分散的分期购物服务。与此同时，通过实地考察、面审、回访等方式，有效控制业务风险。

2014 年 10 月，"火球计划 S"上线，"火球计划 S"产品为定期产品，在固定期限内不支持随时赎回，通过锁定投资期限，可以降低债权组合的期限错配问题，实现一一对应关系，同时也降低了火球计划大规模流动下可能导致的流动性风险。

火球计划自 2014 年 10 月引入大型消费金融平台以来，重仓趣分期，最高时占比 70%，由于资产配置比例问题引起众多争议。为此，火球撤离了趣分期，但是分散投资了其他几个做分期贷款的网站，总仓位也是相当重的。由此可见，火球对分期消费贷款还是情有独钟的。目前火球投资的网贷平台占总投资金额的比例已经较低，从火球公布的债权分布来看，火球一直在追求投资的多样化。

火球网上线已达 21 个月，目前体量为 1.8875 亿元，债权集中在先花花等消费金融以及保理公司领域，购买额度目前是最高的。火球网是最早的网贷基金，前期中雷较多现配置较少 P2P 资产，以目前的规模，已经落后于真融宝等平台，这个恐怕和火球在投资方向上的转型有关。但是作为国内网贷基金先锋——目前网贷基金的活期产品、定期产品均为火球网率先在业内推出。

17.2　中国网贷基金运营高手：真融宝

1. 真融宝的发展历程。

2014 年 8 月，上线。

2014 年 8 月，获得李一男的天使投资。

2014 年 10 月，获得北京安芙兰国泰创投千万 PRE——A 轮投资。

2014 年 11 月，上线真融宝定期产品：稳进宝和锐进宝。一个月期的稳进宝可以保本保息获得年化7%收益率，三个月期的锐进宝可以最高获得年化12%的预期收益，也不受额度限制。"真融宝定期"上线的同时，原"真融宝"产品更名为"真融宝活期"。

2015年1月，获得了经纬中国千万美元级别的投资。

2015年2月，累计交易额突破1亿元，注册用户超过2万人。

2015年5月，真融宝和中信证券联合推出的新产品——稳进牛上线，稳进牛是一款与沪深300指数挂钩的结构化产品。

2015年5月下旬，继稳进牛之后，由真融宝和中信证券再次联合推出的新产品——锐进牛上线，锐进牛依然是一款与沪深300指数挂钩的结构化产品。

2015年10月14日，获得B轮融资。

2. 真融宝特色分析。

（1）多资产配置展现运营功力。

出于规模扩大导致资产流动性配置以及规避系统性风险的考虑，网贷基金业内资金规模最大的真融宝强化了资产端配置，在其投资组合中加入P2P网贷以外的其他类型资产以求更好地分散和管理风险。现在真融宝平台上运作的资产包括分级基金、货币基金以及供应链金融、小微信贷等P2P债权。根据2015年10月数据，真融宝资产配置中，分级基金占52.29%，货币基金占14.01%，消费信贷占13.86%。

（2）产品设计多元化展现创新能力。

为了满足不同层次的投资需求，真融宝在创新结构化理财产品方面进行了尝试。结构化产品由固定收益和期权两部分组合而成，其中，固定收益部分在产品到期时为投资者提供确定的现金流，例如，为投资者提供全部或部分的本金保障，或者承诺的最低收益，而期权部分则提供与标的资产价格的变化相联系的不确定收益。在投资期权时，最大的好处就是可预知风险（最大损失权利金），在期权杠杆下却有成倍获取回报的可能性。

在真融宝产品设计中，均为将类固定收益的P2P债权、货币基金、分级基金和证券市场指数期权、黄金期权等结合设计成结构型理财产品，达到利润下有保底，向上浮动空间较大的目的。买入看涨、看跌期权情况下，市场朝预期方向演进时，则可以选择行权获利，若市场朝预期相反方向演进，则可以选择不行权，只损失期权费用，在产品设计时，只要固定收益部分能够覆盖损失的期权费用，该产品则实现保底收益。

根据 2015 年 10 月数据显示，真融宝已经陆续发行各结构化产品发行期数及累计金额为：①稳进牛：共发行 3 期产品，募集资金 4000 万元；②锐进牛：共发行 3 期产品，募集资金 3000 万元；③ 跃进牛：共发行 18 期产品，募集资金 13400 万元；④涨涨牛：共发行 3 期产品，募集资金 1500 万元；⑤跌跌熊：共发行 2 期产品，募集资金 1000 万元；⑥小金猪：共发行 16 期产品，募集资金 15700 万元；⑦大金猪：共发行 8 期产品，募集资金 5000 万元。

而结构化理财产品起源于银行理财产品，之前曾有身处"零收益"风波中的银行理财产品，许多都是"内嵌"期权的，但之所以会造成"零收益"风波，最大的一个原因就是理财产品的设计机构为了获得期权费而大大降低了预期收益率的实现概率。随着期权理财产品的推出，期权也逐渐从"内嵌"到"外露"，这样至少发生损失时，我们可以知道如何判断失误。

以真融宝大金猪、小金猪为例，大部分资金配置为真融宝 1 个月定期，以保障投资者接近于 1 个月定期的收益；小部分资金配置为黄金期权，以获得较大概率的超额收益，根据官网产品服务协议介绍，该部分黄金期权由证券公司提供的挂钩黄金 AU1606 价格的金融衍生产品提供浮动收益。至于在大金猪、小金猪等结构化理财产品中，真融宝也没有披露货币基金、分级基金、P2P 债权等固定收益产品与挂钩黄金 AU1606 价格的金融衍生产品的构成比例，金融衍生产品的杠杆比率等方面。该类理财产品时间均为 1 个月，这也印证了投资期权类产品的管理期限也不宜过长，因为未来的不确定因素可能很多，任何因素都可能导致投资的结果截然不同，一般在 2 个月内左右比较好的业内观点。

从资产端配置严格来讲，真融宝已经不算是网贷基金。真融宝的规模很大，但是投资的网贷平台很少，反而是分级基金、货币基金、消费金融很多，同时或许是创始人曾经做过基金经理，所以真融宝的产品和股票、基金及期权市场的联系很多。但是，在多元化运营和产品设计上，真融宝的产品推出速度和灵活度决定是行业最快的。

17.3 中国网贷基金风控之王：星火钱包

1. 星火钱包发展历程。

2014 年 10 月，获得数百万元天使投资。

2014 年 12 月 31 日，星火钱包活期产品 X 系列（X100 利率 13%、X50、X30）正式上线，星火 IFRM 风险控制体系迈上网贷行业舞台。

2015 年 5 月 2 日，注册会员突破 1 万人。

2015 年 5 月 4 日，手机 APP 上线。

2015 年 7 月 3 日，累计交易额突破 1 亿元。

2015 年 7 月 20 日，星火钱包网站、APP、产品全面改版升级，推出定期产品 C 系列（C6、C3、C1），其中 C6 为 6 个月期定期产品，利率为 13.5%，C3 为 3 个月期定期产品，利率为 13%，C1 为 1 个月期定期产品，利率为 12.5%，同时产品对应的所有债权列表更加详细披露。

2015 年 8 月 4 日，推出定期产品 C12，为 12 个月期的定期产品，利率为 14%。

2015 年 8 月 10 日，开启星火线下调研 R 计划，首站奔赴深圳。R 计划全部费用由星火钱包自行承担，真正做到公正、公平的买方评级线下调研工作。

2015 年 8 月 20 日，与中国互联网经济研究院、中国企业评价协会、信达财产保险有限公司共同签署"中国互联网金融评价"研究课题合作协议。

2. 星火钱包特色分析。

星火钱包始终致力于行业透明度和公信力建设，也坚持透明化的运营，包括线下的"R 计划"O2O 调研也是以"公开、公正、透明"为宗旨，同时致力于买方市场评级建设，并且在行业首创债权分级制度，完善风险定价能力，适应不同风险偏好者需求。

（1）决策标准、交易过程透明。

当前 P2P 行业存在的重要问题如资金池、自融、交易投向不知等存在的原因就是交易决策标准和交易过程的不透明，从而导致行业良莠不齐，乱象丛生。要让公众认识行业产品、行业价值等方面，就需要共同建设透明的交易环境。

星火钱包的活期、定期产品均实现标的透明，星火钱包购买债权后，通过后台模型的智能计算，生成每日的债权包组合。类 ETF 基金（活期）用户持有的债权每日会自动重组，以补充和优化债权结构，同时增加债权分散度。在重组过程中，用户持有的旧的类 ETF 基金债权会自动出售，同时又通过类 ETF 基金买入新的债权，因此每日的收益率会随着债权结构的调整而发生变动。而类封闭式债权基金（定期产品）则实现在生成债权包组合后，组合内的债权将不会发生变动。

通过活期产品和定期产品的债权包在星火钱包官网上均可以实现组合与债权的一一对应关系，做到全程透明可追溯，真正实现了每个债权包与资产均一一对应，充分揭示资产标的信息，加强信息披露内容，将运营模式和产品特点通过透明化的信息公开，让投资者对运营模式了解之后再投资，"因为透明、所以安全"的理念深入人心。

一以贯之的是，在信息披露中，星火钱包的目标还不止于此，如果说这个交易过程是透明化的话，星火钱包在决策过程中也实现了较强的信息披露，星火钱包公开了 IFRM 线上风险控制标准和线下实地考察的情况，并形成深度调研报告，这样也做到了决策过程的信息公开透明，这就是下节要说的买方市场评级制度。后续还将对具体项目运营的可行性分析，可能存在的风险进行更加深入的披露。

随着行业透明度的提高，公众对产品模式和交易过程进行深入了解，才算是真正实现了普惠金融的意义，投资者自负盈亏成为现实，同时也为行业去担保和合规运营等趋势奠定坚实的基础。

（2）建立动态风险控制体系及买方市场评级制度。

本书前面我们介绍了网贷基金的风险控制体系建设和网贷评级。应该说，在当前中国较为突出的几家网贷基金平台中，星火钱包的动态风险控制体系和评级制度是其最大的亮点之一。

如前所述，星火钱包的 IFRM 风险控制体系是动态的，早于星火钱包产品上线而建立，源自星火钱包杨立博士早期的创业项目——互联网金融数据中心，在互联网金融大数据研究的基础和国内外深度研究的基础上，创立了 IFRM 风险控制体系，体系的形成也不是一蹴而就的，其理念和具体指标体系均是在杨立博士的研究团队三年多来实践经验的积累过程中逐步形成的。

随着动态风险控制体系的形成，买方评级制度伴随其一起形成和发展。星火钱包的评级制度参考国内外资信评级体系，最终依据网贷基金的风险控制特点建立了针对买方市场的评级制度。这项制度的最大特点就是评级的公正性。

（3）首创债权分级制度，完善风险定价能力，适应不同风险偏好者需求。

根据不同投资者的风险需求、流动性要求，星火钱包经过公司 IFRM 风险控制线上审核和线下实地调研并最终形成评级结果，在设计成活期产品、定期产品的基础上，精选行业内排名前 100 家、前 50 家、前 30 家平台，将活期产品进一步分级设计成 X100、X50、X30 三种产品，属于行业首创。

随着网贷基金债权数目上升到数十万的规模，从定性到定量将成为网贷基金的未来方向。而这么多债权的处理必然涉及量化投资。量化投资借助统计模型、计算机技术和互联网，快速处理和分析海量技术，其主要优势在于能够克服投资行为中的人性弱点和主观判断。目前，市场对 P2P 平台的风险评级尚未健全的情况下，在未来去担保的情况下对单个项目的风险评估将更加困难。对于动辄包含上万个债权组合的网贷基金来说，如何通过平台选择、项目选择、项目组合来精确控制收益与风险成为巨大挑战。从定性走向定量，从海量债权中找到投资点，是网贷基金走向正规化，并为广大投资者接受的坚实基础。风险量化实现风险定价，风险定价后通过组合进行管理成为未来方向。

第一，风险量化能力提升。目前，作为整合信用底层数据的征信系统在我国还不健全，基于征信的信用评级等制度更加有待完善，P2P 平台对借款主体如个人、企业等方面评级均难以让网贷基金产生信赖度，在美国其完善的征信体系成为 P2P 发展的支撑，如 Lengding Club 有 660 分最低的信用分要求。所以，构建全行业透明的数据基础对征信、信用评级乃至风险量化能力至关重要。

第二，风险定价能力完善。P2P 网贷的风险定价是对债权价格的确定，反映的是 P2P 债权的未来收益和风险之间的函数关系，而对于网贷基金来说，风险定价不仅仅反映了人们对于补偿风险收益的要求，更要考虑收益能否偿还用户利息甚至覆盖可能的违约项目及坏账。目前，国内 P2P 债权大部分由平台或者担保公司进行兜底，这使项目违约率控制在比较可观的水平，后续在去担保的环境下，是否应该通过更加科学的风险定价来留存风险拨备。

从另一层面来说，风险定价就是在寻找风险被高估、价格并低估的固定收益债权，通过不断的组合调整来获取更大收益，如何在海量债权项目之间分配投资权重、实现收益最大化成为值得深入研究的问题。而星火钱包分级模式的设立为风险定价及价格发现开创了一种独特的模式。

（4）学术及研究氛围。

前三项特色针对的是星火钱包的产品而言，然而星火钱包的另一大特色就是学术及研究氛围，并在业界有名。星火钱包产品另一大亮点是星火研究的成立和发展，星火互联网金融研究院以杨立博士为首，有一批优秀的专注于学习和探索的研究员专门从事网贷基金风险控制体系的研究以及行业的发展研究，着力点在于产品和行业的风险控制，不脱离于实践，这也是星火钱包能以风险控制取胜的关键要素之一。

正因为星火钱包着眼于透明化的运营建设和持续的买方市场研究及风险价格、风险控制的完善与提升，成交额从成立至今已累计3亿多元，而坏账仅为450元，接近零坏账，无愧于"网贷基金风险控制之王"之称。

18

小 结

通过国内外分析可知，国外网贷基金兴起的主要原因是 Lending Club 等平台不提供本息保障，而国内网贷基金的起因在于：

第一，平台道德风险和操作风险极高、平台跑路情况居高不下，在平台选择上投资者面临时间不充分、信息不对称等多方面的劣势。但是机构投资者在网贷行业的扩大是不可阻挡的趋势，Lending Club 也专门为机构投资者开放了相应的债权。

第二，在产品设计上，Lending Club 等在借贷过程中，采取委托WEBANK 贷款的模式，实现了借贷中的类资产证券化，机构投资者购买的为类资产证券化产品。另一 P2P 平台 SoFi 率先实现了信贷资产证券化。同时 Lending Club 等 P2P 平台均对个人投资者采取了投资者准入门槛。而国内目前较多采用债权转让模式，机构投资者投资的为债权，这就将类资产证券化过程转移到了网贷基金头上，同时国内对个人投资者没有准入门槛。

第三，在投资机构组织形式上，国外较多采用有限合伙私募基金、信托等形式，网贷基金与投资者为合伙等关系。国内较多采用债权转让模式，网贷基金与投资者为买卖合同模式。这些差别都表示中外网贷行业在其发展模式等方面存在差异，不具有等比性。

第六篇　中国网贷基金未来展望

19　网贷基金产品的三个层级
20　未来展望

一个完整的金融产品，从最初的融资需求到最终的投资者，本书将其细分为融资主体及底层权益—中间产品层—市场投资主体及环境这三个层次，形成完整的资金、权益链条。网贷基金作为新兴的互联网金融产品，同样也符合该层次。因此，有必要沿着这三个层次，从比较分析的角度对传统金融产品、P2P网贷行业、网贷基金存在的差异进行分析，以便更加透彻地了解未来互联网金融及网贷基金在整个大环境下的发展趋势。

19

网贷基金产品的三个层级

　　首先，在融资主体及底层权益层，企业和个人作为融资主体，可以进行融资的底层权益包括债权、股权、物权、特定资产收益权等。随后，这些底层权益下的融资行为又可以包装设计成产品，从而形成产品设计层，具体而言这些产品包括标准资产、非标准资产、衍生工具等。最后，当一个金融产品设计出来后，必须通过市场交易实现其价值，对网贷基金等互联网金融产品而言，市场交易主体主要包括合格的投资者和资金通道等内容，合格投资者又可分为机构投资者和个人投资者。从目前情况而言，网贷基金的交易市场主要存在主体细分、投资通道、投资形态和交易场所等问题。

　　在这三个层次中，首先均涉及权益/资产登记、转让、抵押等确权和流转过程，而它与产品设计层联系最为紧密，本书后续将放在第二层讨论；在融资主体层和产品设计层中，均涉及增信措施、评级、定价等具体措施，而这是网贷基金等投资者最为关注的重点，故本书将其放在投资及市场环境层进行探讨。

19.1　第一层次——融资主体及底层权益

　　1. 融资主体及底层权益解析。

　　融资主体主要包括个人和企业，其进行融资的底层权益可以分为债权融资、股权融资、收益权融资等。

（1）个人债权融资。

也被称为个人贷款业务。按照有无抵押、担保等措施，分为信用贷款和抵押贷款，信用贷款以小额、高频为主，抵押贷款额度一般较信用贷款大，数据统计，80%的贷款为抵押贷款，抵押品多为汽车、房产等价格较为市场化、流通变现手段较多的资产。按照贷款用途来分，可以分为个人消费贷款和个人经营性贷款，一般来说，个人经营性贷款的风险是高于个人消费贷款的，而目前在 P2P 平台的个人消费贷款，在信息披露不足和贷后跟踪难以把控的背景下，存在用途不明而导致风险提升的情况。

在国外借贷市场中，个人借贷业务已占据了借贷行业 50% 以上的规模及份额，且信用贷款在网络借贷比例超过 80%，但国内市场无论是个人借贷总规模还是信用贷款占比都还比较低。究其原因，主要是因为中国的个人征信评价和信用评级体系还不够健全，难以实现数据共享和统一，加之征信的信息内容也比较有限，贷款者的非银行贷款记录并未被完全纳入其中，且这些征信信息是不对 P2P 平台开放的，很难支撑个人信贷决策。对比美国较为完善的个人征信体系，包括亿百利（EXPERIAN）、爱克非（EQUIFAX）、全联（TRANS UNION）在内的三大征信机构，共同形成了标准化的市场化的 FICO 信用评分，可以作为美国主流借贷平台的审贷标准，如 Lengding Club 对借款人有最低 660 分的 FICO 信用分要求。因此，在个人借贷产品领域，美国借款期限可以长达 5 年，而中国基本以短期、小额为主。

（2）企业债权融资。

企业借贷一般有金额大、周期较长等特点，对信用评价体系要求更高。美国对此形成了以标普、穆迪、惠誉三大信用机构为主的企业资本市场信用评价体系和以邓白氏等为辅的普通企业信用评价体系，而中国的资信评级机构的评级能力、公信力还需要进一步提升。信用评价的不足将大大提高企业信贷的信用利差定价和风险控制难度，这也是我国企业信贷中更多地使用抵押、担保方式来进行增信的主要原因。

在企业债权融资方面，企业贷款可分为大额借贷和小额借贷，其中关于大额和小额并没有绝对的界定，是一个相对的概念。目前国内法律法规对于小额贷款的具体额度标准也没有统一规定，业内通常认为，2000 ~ 10 万元的贷款称为微小贷款，10 万 ~ 500 万元的贷款称为小额贷款。依此标准，500 万元以上的贷款就可以视为大额贷款。当然，我国企业对大额资金的需求远不止 500 万元，数千万元甚至数亿元都较为常见。

（3）企业股权融资。

从原来的主板到中小板、创业板，再到目前的新三板、地方区域性股权市场甚至 Q 板以及近期国家计划推出的战略新兴板，我们不难看出，国家正在着力建设一个多层次的股权融资市场。近两年来，风险投资基金、私募股权投资基金等也增长迅速，天使投资、创业投资、产业投资等蓬勃发展。而在我国最近兴起的股权众筹行业，尽管其在运营模式及法律意义上尚有诸多问题亟待解决，但我国已经在逐步开展股权众筹融资试点。在政策的不断推进下，中国的企业股权融资市场已经迎来了黄金时期，但是股权融资涉及中介机构及审批，融资手续较复杂、流程比较长也是其显著的特点。

在中国的 P2P 资产平台端上，均可以看到上述融资结构的背影，这些基础权益构成了融资行为的底层支撑，也构成了网贷基金的投资基础。随着越来越深入的资产端挖掘和产品设计的复杂化，特定资产收益权等更多权益将被开发出来，而这与网贷基金的产品设计也存在关联。

2. 收益权与网贷基金债权转让模式。

如果说债权融资、股权融资是作为融资主体的整体融资，那么收益权融资更多地对于单个项目融资。随着融资需求的日益提升，更多的收益权类融资被挖掘并包装设计成产品，其中，最为广泛的就是特定资产收益权。常见的特定资产收益权包括信托受益权、债权收益权、证券公司的两融债权收益权、融资租赁公司的融资租赁收益权、票据收益权、应收账款收益权、特定产品消费权益等，这些权益在国内 P2P 平台产品的背后几乎都出现过。

从某些方面来说，特定资产收益权与物权、股权等法定权益存在如下差别：

第一，"资产收益权"属于约定权利，而非法定权利，交易双方需通过合约方式对其内涵与外延加以约定；第二，"资产收益权"具有财产属性，其"收益"可与权利人分离，从而实现交易；第三，"资产收益权"对基础财产或权利具有依附性。收益权作为基础权利不可分割的组成部分，其内涵与外延只有根据其依附的基础权利资产的属性才能加以约定；第四，"资产收益权"交易具有相对独立性。基础权利或基础财产，本身具有包括收益权在内的多项权能，权利人可以将其中的一项或多项权能转让给他人行使。

更进一步来说，虽然依附于基础财产的特定资产收益与融资主体相分离，但是基础财产并未表现出与主体存在联系，使得交易链条变长、法律追溯难度加大。

在这一项目上，分为两个分支——ABN（资产支持票据）和 ABS（资产证券化），ABN 属于表内融资，而 ABS 可以实现表外融资。为实现破产隔离及表外融资，国外更多的是采取资产证券化手段对收益权进行产品开发，将流动性较差但预计能产生稳定现金流的企业资产，按照法定程序，进行精巧的结构安排，整合其风险和收益要素并提高其信用等级，将组合资产的预期现金流收益权转换成可出售和流通的，且信用等级较高的资产支持证券（ABS），从而实现企业融资。

而网贷基金在其产品设计中采取的是债权转让模式，同时也被业内认为是类资产证券化模式。一方面网贷基金购买海量债权，形成了多对一的债权关系，但在通过份额化并转让给广大投资主体时，债权关系又变成了多对多的关系。在这种多对多的债权关系下，当借款人发生逾期或者坏账而引发法律诉讼时，在民事诉讼法层面会成立当事人一方人数众多的共同诉讼，这在法律层面是不存在问题的。而在另一方面，也因为债权和收益权主体的不完全一致，可能会被认定是债权收益权的转让，也就是上文所说的特定资产收益权模式，在此模式下，网贷基金在债权转让过程中，通过份额化分割和出售，实现了资产证券化中的转化、出售、流通的功能，形成了"类资产证券化"。

总体来说，融资主体和底层权益构成了金融产品的第一个层级，且在未来，基础资产还将进一步多元化，这主要指资产证券化的基础资产，未来很可能不只是银行和四大资产管理公司涉及，只要是现金流足够覆盖未来的还款本息，符合资产标的的本质要求，那么这些资产就都可能作为底层资产，也可以进行转让交易。

3. 直接融资和间接融资。

融资方式分为直接融资和间接融资，在互联网金融的冲击下，直接融资和间接融资的范畴已经发生改变。

对于直接融资，法律监管一般是通过证券法予以调整。证券法的核心在于强制性的信息披露制度，通过资金需求者的注册过程披露较为全面的信息，为资金供给者是否提供资金的投资判断提供信息依据。

对于间接融资，法律监管上则设置了与证券法完全不同的监管思路。最为典型的就是《商业银行法》、《保险法》等，严格限制商业银行、保险公司的资金运用，要求保证一定的资本充足率或者净资产比例。此类法律强调的是对金融中介机构的安全性和健康性的持续监管，以此来保证金融中介机构能够审慎经营。此外，我国还通过严格的市场准入和特殊的市场退出措施，减少金融中介机构破产的可能性、降低由破产带来的损失程度。

按照国际经验对比，我国当前直接融资比重仍然偏低，还有非常广阔的上升空间和潜力。2015 年 12 月 23 日，国务院常务会议审议通过了《关于进一步显著提高直接融资比重优化金融结构的实施意见》（以下简称《实施意见》），阐明了扩大直接融资助推企业转型，构筑多层次资本市场体系的方针。

在传统的融资渠道上，企业债和资产证券化的突破是最快的，国家发改委继 2015 年 10 月发布了《关于进一步推进企业债券市场化方向改革有关工作的意见》后，又于同年 11 月下发了《关于简化企业债券申报程序加强风险防范和改革监管方式的意见》，进一步放松企业债发行要求。最新通过的《实施意见》也提出了扩大信贷资产证券化规模，发展企业资产证券化，推进基础设施资产证券化试点。

同时，在《实施意见》中也可以看到新型的互联网金融在未来的直接融资市场的重要地位。《实施意见》表示，将积极拓展直接融资工具和渠道，而其中重要工作即稳妥推动互联网金融与直接融资的融合，规范发展网络借贷。此外，还将积极开展股权众筹融资试点。

19.2 第二层次——产品设计层

从一个完整金融产品所需要经历的三个层次角度来看，可以把基于底层权益的融资行为设计成金融产品，从而实现交易和流通。具体而言，这些产品包括标准资产、非标准资产和衍生工具等，本节将从横向对比的角度结合 P2P 网贷行业进行分析。

此外，这些产品的分类标准在互联网金融背景下正在发生渐变，这一变化也对产品的登记、转让、抵质押方面形成了影响。

19.2.1 标准资产、非标准资产与衍生工具

P2P 网贷投资的风险管理控制、政策监管应该怎么度量，或许将其和风险控制、监管最严的银行来对比是最好的办法。对比之前不可避免地要分清标准资产和非标准资产。

1. 标准化债权资产。

标准资产主要包括各类债券（银行间和交易所市场的债券，包括银行

间的国债、金融债、企业债、短融、超短融、中票等，交易所的公司债、可分离转债、可转债等）等公开交易类产品；与此同时，还存在一些定向工具、中小企业私募债等非公开交易类产品。这些产品多具有流动性高、标准化的特点。

标准资产有对应标准化的融资渠道，如交易所和银行间市场等，是在一种相对明确、规范与公平的机制保护下进行的投融资过程，这种机制保护主要体现在每一个融资模式都有严格的标准。以债权融资为例，其中，最典型的当为公司债券，既可以公开发行（即公募债券），也可以面向合格投资者非公开发行（即私募债券）。其中公募债券发行对企业规模、净资产和利润等方面的要求比较高，中小企业私募债的发行规模不需要受借款额度最高为净资产40%的限制，虽然需提交最近两年经审计的财务报告，但对财务报告中的利润情况并无要求，不受年均可分配利润不少于公募债券1年利息的限制。总的来说，尽管中小企业私募债在发行主体和信用等级方面放松了要求，但该产品仍然受制于规范的监管机制。

而在目前的P2P网贷行业，债权融资企业的门槛、融资过程的监管、交易过程中的流动性、产品的标准化均不足，故业内均将其定义为非标准资产。

2. 非标准债权资产。

非标准资产的全名为非标准债权资产，是相对于在银行间市场或交易所流通的债券来讲的，非标准资产较早的形式有信托受益权、信托贷款、信贷资产。2013年3月底出台的银监会8号文，对非标准资产做了定义：非标准化债权资产是指未在银行间市场及证券交易所市场交易的债权性资产，包括但不限于信贷资产、信托贷款、委托债权、承兑汇票、信用证、应收账款、各类受（收）益权、带回购条款的股权型融资等。从这个定义上来说，标准与非标准的区别是是否在银行间市场及证券交易所市场交易。

非标准资产因其未在证券交易所上市、规避了监管要求、放大了信贷投放额度等特点受到监管层监管，8 号文中指出"商业银行应当合理控制理财资金投资非标准化债权资产的总额，理财资金投资非标准化债权资产的余额在任何时点均以理财产品余额的 35% 与商业银行上一年度审计报告披露总资产的 4% 之间孰低者为上限"。

在非标准资产的监管形式下，各金融机构均在实行非标转标。在产品形式上，ABN（资产支持票据）、ABS（资产证券化）、私募债成为最常见的三种方式。在组织形式上，银行开始试点债权直接融资工具，债权直接融资工具是指发起设立以固定企业的直接融资为资金投向的理财直接融资工具，并负责工具的发行、资金运作、信息披露等事务管理，而银行理财产品将向净值型产品转变并投资于债权直接融资工具。更为重要的是，试点后期有实现"债权直接融资工具"在二级市场上进行转让交易的设想，这就实现了债权的标准化。

而在 P2P 网贷行业，非标转标实质上也有发生。在产品形式上，前有阿里小贷、京东率先开展小贷资产证券化项目，后有 P2P 平台针对自己平台上的债权开展非标转标业务，如 PPmoney 在 2014 年 11 月开展了资产证券化业务。在组织形式上，融资企业在 P2P 平台上融资本就是债权直接融资，而网贷基金购买 P2P 平台上的债权，实质上实现了 P2P 债权的二级市场和流通，但是这个市场不是实质意义上的交易所或银行间市场，而是广义的网络市场，这就是互联网对传统金融的渗透与改变。

19. 2. 2　对非标准资产和非标准转标的再思考

实质上，在互联网金融的背景下，以是否"在银行间市场及证券交易所市场交易"来界定"非标"，甚至来界定其风险性、流动性以及投资性，可能并不全面。债权类资产的风险是由融资主体信用风险、流动性风险和增信、评级、信息透明度等方面决定的，而不是交易市场决定的。交易市场的存在原因是流动性、标准化和产品的监管。首先，在流动性上，互联网的高流动性在某种意义上已经使产品流动性不存在问题。如债券，在交易所交易的部分债券流动性基本没有，而网贷债权的流动性是比较高的。其次，在标准化上，以是否可份额化转让交易来界定，比如，美国房地产信托投资基金（REITs）按照"8号文"标准属于"非标"，但是由于其规模大、二级市场交易活跃、流动性非常好，应该属于标准化债权性资产。最后，产品的监管是最重要的问题。在引入评级制度、报价机制和信息披露等方面需要进行不断完善，这才是引导"非标转标"的重要方面，对于加快推进利率市场化进程和资产证券化也具有重要意义。

网络借贷资产的互联网化，使得目前的可交易性大幅提升并不断走向平台化和产品化。如国外建立的应收账款的RecX平台，类似于交易所的性质，在这一方面也是平台化了。成熟金融市场上银行贷款往往存在流动性较好的二级市场，因此，相伴随也同样存在可以投资贷款的基金（loan fund），从而形成产品化，将其移到互联网上，就是网贷基金。尽管如此，其信息透明度等方面还是存在较大的差距，所以互联网金融在形式上走在了前面，但是后续的配套没有跟上来。

19.2.3 权益登记、转让、抵质押对产品设计的影响

无论是股权、债权、股债结合以及资产证券化，还是其后面的投资产品，不可避免地都会遇到权益登记、转让、抵押对产品设计影响的这个问题。

根据法律权益理论及风险控制，金融产品设计中，债券、股权、物权等权益的登记制度是最重要的，公司债（债权）、上市交易股票（股权）已经有中债登、中证登这样的中央登记公司，物权也建立了较为完整的物权登记制度，这一完整的制度对市场交易的规范化、法治化发展具有强大的促进作用，这也是目前以标准化债券、股票、车辆、票据的质押业务、房地产抵押业务能够在P2P平台迅速发展且能实现可控风险的一个重要原因。如票据质押中，持票人将票据背书质押给受托理财的商业银行。商业银行按抵质押品对理财计划对应的票据资产进行管理，并于理财计划到期

时，依据票据质权办理托收手续。

而以信托受益权、特定资产收益权等为代表的底层权益属于约定权利，而非法定权利。交易双方需通过合约方式对其内涵与外延加以约定而且其转移、交易等方面均未实现完全的市场化和规范化。

而在实际操作中，这一类型变得更加复杂。在产品设计中，比如说，很多地方的土地只能抵押给金融机构，所以需要使用交易结构，委托银行进行贷款或者经过银行来办理土地抵押手续。不具有放贷权利的基金管理人将私募投资基金募集资金委托商业银行向融资方发放委托贷款。

19.2.4 网贷基金产品设计的深入方向

作为互联网产品设计，也要在设计理念和产品营销上遵循其独特特点。互联网产品是短环节，需要精简中间很多环节，如实体经济环节中的打包、通道费用等。但是目前由于法律的诸多限制，使得互联网金融企业还必须要设计很多交易结构，无形之中把企业的成本提高了。真正的互联网金融，企业做的绝大部分事情都是依靠技术去拉低成本。

具体而言，在固定收益、浮动收益、结构化产品、主动管理型产品等方面还存在持续深入的机会。在设计结构化产品时，其设计要素与参数的调查，客户需求的深入了解与个性化设计等方面，可以采取多样化的大胆的形式，比如增加对证券资产相挂钩的股票、期权等风险激进型产品的配置，配置一些流动性非常好的货币基金作为流动性缓冲、参与到实体项目的股权众筹或旅游开发等利润较大的项目产品中。在类资产证券化方面，衍生工具运用（如针对 P2P 产品的利率互换、风险对冲）也都会有广阔的发展空间。

网贷基金的债权转让模式：

在这其中，跟目前网贷行业联系最为密切的当属债权转让和以债权为基础资产的债权收益权转让。我国现行法律不禁止债权拆分转让。《中华人民共和国合同法》第七十九条规定"债权人可以将合同的权利全部或者部分转让给第三人，但有下列情形之一的除外：（一）根据合同性质不得转让；（二）按照当事人约定不得转让；（三）依照法律规定不得转让。"可见，债权部分转让不存在法律障碍，并且《中华人民共和国合同法》及其他法律规定对于合同债权转让的金额起点、受让人人数没有任何限制。

事实上，以上海陆家嘴国际金融资产交易市场股份有限公司（以下简称陆金所）为代表的债权拆分转让模式（P2P）在实践中已被广泛应用并已得到监管部门默许。有些地方政府已发文明确认可 P2P 债权转让模式，如 2014 年 12 月 8 日湖北省人民政府发布《省人民政府办公厅关于规范发展民间融资机构的意见》（鄂政办发〔2014〕65 号，以下简称《意见》），《意见》明确，利用互联网技术为民间借贷提供中介、登记服务的机构，在国家相应的管理办法出台前，可参照《意见》的规定进行规范，即在明确平台的中介性、不提供担保、不形成资金池以及不非法吸收公众存款的条件下，《意见》认可债权拆分转让模式（P2P）。债权拆分转让不存在转让金额起点、受让人人数方面的法律限制，在产品设计中得到了广泛应用。

通过债权转让模式，网贷基金可以灵活处理转让金额起点、受让人人数等问题，遵循这种模式下的深入完善，可以有效规避特定资产收益权带来的"类资产证券化"带来的一系列问题。

19.3 第三层次——交易市场层

当金融产品设计出来后，必须通过交易实现其流动性和市场定价。

金融产品定价是关系产品最后能否自由交易以及实现交易价值的关键因素，但在目前国内征信体系和信用评级体系不够规范化市场化的大前提下，风险资产的精确定价尚难以控制，因此，增信和评级将成为网贷投资产品定价的两大关键要素，在此基础上的风险分级、风险统计与量化分析必将成为未来趋势。

市场交易主要包括投资者和交易场所等方面，其中，投资者又可进一步细分为机构投资者和个人投资者。本文将从比较分析的角度，剖析网贷基金与传统金融产品、国外互联网金融在交易环节的联系与区别。

19.3.1 增信、信用评级与产品定价

P2P 投资本质上属于类固定收益，P2P 借贷资产则属于创新性投资品种，因其创新性、新颖性以及资产的特殊性而存在风险，而 P2P 网贷企业作为承载 P2P 借贷资产的创新性机构，属于类金融机构范畴，因其存在时间短、运营模式多样化以及创新手段复杂等特点，在未涉及全面规范化的情况下也不能忽视其风险。所以，在目前的 P2P 投资市场上，投资者实质上面临着 P2P 债权和 P2P 平台的双重选择。在当下监管缺失的大环境下，不同的 P2P 平台追逐着不同风险的投资效益，高低不一的投资利率极易使投资者眼花缭乱。对于 P2P 平台产品的投资利率，如何科学客观、标准规范地确定，是本文欲探究的。

众所周知，P2P 产品定价的主要决定因素为市场无风险利率和信用利差，在当前信用评级缺失的大环境下，信用利差是难以统计的，此时增信和信用评级就显得尤为重要。

1. 增信对信用利差定价的意义。

在增信方面，引入担保是市场上的主流做法。1970 年，乔治·阿克尔洛夫（George A. Akerlof）在其著名的《"柠檬"市场：质量不确定性和市场机制》一文中提出次品市场模型，分析了逆向选择对不对称信息市场的破坏，指出担保是消除信息不对称的有效机制之一。数据统计，在个人贷款中，纯信用贷款只占总额的 20%，其余的 80% 皆为抵质押等担保方式；而在数额更大的企业贷款中，担保的应用更为常见。

担保中最常见的为房贷、车贷以及第三人提供保证的模式。同时，更多的平台引入了担保公司，担保公司对借款人进行担保，同时要求借款人进行反担保，进一步完善了市场信息传导机制。

除了上述对项目的增信，在平台的增信方面，风险保证金、风险准备金以及近期越来越流行的保险成为平台的另一增信手段。

而随着 P2P 平台集合理财计划的推出，在类资产证券化模式下，对产品结构设计进行分级的增信手段也有望成为未来的方向。在分级产品设计上面，京东白条近期的资产证券化是典型代表。该产品共发行了 8 亿元的证券，分别为占比 75% 的优先 01 级、占比 13% 的优先 02 级、占比 12% 的次级资产支持证券。这三个等级都是京东白条的证券化产品，且形成了产品的分级设计。通过研究该项产品的规则发现，从贷款里收回的资金会按优先 01 级—优先 02 级—次级的顺序进行偿付。且在该产品中，优先 01 级和优先 02 级的产品卖给了其他机构投资者，次级档的产品则由原始权益人（京东自己）持有。京东的这两档优先产品获得了联合信用评级有限公司 AAA 评级与 AA－评级。无独有偶，穆迪给予美国 P2P 平台 Social Finance（SoFi）发行的证券化资产 Aa2 的高评级，也是有类似的分层结构（以及高质量的基础资产）。

总的来说，通过引入担保或分级的产品结构设计等增信措施，可以大大降低信用风险，从而使网贷投资产品的信用利差定价更加科学客观。

2. 评级对信用利差定价的意义。

目前中国采取征信与评级相分离的管理方式。在 2013 年颁布的《征信业管理条例》中删除了信用评级的整章内容，其原因是"根据多方面的意见，考虑到信用评级业务与一般征信活动有较大区别，需另作专门规定，修改稿删去了本条例适用于信用评级活动的规定。"因此，目前在评级的规范度上也会有较大提升空间，对于债权等非标准资产的评级更是如此。

在 P2P 行业借贷债权项目的细分评级方面，虽然一些平台并没有提供产品信用评级的相关信息，但却隐含了平台对产品在不同期限情况下信用风险定价的判断，投资者实际上可以通过了解平台对产品的评级、平台对借款人相关信息的披露等方式来把握产品风险。

在产品内部评级方面，人人贷平台提供了不同类型产品的信用评级信息，信用等级由高到低分为 AA、A、B、C、D、E、HR，它可以综合反映借款人违约不偿还借款本息的可能性，一般而言，信用等级越高，标的违约率越低，正常还款的可能性越高。除此之外，陆金所也强化了信息披露的服务功能，推出了产品的内部评级，该评级是陆金所根据内部评级方法及模型对其交易资产的信用风险进行的综合评价，陆金所首席风险执行官介绍，未来所有产品都将加上内部评级的风险标识。

在产品内部评级的基础上，投资者通过 P2P 平台投资时，如果 P2P 平台信息透明度等方面存在不足，同样也存在因信息不对称而产生的道德风险和逆向选择，与上述的借款人信用风险相叠加之后，投资人的风险进一步上升。从这一层面来说，P2P 投资类似资产配置，选择平台则类似 FOF（Fund of Fund）的精选机构模式。因此，P2P 平台外部评级的引入则成为解决投资者与 P2P 平台之间信息不对称问题的重要环节，在这方面，星火钱包的线下调研方式颇具特色。

事实上，其他类金融机构如担保公司、小贷公司的评级工作走在更前面，而在未来，随着中国财富管理时代的到来，私募基金繁荣的大背景下，对私募基金等金融机构的评级也将成为趋势，目前已有公司在这一领域开始行动。

总而言之，这种内外部评级市场化结合的方式进一步完善了市场信息传导机制，有利于信用利差定价的标准化，而信用利差定价的标准化又可促进产品的证券化，最终促使整个 P2P 市场走向成熟。

3. 风险统计和量化分析将成为未来趋势。

随着中国网贷行业的不断发展，各种数据也将极大地丰富起来，这就使得风险统计成为可能。根据不同的融资主体或不同行业的借贷情况可以进行历史统计，比如个人信贷下细分的个人消费贷款风险一般比个人经营贷款风险要低；经济下行周期，重资产行业财务状况短期难以扭转会加大信用风险，而经济上行周期，重资产行业则成为信贷规模扩大的主要力量。在历史统计的基础上，针对收益率、到期时间或剩余到期时间等各种情况，最终形成风险定价模型，该模型为公司、个人投资提供参考建议并在未来具有重大意义。

除此之外，量化分析也将成为方向。首先，数据指标对平台风险评估具有重大意义。比如成交量和贷款余额的大小可以反映平台的影响力和活跃度，若成交量越大，则说明平台交易越活跃、定价能力更强，能够以更低的利率吸引投资者。借款人数和前十大借款人待还占比都是反映集中度的指标，集中度越小，平台相对风险越小，利率越低。其次，数据指标之间是存在量化关系的。如以平台的运营数据作为样本，通过研究分析平台的平均利率和各项指标（成交量、投资人数、人均投资金额、平均借款期限、借款人数、人均借款金额、前十大投资者待收占比、前十大借款人待还占比、贷款余额）的关系，可以发现利率在大多数情况下与成交量、借款人数和贷款余额呈负相关性，而与前十大借款人待还占比呈正相关性。

4. 对网贷基金的启示。

遵循上文的风险量化发展方向，坚持资产定价研究，从某种程度上来说，投资于 P2P 平台的网贷基金产品算是经过了 P2P 平台与网贷基金的双重风险定价，网贷基金的资产配置才能真正地实现价值发现的投资理念。同时，通过对不同风险类别资产的组合，合理配置资产，实现风险收益的均衡。以美国垃圾债大王迈克·米尔肯的事迹为例，他在分析 1945 年至 1965 年垃圾债券的表现后，发现以多样化的方式投资长期性的低等级债券比投资蓝筹股的高等级债券能带来更高的收益，且风险也并不比后者大。1974 年，美国通货膨胀率和失业率攀升，信用严重紧缩，许多基金公司投资组合中的高回报债券被降低了信用等级，很多基金公司不计成本地卖出，这时候米尔肯觉得机会来了，他的"第一投资者基金"坚定地持有这些"垃圾债券"。在 1974—1976 年，这个专做垃圾债的"第一投资者基金"连续 3 年成为了全美业绩最佳的基金，规模迅速增长。也就是说，要想获得超过市场平均水平的收益，就必须在同等条件下挖掘出更多被低估的风险资产，而其基础就是风险定价研究。

19.3.2　市场交易主体

从历史经验来看，任何产品都始于个人投资者的尝试，壮大和发展于机构投资者的加入。机构投资者的加入不仅可以解决个人投资者时间、经验不足的问题，还可以促进交易市场不断走向正规化、标准化发展，形成良性循环。

1. 机构投资者。

传统理财产品中，券商资管、基金、信托、保险等机构在可投资产品类别方面各自不同，但毋庸置疑的是，随着多层次资本市场的改革以及资产荒的来临，未来机构投资者可投资产品将不断扩大，包括作为非标准资产的 P2P 网贷债权，这可以从机构投资者近期资产配置以及市场交易品种的定价看出来。

（1）机构投资者争夺优质固定收益产品。

2015 年下半年，随着经济发展的趋缓，优质资产供应速度也不断下降，越来越多的资金涌入固定收益市场寻求避险，不少银行等机构投资者也不惜加杠杆争夺优质固定收益类资产。如今，不仅公司债大热，就连风险偏高的互联网信贷资产证券化产品也成了抢手货，收益率逐渐被压到极低的水平，如万科发行的五年期公司债利率与国开债比肩，就连没有外部担保增信的京东白条 ABS 产品利率都低至 5.1%。从发行规模上看，2015 年 8 月证券交易所新发公司债突破 1000 亿元，创单月公司债发行纪录。这也相当于去年全年公司债发行规模的 72%，当月在银行间市场发行的中票和企业债发行规模分别为 932.3 亿元和 195 亿元。随着标准化产品发行数量、发行金额的大幅提升，以及发行利率的不断下降，机构投资者也迫切需要找到新的投资品种。

随着 P2P 行业的不断发展，网贷基金等专业机构投资者的出现是必然趋势。相对普通投资者而言，机构投资者可能更专业，在尽职调查和分散投资方面更有优势。部分 P2P 平台甚至专门设有机构投资部，来对接行业里的机构投资者。

除了此前的网贷基金，信托与 P2P 合作已经在放贷环节展开。此前，已经有保险业人士表示，由于市场利率下行，保险资金也在寻找一些风险可控、收益稍高的"非标"资产进行投资。国外的 P2P 机构投资者较多，而国内 P2P 平台也已发展到了一定的阶段。但目前来看，机构投资者的数量和规模仍处在起步阶段。

（2）机构投资的两大资金投资通道。

在资金通道设计上，借鉴欧美成立私募基金以及投资信托的经验以及中国目前监管框架，投资资本未来将率先出现以集合信托产品、私募基金为载体的投资模式。

通过集合信托投资途径。根据中国银监会公布的《信托公司集合资金信托计划管理办法》规定，对于信托计划的投资去向，该办法没有明文规定，因此 P2P 债权资产可以纳入信托计划的资产池。

通过私募基金投资途径。中国证监会 2014 年 8 月公布的《私募投资基金监督管理暂行办法》：私募基金财产的投资包括买卖股票、股权、债券、期货、期权、基金份额和投资合同规定的其他投资标的。显然，P2P 债权可以被解释为"投资合同约定的"其他投资标的。

通过这些途径，更多机构投资者能够进入 P2P 债权投资。这里举保险资本进入情况的例子，自 2012 年开始，保险基金市场化改革路径初启，保险资本运用的束缚正在逐步去除，可投资产品得到极大丰富。截至 2014 年底，险资资金运用余额达 9 万亿元，综合投资收益率历经近几年来的低迷后，预计可达 7.8%，再创新高。"截至 2014 年 11 月，险资非标准资产配置比例为 21.29%，与 2012 年末占比不到 10% 相比，其发展速度十分惊人，综合投资收益率也创下新高，目前保险资金等资金通过这两大通道，投资 P2P 产品将不会是问题。

一方面，目前保险自有资金可以投资商业银行理财产品、信贷资产支持证券、信托公司集合资金信托计划、证券公司专项资产管理计划、基础设施投资计划、不动产投资计划、项目资产支持计划和其他保险资产管理产品等金融产品，只是不得投资单一信托。保险自有资本通过集合信托投资 P2P 债权是可行的。

另一方面，2015 年 9 月，中国保监会发布通知，明确保险资金可以设立私募基金，投资方向包括科技型企业、小微企业、战略性新兴产业、国家重点支持企业或产业。养老服务、健康医疗服务、保安服务、互联网金融服务等符合保险产业链延伸方向的产业或业态。而 P2P 当然属于互联网金融服务。所以，机构投资者通过信托和私募基金投资 P2P 产品在途径上已经具备可能性。

其他的大型机构方面，银行通过银信合作，无论是信托计划通过银行委托贷款，还是银行理财计划投资信托产品的途径均已明晰。而在券商方面，2013 年证监会 26 号文（即《中国证券监督管理委员会办公厅关于加强证券公司资产管理业务监管的通知》）第五条第 1 款第（一）项规定，未经许可不得投资票据等规定投资范围以外的投资品种；不得以委托定向资产管理或设立单一资产信托等方式变相扩大集合资产管理计划投资范围。但是，26 号文没有禁止其借道集合信托来放贷，所以，可以通过集合信托来投资 P2P 债权。

（3）对投资通道与大型机构的再思考。

作为通道的私募和信托还是有所区别，所有金融机构在开立时都需要注册资金，信托公司有"净资本管理"等，这些都是抵御风险的手段，而私募机构在一次私募投资中，往往自己出资只有 1%～5%，其背后没有更多的资金作为储备，一旦出现风险根本没有赔偿能力，而信托公司的刚性兑付目前还不会大面积被打破。

同时，目前大型机构还难以快速介入。一些 P2P 平台也和一些银行、资产管理公司谈过，双方都有合作意向，但最终没有能够完成合作，主要原因在于 P2P 平台的资产规模较小和风险匹配的问题。目前，多数 P2P 平台仍在强调"小额、分散",大部分的借款规模在几万元到几十万元不等,大额借款项目较少,而一般的银行、保险资金的规模均比较大。

2. 个人投资者。

在私募、信托作为投资主体的背景下,未来个人投资者通过上述机构投资者进行理财时,将面临投资者门槛、起投金额以及由此衍生的投资者穿透性问题。

(1)个人投资者门槛。

目前,在单个债权上,我国不像欧美国家建立了个人投资者准入门槛。但是基于上述信托和私募的通道方面,建立了个人投资者门槛,在投资人数、投资数额等方面均进行了限制,并对穿透性原则进行了规定。

集合信托方面,对于合格投资者人数,集合信托计划一般不超过50人,但如果单笔投资在300万元以上,则不受50人上限约束。投资金额方面,设立了3条标准,只要满足其中任一即可。

①最低金额不低于100万元人民币的自然人、法人。

②个人或家庭金融资产总计在其认购时超过100万元人民币。

③个人收入在最近三年内每年收入超过20万元人民币或者夫妻双方合计收入在最近三年内每年超过30万元。

实际业务中,因为第②项和第③项提供证明较为烦琐,同时可能涉及个人隐私,普遍采用第①条标准进行操作。

私募基金方面,有限合伙制和公司制度不能超过50人,契约型私募投资人数不超过200人。投资金额标准:家庭金融资产从200万元上升到300万元,同时新增起售金额100万元的要求(2项指标同时满足)。这里合格投资者认定明显比银监会的高净值个人标准要高,后者主要用于购买集合信托或高风险的银行理财计划。金融资产证明在实践中可能远非上述几项,比如证券期货保证金、委托贷款。民间借贷合同中的借款金额是否可以纳入?其他未上市公司股权是否可以,如果可以是否应该只按照其净资产相应比例计算?这些细节拿捏尺度在缺乏日常机构监管职能的情况下，私募基金活动空间很大。

（2）个人投资者穿透性问题。

一般谈及"穿透"问题有两层含义，一层含义是指在有多层产品嵌套时穿透识别最终的投资者是否为"合格投资者"。另外一层含义是指穿透识别最终投资标的，看是否符合投资范围，监管比例及风险计提等。这里主要探讨前一种形式的"穿透"。

政策层面无论是银监会、证监会还是保监会都是禁止借助互联网平台团购或募集他人资金参与资产管理计划。值得注意的是，去年信托100网站受到央行调查曝光，在业内引起争议。而有关合格投资者在集合信托的法规以及2014年银监办发〔2014〕99号文，都反复强调了"坚持合格投资者标准"、"投资者不得违规汇集他人资金购买信托产品"等问题。

19.3.3　对网贷基金在交易市场定位的不同视角

目前，金融产品交易市场主要分为银行间交易市场、交易所市场以及场外市场，而在网贷基金交易市场及定位这一方面，目前国内市场还是接近空白。从债权转让方式、份额化、交易功能等不同角度分析，网贷基金在交易市场位置会截然不同。

第一，类似于投资咨询机构。在纯债权交易模式下，网贷基金通过购买债券，实现债权的转移和市场化交易。

第二，类似于债券"承销商"。如果将债权按照份额发售角度进行分析，在这个位置进行了类资产证券化，对比小贷资产收益权等的资产证券化，网贷基金充当了类似于债券承销商的角色。

第三，类似于"交易所"这样的金融市场。如果把投资者预约与购买份额称为网贷基金的场外申购赎回市场，那么它的二级债权转让平台实质上成为上市型开放式基金的场内交易市场，这与LOF（交易所上市型开放式基金）存在很大的相似性。

或许在这方面，美国的Foliofn可以给我们一些启示。Foliofn由Steven

M. H. Wallman 在 1999 年建立，是在美国证券委员会（SEC）注册的自我清算的经纪交易商以及美国存托与结算机构（DTCC）的成员，同时也是美国金融业监管局（FINRA）成员，受 SEC 和 FINRA 的共同监管。作为一个实现自我清算的经纪交易商，Foliofn 也需由 FINRA 每年执行一次年度审计。

Foliofn 分别与 Lending Club 和 Prosper 合作建立了二级交易平台，这两个平台分开运营且账户不共用，但平台上流通的债券票据属性一致，交易方式也没有大的差异，因此理论上这些交易能在同一个平台上实现。甚至在此基础上，Foliofn 有望发展成一个开放的综合债权资产二级交易平台。由于该类债权票据被 SEC 认定为证券（与普通股票性质类似），因此平台上的二级交易作为证券业务接受监管。对这两个平台，Foliofn 都只是建设者、运营者，负责提供交易"场所"，撮合交易双方，不参与做市，但不排除有些达到一定规模的积极交易者持续地维持平台的流动性，担当着相当于做市商的角色。

按照此模式，未来网贷基金这些非标准债权的转让或许不限于各网贷基金自身平台，转而出现综合的债权资产二级交易平台。但是，国内与国外存在的差别毕竟不同，Lending Club 和 Prosper 平台上债权本身经过了资产证券化，而国内债权极少经过此过程，这些都对其未来的发展产生了不确定性影响。

在类二级市场上，还要解决的有账户的互联互通问题、产品的清算结算等问题。个人投资者通过证券公司股票账户，即可实现交易所债券的自助买卖。一般而言，可交易的品种包括国债、地方政府债、公司债、企业债（含城投债）、可转债等。此外，各类混合型、货币型、债券型、封闭式基金以及当前热度很高的分级杠杆债券型基金，也都可以在交易所市场直接买卖。在这一层面，未来债权投资的账户和报价系统的设计问题也将成为行业的关键问题，这些对于 P2P 债权及产品的定性，对未来市场格局的变化将是深远的。

20

未来展望

按照上述金融产品三层次分析体系，对网贷基金涉及的产品设计、交易结构设计、风险定价及法律监管的未来趋势进行分析。

20.1 产品设计的深入

未来债权投资，可能朝着这四个方向发展：一是投资领域会进一步扩大。二是基础资产多元化，主要指的是 P2P 平台债权将不局限于目前的物权、融资租赁、票据等资产，只要是现金流足够覆盖未来的还款本息，这些资产都能够作为底层资产，也可进行转让交易。三是风险定价和风险控制措施的市场化，未来不会完全依靠大型企业或银行的担保，一些结构化分级的风险措施会逐渐丰富起来。四是私募基金等机构投资者将越来越丰富。

而作为互联网产品设计，也要在设计理念和产品营销上遵循其独特特点。互联网金融的核心是大数法则、长尾普惠，核心是对数据算法、深度分析、模型匹配、标签分类、对产品和投资者等方面的理解程度。但当前一些平台吸引投资者的成本远超线下，且呈愈演愈烈趋势，这与互联网金融本质背道而驰。一些平台对金融产品和投资者认识不足，在产品精准营销上亟待提高。未来通过大数据获得投资者偏好，是互联网金融产品精准营销的基础。

互联网产品是短环节，可以省略中间很多环节，如实体经济环节中的打包、通道费用等。但是目前法律的诸多限制使互联网金融企业还要设计很多交易结构，无形之中把企业的成本提高了，真正的互联网金融中所有企业做的事情都是以技术去拉低成本。

同时，固定收益、浮动收益、结构化产品、主动管理型产品等方面存在持续深入的机会。在设计结构化产品时，其设计要素与参数的调查，客户需求的深入了解与个性化设计等方面，可以采取多样化的大胆的形式，比如增加对证券资产相挂钩的股票、期权等风险激进型产品的配置、配置一些流动性非常好的货币基金作为流动性缓冲、参与到实体项目的股权众筹或是旅游开发等利润较大的项目产品。在类资产证券化方面，衍生工具运用（如针对 P2P 产品的利率互换、风险对冲）也都会有广阔的发展空间。

文章的最后，不妨大胆来设想一下这样一款产品：用户在购买后，可以根据自己的风险偏好进行资金投资方向和份额的有效配置，以期到达理想的收益水平；而平台方则可为其设置一个基准线为 70%~80% 的 P2P 资产，剩下的部分可以配置到相对风险较高的期权、众筹项目中和风险缓冲的货币基金，这样即使高风险资产的收益没有达到预期水平，也可以通过 P2P 资产获得平衡，不至于出现亏损。其实，在相关监管措施还没有具体限制平台创新的优越环境下，P2P 平台和网贷基金完全可以进行丰富多元化的探索与尝试，产品的研发能力也必然会成为行业的核心竞争力。

20.2　创新交易结构设计

在一般产品中，交易模式中仅涉及融资主体、担保主体、资产管理机构及投资者，结构以一般债权为主线，嵌套较少、结构透明，较少出现多层级设计。随着委托贷款、买入返售、售后回租、名股实债、可转债等方式的使用，出现了多交易手段设计。未来 P2P 及网贷基金行业引入特定资产收益权和有限合伙企业（发起私募基金嵌套）等多种模式，增加交易层级和交易方式，将多种结构叠加设计，在一定程度上将成为未来方向。

在上述交易结构设计中会面临结构嵌套层数增加、重叠性日益增强、风险隐蔽度趋高的问题，模糊化了权责关系、提高了风险管理的难度，从而对投资者的项目评估及甄选的能力都提出了极大考验，这对 P2P 债权机构投资者提出了更大的挑战。

而这需要互联网金融市场环境真正培育起来。因为没有一个完善交易市场和配套服务提供者，"真实出售"和"破产隔离"这些特征都难以实现，产品的定价困难，"赌性"较大，投资者不太愿意接受这种东西。因为没有配套服务提供者，资产证券化产品难以使用衍生工具管理对冲风险，评级业务仍然缺乏足够的公信力支持。正因为上述限制，目前我们只能看到部分平台有"类"证券化产品的尝试，难以见到真正的互联网金融证券化产品。

20.3 更加精细化的风险定价和风险管理控制

P2P 投资从偏宏观管理向注重微观投资管理转变。目前 P2P 投资更多偏向依靠强交易对手或担保人的选择、牺牲或让渡部分投资收益以降低投资风险。在未来去担保的大环境下，已经征信市场、信用评级市场的完善，后续将更多地从大数据等从互联网技术出发，重新审视各类别资产和标的市场化风险定价，持续开展对流动性及供需对定价影响的量化分析。表 20 - 1 为 Symfonie Lending Fund 对不同等级下的违约率大数据统计分析。

表 20 - 1　　　SYMLF 对几大网贷平台自身各等级违约率统计表

Country	Website	A	B	C	D	E	F	G
US	Prosper. com	1.1%	1.8%	2.6%	3.1%	7.2%	12.2%	8.2%
US	Lendingclub. com	0.8%	1.7%	2.6%	3.1%	3.6%	4.8%	7.2%
UK	Zopa. co. uk	1.0%	2.0%					
UK	Ratesetter. com	0.4%						

续表

Country	Website	A	B	C	D	E	F	G
UK	Fundingcircle. com	0.7%	1.7%	2.3%				
UK	Thincats. com	1.5%	1.0%					
France	Pret – d Union. fr	0.4%	0.4%					
Estonia	isepankur. ee	3.3%	6.0%	4.8%	5.5%	8.2%	16.4%	
Germany	auxmoney. de	1.0%	1.5%	2.8%	2.9%	3.8%	3.4%	

20.4　法律监管分析

通过不断创新而产生的互联网金融品种，无论是在机构形式、运营模式、产品投向还是投资者等方面，都与传统理财机构的理财产品存在很大差别。

本文将横向比较互联网金融创新产品与传统理财产品在监管层面上所面临的差异，并结合中外监管方式分析国内互联网金融行业未来的监管重点。

受益于国民经济快速增长和居民财富积累，2014 年我国财富管理市场规模已突破 130 万亿元人民币。大众阶层、富裕人群、高净值人群差异化的投资需求导致不同类型理财机构的出现，除了传统的商业银行、证券公司、信托公司、基金管理公司、保险公司外，第三方理财机构、P2P 平台、网贷基金等机构数量呈现快速增长，而不同类型的理财机构又促进了投资理财产品的多样化发展。

1997 年，南方基金公司成立，标志着基金业理财开始。1999 年，平安保险公司推出了"平安世纪理财投资连结保险"，开创了保险理财的先河。2001 年，《信托法》的颁布促使信托业务走上快速发展之路。2004年，光大银行推出了第一款理财产品，标志着我国银行人民币理财产品的诞生。2005 年 4 月，第一只券商集合理财产品——光大阳光面世；2014 年1 月，中国证券投资基金业协会发布了《私募投资基金管理人登记和基金备案办法（试行）》，私募基金首获合法地位。

我国传统金融业实行的是分业经营、分业监管体制，我国商业银行、证券公司、信托公司、基金管理公司、保险公司等各机构理财受到不同监管机构和不同法律、法规的约束，具体为：银监会负责监管商业银行和信托公司，证监会负责监管证券公司和基金管理公司，保监会负责监管保险公司，同时，各理财机构从产品设计、投资渠道、风险承受能力及收益率等方面都有所不同。

在产品运作的法律关系上，传统理财产品的模式具体如下：

信托类理财产品是指信托公司接受委托人的资金委托，依据委托人确定的管理方式，或由信托公司代为确定的管理方式，单独管理和运用货币资金以获得利息、投资收益等信托收益，按照信托合同约定定期将收益支付给投资者。

银行理财产品是指商业银行自行设计并发行，将募集到的人民币资金根据产品合同约定投入相关金融市场及购买相关金融产品，获取投资收益后，根据合同约定分配给投资者的金融产品。

证券公司集合理财产品是由券商推出的、类似私募基金性质的一种理财方式，而公募基金是向不特定投资者公开发行受益凭证的证券投资基金，其在法律的严格监管下，有着运行限制，信息披露，利润分配等行业规范。

在传统理财中，这些理财产品虽然是由不同的金融机构发行，运作方式也存在一定差异，但本质上均呈现为集合理财的性质，均是基于信托的原理，投资者与金融机构属于委托与被委托的关系。在法律规范方面，上述传统理财产品均有着成文的法律和条例规定。

而在新型理财产品中，P2P 投资分为纯信息中介模式和债权转让模式，纯信息中介模式即出借人根据需求在平台上自主选择贷款对象，平台不介入交易，只负责信用审核、展示及招标，以收取账户管理费和服务费为收益来源；债权转让模式又称"多对多"模式，是指借贷双方不直接签订债权债务合同，而是通过第三方个人先行放款给资金需求者，再由第三方个人将债权转让给投资者。目前，国内的网贷基金采取的是债权转让模式，即网贷基金利用自有资金购买 P2P 债权，然后将 P2P 债权打包转让给投资者。

对采取纯信息中介模式的 P2P 平台而言，目前确定由银监会监管，随着 P2P 监管细则（征求意见稿）的出台，行业监管将变得更加明确。

我们可以看到的是，随着行业竞争的加剧及业务模式的演变，部分 P2P 平台开始混业经营，其模式更加多样化。

首先，它们不断开展渠道建设，形成多资产的购买入口。许多 P2P 平台开始销售信托产品、基金、保险或资产管理产品，在这一点上，P2P 平台类似于第三方理财机构，且步伐较之第三方理财机构更加激进，这些公开宣传、面向不特定多数的销售性质对信托、私募等在投资者门槛、投资金额等方面有着严格的投资者保护的金融产品形成巨大挑战，"信托100"被叫停也源于此。2014 年银监会发文明令禁止信托公司委托非金融机构推介信托计划，导致大量以渠道为依赖的第三方理财公司难以为继，近日出台的监管细则明确规定 P2P 平台不得销售理财、资产管理、基金、保险或信托产品以及不得在互联网、固定电话、移动电话及其他电子渠道以外的物理场所开展业务，可以说基本上封闭了 P2P 平台作为第三方理财机构发展线下渠道的道路。

其次，各种"定向投资计划"和"委托定投"产品的设计使得 P2P 平台有了类集合理财的性质，这些产品或者是投向的具体资产并不明确，或者是投向了包含银行存款、委托贷款、信托计划、资产管理计划等资产的定向委托投资项目，从而造成直接或者间接归集资金的嫌疑，而 P2P 监管细则明确规定网贷信息中介机构不得非法集资，不得以任何形式代出借人行使决策，每一融资项目的出借决策均应当由出借人做出并确认，这就意味着众多有着"定向投资计划"或"委托定投计划"业务的 P2P 平台如不想关门就必须转型升级。

但对采取债权转让模式的 P2P 平台而言，我国目前仍没有针对性的法律法规，只在现行法律中提及不禁止债权转让。《中华人民共和国合同法》第七十九条规定"债权人可以将合同的权利全部或者部分转让给第三人，但有下列情形之一的除外：（一）根据合同性质不得转让；（二）按照当事人约定不得转让；（三）依照法律规定不得转让。"可见，债权部分转让不存在法律障碍，并且《合同法》及其他法律规定对于合同债权转让的金额起点、受让人人数没有任何限制。通过债权转让模式，P2P 平台可以灵活处理转让金额起点、受让人人数等问题。

随着 P2P 监管细则（征求意见稿）的出台与落实，不容置疑的是国内 P2P 行业将逐渐走上规范化发展道路，但也不可否认的是，目前出台的监管细则只是针对采取纯信息中介模式的 P2P 平台，限定它们的某些发展方向，而对于采取债权转让模式的 P2P 平台如网贷基金这种发展形态的监管政策仍是一片空白，究其原因，可能因其当下发展规模有限，并且与 P2P 债权的区分并不明显，所以被监管层选择性忽视。

在当前情况下，一方面中国将近 7 亿网络用户中超半数都已参与网络理财，用户渗透率几乎是所有互联网金融细分行业中最高的，网络理财已成为普罗大众阶层的重要理财渠道之一。另一方面，创新的金融产品对传统监管或现有规则形成挑战，而照搬传统监管对创新产品进行监管的思路并不一定正确。

众所周知，互联网金融相关产品以提供固定收益为主，基于长尾理论，产品面向普通大众，存在金额小、门槛低、流动性强的用户需求特点，而传统理财产品如信托、私募、集合理财都存在金额大、门槛高等特点，不能普惠所有投资者，所以市场上缺乏门槛在千元级别以上、百万元级别以下的基金、债券、私募或信托类固定收益金融产品，这个产品收益理应高于货币基金且期限较短，这是一个巨大的市场空白，需从业者开发新的产品来填补，也需要监管机构放开手脚。

资产管理业务是高净值的发展方向，而互联网理财的小额、大众特点决定了不能像资产管理产品一样进行限制,但美国的监管模式可以给我们启示。美国拥有几万家独立理财公司或事务所,理财市场极其庞大,为了满足投资者不同层次的理财需求,其理财产品是高度多元化的。从监管角度看,美国并没有专门针对第三方理财业务的相关法律,不过作为金融市场最发达的国家之一,美国对整个金融行业有着完备的法律法规监管体系,而这些法律法规从侧面对理财机构业务进行了规范和控制,2008 年次贷危机后美国政府在发布的金融监管改革白皮书中宣称,要保护消费者和投资者权益不受不正当金融行为损害,为了重建对金融市场的信心,需对消费者金融服务和投资市场进行协调的监管,而监管的核心是投资者权益保护。投资者权益保护主要集中在产品投资方向、投资主体、投资人数、起投金额、公开营销和广告、信息披露、收益风险匹配、资金托管等方面。

在互联网金融时代,渠道不是最终的决定要素,资产端的布局和风险控制则成为关键;在投资主体、投资人数、起投金额、公开营销和广告等方面进行限制与互联网本质背道而驰,所以产品投资方向、信息披露、收益风险匹配、资金托管等方面才是未来互联网金融行业的监管重点。一方面监管主体应要求相关 P2P 平台主动、详细地披露产品投资方向,揭示产品的风险收益情况。另一方面,监管主体也应建立消费者保护的协调合作机制,畅通理财机构投诉的受理渠道,并按照相关法律法规严格执法,规范处置理财机构管理发展中的各类欺诈、违约等失信行为。此外,还应加强投资者教育,提高投资者的风险意识和自我保护能力,推动投资者风险自担、理性选择,逐步打破刚性兑付,让投资者对于风险随收益上升的特性有一个理性的清晰认知。

在国家负面清单的政策监管下,笔者认为互联网金融理财业务的发展空间还是非常大的。P2P 平台等相关互联网金融创新研究机构应致力于建立强大的研究能力,体现在对投资者需求的细分、对投资产品的研究和对资本市场走势的研判等方面,通过与互联网金融有机结合,利用更便捷、透明、规范的渠道帮助投资者科学高效配置资产,实现共赢。

星火互联网金融研究院
P2P 平台风评报告案例——可溯贷

深度调研报告	可溯贷(第一版)

考察形式：线上+线下+大数据分析

国资系平台

——可溯贷(dai.kesucorp.com)

平台运营指标（近三周）	46 周	47 周	48 周
资金流入量（万元）	988.34	332.01	233.12
贷款余额（万元）	23485.9	24050.3	24058.7
满标时间（秒）	35628.0	43041.0	33456.0
借款周期（月）	2.9	2.2	1.9
平均借款额度（万元）	185.8	165.6	171.3
平均投资额度（万元）	3.4	2.8	2.8

资料来源：第三方数据平台

报告日期：	2015.12.14
评级：	BBB- （已纳入星火 X100 计划）
评级有效期	2016.3.1

当前平均收益率	10.09%
收益率区间	9%~14%
注册资金	5000万元人民币
投标保障	借款人还款来源
保障模式	第三方合作机构担保
风险准备金	无
公司网址	www.dai.kesucorp.com

近期收益率走势

撰写团队

报告负责人：杨立 岳崴 阮宏勋
研究员：丁燕 周叶 邓玉奇 雷星星
线上风控组：倪雪青 莫虹 唐林 罗赛梅
线下风控组：杨德 莫虹 袁沛丞
投资顾问：黄金鑫焘
大数据分析团队：黄震宇 彭力 吴红军

官方QQ群：480605540

联系人

姓名：丁燕
电话：18573410259
邮箱：dingyan@xeenho.com

平台隶属公司（国鼎文化科技产业发展股份有限公司）

成立时间	法人	股东及持股比例
2014 年 3 月 17 日	刘建英	华鼎国学研究基金会、刘允标、王平、徐力

变更时间	变更内容	变更前	变更后
2015 年 5 月 12 日	企业法人	宋军宏	刘建英

线下考察要点

	内容
要点 1	管理团队配置组织架构
要点 2	股权信息及占比
要点 3	线下业务标的信息真实性

风险分析与投资要点

➤ 平台优势	1.国资基金入股，实力较雄厚； 2.成立时间较长，知名度较大； 3.业务来源广，产品类型丰富； 4.运营模式较为新颖。
➤ 平台劣势	1.平台注册人数多，但实际投资人数少，人气较低； 2.未披露资产管理公司逾期回购协议等关键信息。
➤ 平台改进 建议	1.建议增强平台的信息披露程度，主要包括华鼎国学基金的情况、逾期回购协议等； 2.建议平台加强运营能力； 3.建议平台增加风险准备金保障制度。
➤ 投资建议	星火钱包评级为BBB-级，已纳入星火 X100 计划。风险中立型的投资者可以适量投资，推荐期限1~6个月。

免责声明

本报告仅供星火互联网金融研究院内部客户及员工使用。本研究院不会因接收人收到本报告而视其为本研究院当然客户。本报告仅为提供信息而发送，概不构成任何广告。

本报告信息来源于公开资料，本研究院对该信息的准确性、完整性或可靠性不作任何保证。本研究院对已发报告无更新义务，若报告中所含信息发生变化，本研究院可在不发出通知的情形下做出修改，投资者应当自行关注相应的更新或修改。

本报告中所指投资及服务可能不适合个别客户，不构成客户私人咨询建议。任何情况下，本报告中的信息或所表述的意见均不构成对任何人的投资建议。任何情况下，本研究院及研究院员工或者关联机构不承诺投资者一定获利，不对任何人因使用本报告中的任何内容所引致的任何损失负任何责任。投资者务必注意，其据此作出的任何投资决策与本研究院及本研究院员工或者关联机构无关。

市场有风险，投资需谨慎。投资者不应将本报告作为投资决策的唯一参考因素，也不应认为本报告可以取代自己的判断。

本报告版权仅为本研究院所有，未经书面许可，任何机构和个人（包括本公司内部客户及员工）不得以任何形式复制、发表、引用或传播。

本报告由星火互联网金融研究院对许可范围内人员统一发送，任何人不得在公众媒体或其他渠道对外公开发布。任何机构和个人（包括本研究院内部客户及员工）对外散发本报告的，则该机构和个人独自为此发送行为负责，本研究院保留对该机构和个人追究相应法律责任的权利。

目　　录

一、星火 **IFRM** 风控体系简介 ················· 270

二、平台基本信息 ···························· 271

  1. 平台概况 ····························· 271

  2. 平台保障 ····························· 272

三、借贷产品类型 ···························· 274

  1. 产品介绍 ····························· 275

    （1）优农企融贷 ···················· 275

    （2）优企供应通 ···················· 275

    （3）优企供应贷 ···················· 275

    （4）优抵速融贷 ···················· 276

    （5）优企保理通 ···················· 276

    （6）融资租赁通 ···················· 276

  2. 产品流动性 ·························· 277

  3. 产品期限匹配度 ······················ 277

四、三方法律关系 ···························· 278

  1. 投资人的权利与义务 ·················· 279

    （1）投资人的权利 ·················· 279

    （2）投资人的义务 ·················· 279

  2. 可溯贷网络技术服务的权利简介 ········· 280

五、平台公司治理及关联企业情况 ·············· 282

  1. 公司股东与治理结构 ·················· 282

  2. 公司关联企业 ························ 284

    （1）关联平台：可溯电商 ············· 285

    （2）关联平台：可溯查 ·············· 285

（3）关联企业：浙江国鼎力合资产管理有限公司 ……………… 285

（4）关联企业：杭州开农生态科技有限公司 ………………… 286

六、星火风险考察——FOW 定性评估体系 ……………… 287

1. F 类指标评估 ………………………………………………… 288

2. O 类指标评估 ………………………………………………… 288

3. W 类指标评估 ………………………………………………… 288

七、星火风险考察——TOS 量化评级体系 ……………… 288

1. 平台基础实力 ………………………………………………… 289

2. 平台运营实力 ………………………………………………… 290

3. 平台保障实力 ………………………………………………… 290

4. 信息透明度 …………………………………………………… 291

5. 用户体验感 …………………………………………………… 292

八、星火尽职考察——O2O 尽调体系 ………………… 292

1. 基本信息核实情况 …………………………………………… 293

2. 管理团队考察 ………………………………………………… 293

3. 公司组织结构和管理制度尽调考察 ………………………… 294

4. 公司主营业务考察 …………………………………………… 294

5. 项目风控流程考察 …………………………………………… 295

九、星火风险跟踪——DW 动态监测 ………………… 295

1. 大数据动态监测 ……………………………………………… 296

（1）平台现金流 ……………………………………………… 296

（2）综合利率 ………………………………………………… 297

（3）借款集中度 ……………………………………………… 297

（4）未来待收数据情况 ……………………………………… 297

（5）平均满标时间 …………………………………………… 298

（6）借款期限 ………………………………………………… 299

（7）投资借款人数 …………………………………………… 299

（8）新老投资者情况 ……………………………………… 300

2. 舆情监测 ……………………………………………………… 301

（1）关于提现 ……………………………………………… 301

（2）关于利率 ……………………………………………… 301

（3）关于信息披露 ………………………………………… 301

十、平台总结 …………………………………………………… 302

1. 平台本身优势分析 ………………………………………… 302

2. 平台本身劣势分析 ………………………………………… 302

3. 风险收益特征分析 ………………………………………… 302

十一、星火建议 ………………………………………………… 303

1. 平台改进建议 ……………………………………………… 303

（1）星火评级 ……………………………………………… 303

（2）平台改进建议 ………………………………………… 303

2. 投资建议 …………………………………………………… 303

投资评级系统说明 …………………………………………… 304

图表目录

图 1　星火 IFRM 风控体系流程图 ……………………………… 271

表 1　国鼎文化科技产业发展股份有限公司股东详情 …………… 282

图 2　可溯贷管理团队详情 ……………………………………… 283

图 3　可溯贷股东信息 …………………………………………… 284

表 2　公司对外投资企业 ………………………………………… 284

图 4　公司对外投资情况 ………………………………………… 285

图 5　FOW 定性评估体系 ……………………………………… 287

图 6　TOS 量化评级体系 ……………………………………… 289

表 3　线下核实后的可溯贷有限公司基本信息 ………………… 293

表 4　可溯贷管理团队考察信息 ………………………………… 293

图 7　公司架构图 ………………………………………………… 294

图 8　风控流程图 ………………………………………………… 295

表 5　平台近一周基础数据 ……………………………………… 296

图 9　近期现金流情况 …………………………………………… 296

图 10　综合利率走势 …………………………………………… 297

图 11　借款集中度 ……………………………………………… 298

图 12　未来待收情况 …………………………………………… 298

图 13　平均满标时间 …………………………………………… 299

图 14　平均借款期限走势 ……………………………………… 299

图 15　投资、借款人数走势 …………………………………… 300

图 16　新老投资者人数变化走势 ……………………………… 300

表 6　星火投资评级系统 ………………………………………… 304

一、星火 IFRM 风控体系简介

星火钱包（简称星火）IFRM 风险管理体系是结合我国 P2P 借贷市场，建立起的以 FOW 定性考察体系、TOS 量化评级系统、O2O 尽职调查体系、DW 动态监测体系等具体风险管理方法或体系为核心的全方位的 P2P 借贷风险管理体系。该体系结合国际著名的 SymLend、PLC、Eaglewood Capital Management 等 P2P 投资机构的风险管理经验，从线上大数据采集到线下现场尽职调查，全方位考察了 P2P 借贷平台的 500 余个客观的风险评判指标，实现对 P2P 借贷投资全方位的风险管理。

首先，FOW 定性考察是风控体系的起点，它考察了 P2P 借贷平台的投资安全性，是入选指标体系。

其次，TOS 量化评级系统在定性考察的基础上，探究了 P2P 平台可获取数据的指标，建立定量评价指标体系，识别深层次运作模式；紧接着 O2O 尽职调查体系从线上数据探取过渡到线下调研，实地认证 P2P 平台的透明运营和监管程度。这二者是深度评价指标体系，也是 IFRM 体系中体量最大的一部分。

最后，在前面三个体系的支撑下，运用 DW 动态跟踪预警指标体系，对平台进行数据、舆情等方面的及时监控，持续跟踪改进 IFRM 的评价结果，甚至是 FOW 或者 TOS 指标体系的改进。

具体体系流程图如下：

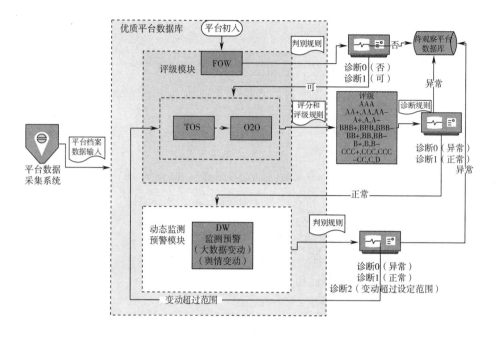

资料来源：星火互联网金融研究院。

图 1 星火 IFRM 风控体系流程图

二、平台基本信息

1. 平台概况

平台名称：可溯贷（www. dai. kesucorp. com）

隶属公司：国鼎文化科技产业发展股份有限公司

法定代表人：刘建英

注册资本：5000 万元人民币

公司位置：杭州市上城区望江东路中豪·望江国际 1 幢 15F

新公司成立时间：2014 年 3 月 17 日

上线时间：2014 年 9 月

平台背景：国资系

经营范围：

许可经营项目：预包装食品兼散装食品的批发兼零售（凭《食品流通许可证》经营）。一般经营项目：文化策划、文化创意的推广服务，投资管理，实业投资，资产管理，市场营销策划，商务咨询，农产品的技术开发与技术服务，电子商务的技术开发、技术咨询，计算机系统集成，投资咨询，互联网信息咨询，金融信息咨询服务，企业管理咨询，培训服务（不含办培训班），初级食品农产品、旅游用品、休闲用品、机械设备、计算机软硬件及辅助设备、电子产品的销售。

主营业务：金融信息服务

债权转让：无债权转让机制

自动投标：不支持

手机 APP：有 APP 系统，设计 IOS 和 Android 两版。

来自星火的 Tips：

①平台无债权转让机制，导致流动性不足。

②暂不支持自动投标，投标方式受到限制。

2. 平台保障

资金安全方面，可溯贷通过汇付天下进行第三方资金托管，客户投资资金不通过公司账户划付，而是第三方支付公司接收到客户的投资、提现指令后操作。

产品保障方面，可溯贷建立了四级保障体系：

①供应链管理公司。签署质押物无条件回购担保，保障投资本息安全；

②第三方资管公司。出现风险，T＋1 回购逾期债权、投资收益有保障；

③镜像仓库货物质押。投资者对质押物实时视频监控，心中有数、收

钱不愁；

④携手电商监管借款用途。有银行级资金用途监管，货在哪儿，钱去哪儿，一清二楚。

就具体借款标的而言，平台的借款标的包括优农企融贷、优企供应通、优企供应贷、优抵速融贷、优企保理通和融资租赁通六大类。

其中优农企融贷和优抵速融贷分别以土地承包经营权质押和不动产抵押作为第一重保障；在借款人无法足额偿还本金和利息时，第三方合作资产管理公司收购债权，确保投资人的本息安全。

优企供应通、优企保理通和融资租赁通是通过应收账款折价80% ~ 90%的借款；原债权人提供无限连带担保责任；平台会设立应收账款专户，监管应收账款的归集及回收，保证本息足额、按时偿还。

优企供应贷是以优质的抵押物并由第三方评估机构评估的产品，在借款人无法足额偿还本金和利息时，第三方合作资产管理公司可收购投资人针对该笔标的的债权，确保投资人的本息安全；法人企业相关股东为项目本金、利息、罚息提供不可撤销的无限连带责任保证担保；平台还会设立应收账款专户，监管应收账款的归集及回收，保证本息足额、按时偿还。

总的来说，平台对优质低风险借款项目进行了严格筛选，并通过"可溯"三网平台牢牢掌控了融资客户的资金流、货流和信息流，严格审核借款用途的真实性，严格控制借款划付的一致性，严格监控应收账款回笼的稳定性，定期更新企业生产经营状况，保证还款来源的有效性。打造严谨科学的风控体系、线上线下无缝化对接的商业模式、完善的贷后检查和风险对冲机制，为投资人撑起抵御风险的保护伞。

来自星火的 Tips：

①总的来说，可溯贷较为注重贷前监管。风控团队会对项目进行实地调查，包括征信系统、公安系统、税务系统、工商系统、车辆管理系统、房屋管理系统等。

②平台产品类型较多，不同的产品有不同的保障方式，以应收账款为

借款依据的产品类型主要通过借款人的无限连带担保责任和对应收账款的监管作为还款依据；其他产品主要以质押物和第三方合作资管公司的回购作为保障依据。平台对回购协议等内容并未公示。

③平台本身目前并未设立风险准备金保障制度，如果能有风险准备金制度的话，平台的保障制度就更加完善。

④资金安全方面，当前平台主要是通过汇付天下进行第三方托管，平台自身不接触资金。根据线下了解，平台已根据新规要求积极和银行洽谈合作，并已基本落实，只待上线。星火将持续跟踪相关进程。

⑤信息安全方面，平台官网显示，有和 CFCA 金融认证中心进行合作，具体的合作协议，平台暂未公示，星火将后续跟进。

⑥法律安全方面，可溯贷所有项目标的的产生过程，全程由浙江金道律师事务所进行法律审核。且平台实现了和安存系统、e 签宝的合作。

三、借贷产品类型

可溯贷平台的核心运营理念是 P2FD（Person To Farm Data）运营模式，这是可溯贷为打造智慧农业产业生态圈而首创的一种农业产业相关的垂直化互联网金融投融资模式。旨在利用互联网大数据化下的信息技术，调动社会优质资源对优质农业企业及社民的创新发展进行资金、信息以及销售支持。

互联网追溯系统平台、互联网金融系统平台、互联网电子商务系统平台，共同构成了可溯智慧农业产业生态圈发展的"三驾马车"。

其中，可溯贷是该智慧农业产业生态圈系统中的金融平台，旨在利用互联网金融产品，为智慧农业产业生态圈发展提供必需的信息以及资金的扶持，解决体系中企业发展中的资金缺口。针对优质小微企业、农业企业的互联网金融服务平台，建立多层风控体系保障投资客户利益。运用先进的技术手段和风控体系，打造以智慧农业产业生态圈行业细分服务的、具有鲜明自身特色的新型互联网金融服务平台。

具体到可溯贷平台上产品而言，可将其分为优农企融贷、优企供应通、优企供应贷、优抵速融贷、优企保理通和融资租赁通六大类。

1. 产品介绍

（1）优农企融贷

优农企融贷：遵循支持农业发展的基本国策，积极推动传统农业可持续发展转型，创新发展现代化新型农业，互联网＋农业＋金融。

通过企业所在的地方政府推荐，选择优质农产品生产、种植及加工企业，实地尽职调查；土地承包经营权作质押，地方政府协助平台建立可溯查系统监督生产情况；第三方合作资产管理公司为融资项目提供本金保障支持，在借款人无法足额偿还本金和利息时，可收购投资人针对该笔标的的债权，确保投资人的本息安全。

企业金融项目信息透明度高，借款项目可查，具体资金流向未公开。

（2）优企供应通

优企供应通：选择优质供应链中核心企业扩大生产的融资需求，盘活生产贸易型企业应收账款的沉淀资本，增强企业资金流动性。

应收账款折价80%，由专业律师审核基础交易合同，审核合同条款，应收账款的真实性与合法性，印章真实性、原债务人开具的验收证明和原债权人的发货证明，并由原债务人通过银行电子票据系统针对该基础交易向原债权人开立电子承兑票据；设立应收账款专户，监管应收账款的归集及回收，保证本息足额、按时偿还。

（3）优企供应贷

优企供应贷：选择优质供应链中核心企业，及时有效解决其生产经营，原材料采购的融资需求，增强企业活力。

优质抵押物由专业第三方评估公司评估，法人企业相关股东为项目本金、利息、罚息提供不可撤销的无限连带责任保证担保，设立应收账款专户，监管应收账款的归集及回收，保证本息足额、按时偿还；第三方合作资产管理公司为融资项目提供本金保障支持，在借款人无法足额偿还本金和利息时，可收购投资人针对该笔标的的债权，确保投资人的本息安全。

（4）优抵速融贷

优抵速融贷：线下精选优质借款人及优质抵押物，从源头把控风险；不动产抵押，抵押率低，发生违约，抵押品快速变现处置，保障投资人债权的偿付；实地尽职调查，确保资金用途真实；提供本息保障支持，在借款人无法足额偿还本金和利息时，第三方合作资产管理公司收购债权，将投资人隔离在风险之外。

（5）优企保理通

优企保理通：优选应收账款保理项目，通过以明保理的应收账款收益权转让的融资方式，发掘企业核心价值，提高原债权企业的资金使用率，增加企业收益。

应收账款折价保理：应收账款保理总额为基础交易产生的应收账款的80%；信息披露透明真实，原债权企业关联公司及个人承担连带保证责任；设立应收账款账户监管：保理商设立应收账款监管专户，监管应收账款的归集及回收，保证本息足额、按时偿还。

（6）融资租赁通

融资租赁通：优选融资租赁公司推荐的设备融资项目，通过以设备的应收账款质押的方式，补充融资租赁公司流动资金需求。

资金使用周期短，应收账款总额为基础交易产生的应收账款的90%；信息披露透明真实，原债权人及股东为项目提供不可撤销的无限连带责任担保；引进第三合作担保公司，增强项目抗风险能力；设立应收账款专户，监管应收账款的归集及回收，保证本息足额、按时偿还。

来自星火的 Tips：

①目前可溯贷发的标的主要为优企供应通和优农企融贷，结合可溯贷线上标的，农业、企业贷相关标的信息披露较充分。

②可溯贷还有一大产品类型：正大项目集。它是由正大集团旗下正大饲料公司推荐，为其采购饲料的经销商和养殖户发放饲料采购专项贷款。正大集团作为第三方，根据饲料订单合同真实性保证，追溯贷款资金使用，融资金受借款人委托直接打入正大账户用于饲料采购，保证用于育肥、养殖，正大和养殖户签订收购协议，销售回笼资金由正大直接打入可溯贷还款账户。借款人养殖的生猪销售由正大收购，经正大集团根据饲料订单合同保证贸易真实性的养殖户。此外，借款人需缴存 5% 保证金，需与正大合作 1 年以上，优先选择有正大驻场人员或区域经理管理的养殖户。

③正大集团是世界上最大的华人跨国公司之一，亚洲品牌 500 强，亚洲十大最具影响力品牌，是第一家投资中国的跨国公司，业务涉及农牧食品、商业零售、金融、房地产、机械制造、制药等多个行业。集团董事长谢国民先生为泰国首富。自 1979 年正大集团进入中国市场至今，创立了"正大饲料"、"正大食品"、"正大种子"、"正大蛋品"、"正大制药"、"大阳摩托"、"正大名茶"、"正大广场"、"卜蜂莲花超市"、"正大综艺"等知名品牌，为中国百姓家喻户晓，在行业内无人不知。

④正大项目集产品的发标量目前还不太多，对平台产品整体的质量提升和增信作用还比较有限。

2. 产品流动性

可溯贷产品种类众多，标的平均期限近 10 周保持在 2 个月左右，但所有产品均没有转让机制。整体来看，可溯贷产品的流动性较为可控。

3. 产品期限匹配度

基于可溯贷产品转让机制和流动性的缺乏，其产品的期限对投资者来说显得尤为重要。近期的标的主要以优企供应通和优农企融贷为主。

优企供应通的借款期限一般是 1~3 个月，优农企融贷的借款期限一般为 1 个月，优企供应贷的借款期限为 3 ~ 6 个月。

来自星火的 Tips：

①星火对可溯贷的评级为 BBB－，根据星火评级系统，建议对可溯贷产品的投资期限以短期标的为主。

②目前，可溯贷平台主要以优企供应通和优农企融贷这两款产品为主打。

③优农企融贷的涉农产品主要分为抵押类型和合作类型：抵押类型为传统金融型产品，以农业类抵质押为主，由农产品（与农业公司合作 4 ~ 5 折回购）资产管理公司提供回购；合作类型产品是与大型农业公司、养殖公司合作，如正大集团（专做猪饲料的集团公司）和其他农业公司的保理业务、蓝天集团的（羊屠宰商，目前有 1000 万元的应收账款，北京粮食集团提供回购）股权质押等。

四、三方法律关系

可溯贷是国鼎向"互联网＋农业＋金融"智慧农业产业生态圈的落地走出的重要步骤，与"可溯电商"和"可溯查"共同组成了三大体系。该生态链的业务逻辑是从优质农业企业发展的资金需求、销售需求以及用户对农产品使用安全整个流程出发，通过互联网大数据实现有机结合，将农村、农业、农民范围中的符合要求的需求采用垂直载入、平行串行的模式分别对应上传至以上平台，从而实现产业链的无缝连接。

可溯贷作为该生态产业链的金融角色，其线上主要通过电子协议来明确各相关主体的权利与义务以及法律法务关系。具体而言，可溯贷的资产标的来源主要是依靠线下，很少存在关联到线上借款人的借款协议与担保协议，故在此不做分析；关联到平台与投资人法律法务关系的电子协议，主要是由一份电子协议体现：投资人注册可溯贷平台账号时，平台会出具一个名为"可溯网用户注册协议"的电子协议书；而在投资具体产品时，相关投资协议只有在投资成功后平台方才给予公示。

根据注册协议的电子合同，可溯贷规定，协议内容除了包括协议正文外，还包含了所有在网站已经发布的或将来可能发布的各类规则，且规则与协议正文具有同等法律效力。

此外，可溯贷有权根据需要不定时地制定、修改协议或各类规则。针对新的内容，用户通过登录或继续使用网站服务等行为来表示对新修订内容的认可与接受。

1. 投资人的权利与义务

关于注册协议体现的法律法务关系，主要体现在注册用户（投资人）与可溯贷平台的权利义务关系上。从权利与义务的关系上来说，用户的权利也就是可溯贷的义务，用户的义务也就是可溯贷的权利。

（1）投资人的权利

投资人有保护个人隐私的权利，在未授权可溯网透露其姓名、地址、电子邮箱和笔名信息的情况下，可溯网不得透露。法定的披露义务和另有约定的除外。

投资人在成为可溯网注册用户之后，有权享受平台提供的包括但不限于可溯贷、可溯电商、可溯查等各类服务。

投资人有权备案、查看、核对相关电子合同。

投资人有权根据实际情况随时中断一项或多项服务，具体可以通过不再使用可溯网站信息服务和通知网站停止服务等方式完成。否则后果自行承担。

（2）投资人的义务

投资人有义务确保其注册信息真实、及时、有效及完整。否则可溯网有权暂停或终止其注册账号，并拒绝其使用可溯网服务的部分或全部功能，由此所产生的任何直接/间接支出或损失均由用户承担。

投资人有义务确保其投资资金来源的合法性。

投资人有义务根据其使用的服务事项，向可溯网或其相关联公司支付相应的服务费用。

投资人对其使用超出服务范围而引起的一切费用需要负全责。费用项目包括但不限于律师费用、违反服务条款的损害补偿费用以及其他第三人使用其电脑、账号和其他知识产权的追索费。

投资人对因其个人过错而导致的损失需要承担责任，这些过错包括但不限于决策失误、操作不当、遗忘或泄露密码、密码被他人破解、使用的计算机系统被第三方侵入、委托他人代理交易时他人恶意或不当操作等。

投资人须授权可溯网，在涉及相应法律及程序要求时，由可溯贷平台代为提供其信息资料。

投资人须对违反国家法律规定及本协议条款所产生的一切后果承担法律责任。在这种情况下，可溯网做出的相应处理方式无须提前通知，也不必要征得投资人的同意。

投资人同意，当其严重违反可溯网相关规则时，可溯网有权将其信息和资料编辑进入网站黑名单，并对黑名单进行披露。同时，可溯网为了催收逾期借款或其他审核之用，还有权将投资人的信息资料与任何第三方进行数据共享，由此而造成的损失，可溯网不承担法律责任。

投资人决定终止可溯网服务时，有义务清偿所有应付款项，申请注销该注册用户名。

投资人同意，在其使用可溯网提供的网络服务时，可溯网对服务涉及境内外基础电信运营商的移动通信网络的故障、技术缺陷、覆盖范围限制、不可抗力、计算机病毒、黑客攻击、投资人所在位置、投资人关机或其他非网易技术能力范围内的事因等造成的服务中断、发送信息内容的丢失、出现乱码、错误接收、无法接收、迟延接收等事项均不承担责任。

2. 可溯贷网络技术服务的权利简介

在可溯网用户注册协议里，可溯网提到，平台是通过自有的操作系统为用户提供服务的。并且，整个协议的重点除了明确法律法务关系，还着重介绍了可溯贷的网络技术服务以及相应权利。

具体而言，可溯网提供的网络技术服务内容主要包括交易信息发布、居间撮合服务、为用户之间订立合同提供媒介服务以及其他客户服务等，交易各方的交易内容和风险应由各方自行承担。具体详情以可溯网当时提供的服务内容为准。

当用户勾选同意注册协议内容时，即代表：

①用户授予了可溯网基于提供网站服务的目的对其提供的资料及数据信息拥有全球通用的、永久的、免费的使用权利。

②用户同意接受可溯网通过电子邮件、手机短信或其他方式发送的商业信息。

③用户同意在享受可溯网提供网站服务的过程中接受可溯网以各种方式投放各种商业性广告或其他任何类型的商业信息。

④用户授权可溯网及其代理机构、合作担保机构向中国人民银行金融信用信息基础数据库和其他依法设立的征信机构查询其信用信息，以便核对用户的注册信息，了解其他可能影响其履约能力和信用评价的综合信息。

⑤用户同意在不违法透露其隐私资料的前提下，可溯网有权对整个用户数据库进行分析并对用户数据库进行商业上的利用。

⑥用户同意可溯网使用其相关资料以解决争议、处理纠纷；同意可溯网通过人工或自动程序对其资料进行评价。

⑦用户同意可溯网通过 Cookie 来实现联机体验的个性化。

⑧用户同意其用户名注销后，可溯网仍有权继续使用其在接受网站服务期间发布的所有信息。

来自星火的 Tips：

①该协议中，投资人的行为方式本身具备了一定的法律效力。如勾选我接受注册协议，即代表同意以上所有规则；当可溯网修改规则后，投资

人如果登录或者继续使用平台提供的网络技术服务，即代表了对新规则的认可。

②协议中明确表示，平台只是纯粹的网络技术服务提供者，不涉及和投资人的借贷关系。

③可溯网对网络技术服务的权利较为重视，可推测其在大数据构建和相应商业模式上是有所布局的，再结合到可溯智慧农业生态圈（可溯贷金融＋可溯电商＋可溯查物流）的构建，不难理解这一事实。

④可溯贷实现了与 e 签宝、安存公证等机构的合作，以此保障了相关电子合同的安全性与合法性。投资人只有在投资成功后方能在个人中心页面查询、公证、下载所投项目标的 PDF 加密电子数据合同。

五、平台公司治理及关联企业情况

1. 公司股东与治理结构

可溯贷由国鼎文化科技产业发展股份有限公司运营，据全国企业信用信息公示系统，该公司成立于 2014 年 3 月 7 日，法人代表为刘建英，注册资本 5000 万元人民币。根据平台公示的 2014 年 8 月 12 日由浙江正大会计师事务所出具的验资报告显示，注册资本 5000 万元为实缴出资，其中华鼎国学研究基金会出资 1000 万元，占股 20%，刘允标出资 2350 万元，占股 47%，徐力出资 900 万元，占股 18%，王平出资 750 万元，占股 15%。

表 1 国鼎文化科技产业发展股份有限公司股东详情

股东详情				
序号	股东姓名	职务	认缴出资额（万元）	出资比例（%）
1	华鼎国学研究基金会		1000	20
2	刘允标	监事	2350	47
3	徐力	监事	900	18
4	王平		750	15

资料来源：第三方征信系统。

宋军宏CEO 华鼎国学研究基金会理事

从事农业产业近二十年，对于中国传统农业产业在新形势下的发展和创新有独特的见解和实践经验，并率领家族企业向现代企业制度成功转型。2014年，看到了农业互联网领域的发展前景，提出了农业三合一平台的概念，首创智慧农业产业发展生态圈的模式。在华鼎国学研究基金会支持下，发起成立国鼎文化科技产业发展股份有限公司，担任CEO。2015年被华鼎国学研究基金会聘任为理事。

刘栋COO 常务副总经理

曾分别就职于银河证券（从事行业分析及上市公司研究工作）、浦发银行（从事信贷工作），有近8年的银行信贷从业经验。自2011年起开始自主创业，实操过数十亿规模的金融资本运作，具有开放的互联网思维及全面的金融理论基础，对金融产品设计、运作模式理解深刻，在互联网金融领域有着丰富的运营规划和管理经验。
2014年与合伙人共同创建互联网金融平台——可溯贷。

王借男CTO 技术总监

拥有PMP项目管理认证，连续创业者，于2008-2013年合伙创立网络游戏研发公司，曾参与中国电信、中国移动多款大型互联网创新产品的研发，2014年加入国鼎股份，负责技术战略把控与产品研发工作。多年来，坚持游走于产品与技术之间，在把握产品设计的同时，也注重产品的技术实现，在项目管理、产品设计、用户体验、数据挖掘方面具有丰富经验。

赵小燕CFO 财务总监

曾在盾安控股集团有限公司及下属子公司工作十年，担任财务经理，具备全面的财务管理专业知识和丰富的账务处理经验，在资本运作领域有着丰富的实操经验，擅长从财务角度对公司发展进行战略支持，精通金融风控的各个环节，精通财务预算管理和财务分析，熟悉资金管理和税收筹划。

资料来源：可溯贷官网。

图 2　可溯贷管理团队详情

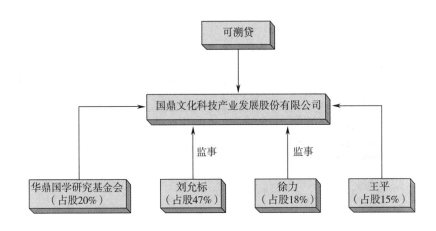

资料来源：第三方征信系统。

图 3　可溯贷股东信息

2. 公司关联企业

国鼎文化科技产业发展股份有限公司同时运营三家平台：可溯贷、可溯电商、可溯查，三家平台以农业产业链为核心，分别从融资需求、销售渠道及数据资源为切入点，试图打造完整的农业产业链闭环。可溯贷隶属运营公司国鼎文化科技产业发展股份有限公司对外投资两家公司浙江国鼎力合资产管理有限公司和杭州开农生态科技有限公司，其中浙江国鼎力合资产管理有限公司由国鼎文化科技产业发展股份有限公司全资控股，法人代表为刘建英。国鼎文化科技产业发展股份有限公司出资 127.5 万元、占比 85% 控股杭州开农生态科技有限公司。

表 2　　　　　　　　　　　　公司对外投资企业

序号	机构名称	法人代表	机构状态
1	浙江国鼎力合资产管理有限公司	刘建英	在营（开业）
2	杭州开农生态科技有限公司	谢树荣	在营（开业）

资料来源：第三方征信系统。

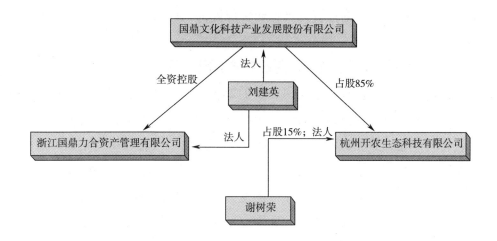

资料来源：第三方征信系统。

图 4　公司对外投资情况

（1）关联平台：可溯电商

可溯电商是基于农产品销售的互联网电子商务平台，目前有两类项目可溯茶品及可溯生鲜，其中可溯茶品为中国大宗茶贸易打造的专业 B2B 互联网商务平台，担任信息发布、交易撮合、金融服务的作用；可溯生鲜利用自身的平台优势，为买方提供品种繁多、物美价廉的优质食品。

（2）关联平台：可溯查

可溯查是基于农产品追溯的质量追溯平台，通过物联网数据采集，将智慧农业产业落实在生产、仓储、运输等环节，做到产品品质安全有据可查，同时为可溯电商和可溯贷提供数据支持，平台正联合国内主流的食品安全研究人员和机构，开发一套便捷实用的农产品追溯系统。目前可溯查并未正式上线。

（3）关联企业：浙江国鼎力合资产管理有限公司

浙江国鼎力合资产管理有限公司成立于 2014 年 4 月 8 日，2015 年 4 月 13 日法人代表由薛伟变更为刘建英，注册资本 2000 万元人民币，由国鼎文化科技产业发展股份有限公司全资控股，企业类型一人有限责任公司（内资法人独资），经营范围：资产管理，投资管理，投资咨询，实业投资，市场营销策划，商务咨询，企业管理咨询，计算机软件开发，技术咨询服务。

（4）关联企业：杭州开农生态科技有限公司

杭州开农生态科技有限公司成立于 2001 年 3 月 13 日。2014 年 7 月 25 日法人代表由董帅变更为谢树荣，注册资本 150 万元人民币。其中，国鼎文化科技产业发展股份有限公司占股 85%，谢树荣占股 15%。企业类型私营有限责任公司（自然人控股或私营性质企业控股）。经营范围：服务；生态农业、农业种植技术的开发；批发零售；预包装食品（上述经营范围在批准的有效期内方可经营）、服装，服饰，纺织品，灯具，家具，日用百货，旅游用品，休闲用品，茶叶（限茶青），机械设备，汽车配件，计算机软硬件，金属材料，化工原料（除化学危险品及易制毒化学品），香精香料，建筑材料，装饰材料，橡胶制品及原料，五金交电，工艺美术品，包装纸；货物进出口（法律、行政法规禁止经营的项目除外，法律、行政法规限制经营的项目取得许可后方可经营）。

来自星火的 Tips：

①可溯贷所属公司国鼎文化科技产业发展股份有限公司法人在 2015 年 5 月 12 日有过一次变动，由宋军宏变更为现在的股东刘建英，董事会成员也发生过多次变更，2015 年 10 月 13 日公司经营范围增加了金融信息咨询服务。

②据线下了解到的信息，该法人变更事项的缘由是宋军宏于 2015 年成为华鼎国学研究基金会理事。基金会的业务主管单位是国务院参事室，根据规定，理事会成员不适合担任企事业单位法人。

③可溯贷所属公司国鼎文化科技产业发展股份有限公司 3 位自然人股东未实际参与公司运营管理。

④可溯三合一平台模式设计合理，试图打造农业产业链闭环，目前未全部上线，若将来实现有助于平台对风险的把控。

六、星火风险考察——FOW 定性评估体系

　　FOW 定性评估体系是入选指标，只有当平台 FOW 体系的数据达到标准，才会对该平台进行进一步的 TOS 数据的搜集。FOW 体系是从定性角度考察 P2P 借贷平台投资安全性的评价系统，它将无法定量评价的指标归总为 F（禁止）、O（观察）和 W（预警）三个方面，考察平台 32 个指标，具体包括 5 个 F 指标、14 个 O 指标、13 个 W 指标，力求公正客观。

　　其中，F 从提现反映、（草根平台）创始团队、涉诉信息、自融嫌疑、假标现象等指标进行体现，O 从成立时长、运营规模、拆标嫌疑、过度估值、法人变更等指标进行考量，W 则从合作纠纷、负面舆论、机构/大户紧急撤资、平台转型、业务逻辑等指标进行核查。该体系定性评价平台的综合实力，各指标下又涵盖相应的细项指标。

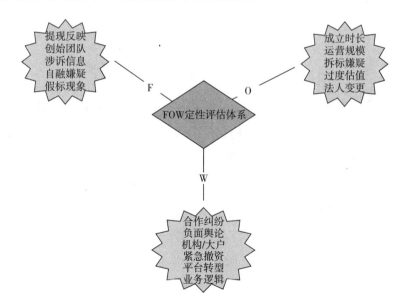

资料来源：星火互联网金融研究院。

图 5　FOW 定性评估体系

1. F 类指标评估

无。

2. O 类指标评估

①拆标嫌疑：存在拆标现象，暂未发现金额超过 500 万元。

优企供应通 ｜ 201045：授信总额 240 万元，分 5 期融资，前 4 期各融资 50 万元，最后一期 40 万元，利率都为 10.50%，借款期限都为 3 个月。比对其他标的，结论可溯贷每笔授信，拆分金额，未拆期限，到平台分期发标融资。

②更换企业法人：可溯贷所属国鼎文化科技产业发展股份有限公司于 2015 年 5 月 12 日，企业法人由宋军宏变更为刘建英。

3. W 类指标评估

无。

来自星火的 Tips：

可溯贷暂未涉及 F、W 指标，涉及 O（拆标嫌疑但暂未发现拆标前授信额超过 500 万元、更换过企业法人）指标。后续观察后得到的信息是，企业法人的变更是基于政府规定的要求。

七、星火风险考察——TOS 量化评级体系

FOW 定性评价体系只是对 P2P 借贷平台进行初期的大致判断，要加强评价的公正客观程度，还需依托于围绕定量指标进行分析评估的 TOS 量化评级体系。

TOS 量化评级系统是 IFRM 评价体系中最重要最深入的一部分，是一个定量测度 P2P 借贷平台投资安全性的评价系统，运用层次分析法和不确

定决策方法，从平台基础实力、平台运营实力、平台保障实力、信息透明度和用户体验感五个测度和细分 80 个指标着手，全面考察了平台的综合实力。

此外，如若该平台进行了 O2O 线下调研，那么 TOS 中所涉及的指标数据以 O2O 线下调研数据为准。

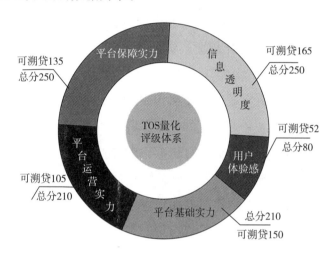

数据来源：星火互联网金融研究院。

图 6　TOS 量化评级体系

1. 平台基础实力

可溯贷平台 2014 年 9 月 14 日正式上线，目前平台运营已超过 1 年。隶属于国鼎文化科技产业发展股份有限公司"可溯"三合一平台，公司注册资本 5000 万元，由浙江正大会计师事务所有限公司进行审验，证实注册资本 100% 实缴。其中华鼎国学研究基金会指导并出资 1000 万元，占股 20%，平台对外公示验资报告及公司基本证照。华鼎国学研究基金会是经由中华人民共和国民政部核准登记的全国性非公募型基金，原始基金数额为人民币 2000 万元，业务主管单位为国务院参事室。

可溯贷平台资金由汇付天下全程托管。

2014 年 5 月，可溯平台荣获由商务部、工信部、国资委三部委权威核准的信用评级机构——中国互联网协会信用评价中心认证颁发的 2014 年中国互联网信用认证企业资质，评为 AAA 级（最高级别），全国 P2P 行业只有 3 家平台获得此认证。2015 年，可溯贷获得"浙江省十佳互联网金融创新企业"的荣誉。

从官网信息来看，平台的高管团队具有较好的金融行业和互联网行业背景，平均从业年限在 10 年以上，实力较强。

来自星火的 Tips：

①可溯贷运营公司注册资本实缴 5000 万元，并出具了相应的验资报告，注册资本是否抽逃无法确认。

②可溯贷专注农业产业，项目类型以农业产业链关联企业借贷为主，同时为丰富平台产品类型，引入部分非涉农产品。

③可溯贷公示了平台的管理团队，管理团队专业素质较好，人员配置合理。

2. 平台运营实力

可溯贷官网公布的运营数据包括累计成交量，累计收益及会员人数，未出具平台运营报告。

截至 2015 年 11 月 30 日，可溯贷累计成交额达到 6.8 亿元，注册会员 1037311 人。

来自星火的 Tips：

①平台公布的财务数据有限，同时未出具过平台的运营报告，这使得投资人无法及时、准确地了解平台的运营情况。

②根据第三方数据和舆情显示，平台的运营能力不强，人气较差。

3. 平台保障实力

可溯贷平台是 P2FD 模式，业务较庞杂，分涉农项目及非涉农项目，目前有优农企融贷、优企供应通、优企供应贷、优抵速融贷、优企保理通、融资租赁通、正大项目集七大类产品。

平台未设立风险准备金，不同类型产品的安全保障方式有所不同，其中优农企融贷、优企供应贷、优抵速融贷三类产品引入第三方资管公司，在借款人无法足额偿还本金和利息时，第三方资管公司可收购投资人针对该笔标的的债权，确保投资人的本息安全。优企供应通、优企保理通、融资租赁通三类产品属于供应链金融，以应收账款作为借款依据。

来自星火的 Tips：

①可溯贷标的种类较多，标的全部来源合作的第三方公司，以供应链金融为主，不同类型的产品引入不同的保障机制，投资人在投资时应了解具体项目的不同保障机制。

②供应链管理公司和第三方资管公司的回购协议平台未给予公示。

③优企供应通、优企保理通、融资租赁通三类产品的保障体系以应收账款内在的保障要素为主，未引入其他保障措施。

4. 信息透明度

可溯贷标的信息较透明，供应链金融产品披露了借款需求、借款用途、借款企业基本信息（基本证照、营业状况、营业范围、借款企业背景、诉讼信息、法人身份证复印件、借款企业资产评估报告）、抵质押物信息、第三方合作机构简介及意见。

但关于借款合同、第三方机构逾期回购协议等关键信息，平台披露得不够。借款合同只有在投资成功后方能查询，第三方机构逾期回购协议平台没有公示。

交易明细的披露时限：所有标的均可在项目列表查看。

可溯贷官网公布的财务数据包括累计成交量，累计收益及会员人数，无逾期借款人黑名单。

来自星火的 Tips：

①平台运营公司股东之一华鼎国学研究基金会，是经由中华人民共和国民政部核准登记的全国性非公募型基金，业务主管单位为国务院参事室，提升了平台外部监督的力度。

②可溯贷的借款信息披露不完整，供应链金融产品公示了应收账款付款企业名称，较为合理，不过标的详情中未披露任何合同文件，对参与的各个主体法律关系不明朗。投资者在投资成功后可以查询到相关合同，但明确的回购协议仍然未给予公示。

5. 用户体验感

可溯贷 P2P 无官方论坛，有官方 QQ 群，可供投资人投资交流。除在投资人交流群中进行讨论之外，投资人有问题时也可以联系平台客服，一般情况下能够及时地得到客服的解答。

目前可溯贷标的较为充裕，无须抢标，据统计，平均每日发标数量在 2 ~ 4 个，平台无债权转让功能，无净值标功能，不过平台借款期限较短，投资人可以根据自己时间有效配置资金。

平台收益率水平吸引力一般，提现需收取 2 元/笔的手续费，一定程度上降低了用户满意度。

来自星火的 Tips：

在线客户虽有专人值班，但用户体验不佳，一般以自动回复为主，进入官方 QQ 群需注册实名用户。

八、星火尽职考察——O2O 尽调体系

星火对可溯贷提出了关于基本信息、人事、组织结构、管理制度、市场、风控体系、IT 技术、财务、合作机构以及项目真实性核查等多方面尽调要求，但是由于公司资料、制度方面的限制，星火仅仅了解到其中一部分内容，主要包括管理团队、风控制度和主营业务方面。调查情况如下所示：

1. 基本信息核实情况

以下是国鼎文化科技产业发展股份有限公司的企业基本信息:

表 3 线下核实后的可溯贷有限公司基本信息

公司名称	国鼎文化科技产业发展股份有限公司	法定代表人	刘建英
注册地址	杭州市西湖区龙坞乡塘家桥 工业区 1 栋	注册资本/实缴资本	5000 万元/ 5000 万元
办公地址	杭州市上城区望江东路 中豪·望江国际 1 幢 15F	风投	—
公司成立日期	2014 年 3 月 17 日	性质	民营
股东	华鼎国学研究基金会	刘允标	王平	徐力
出资/持股比例	1000 万元/20%	2350 万元/47%	750 万元/15%	900 万元/18%

数据来源:星火 R 计划线下调查表。

来自星火的 Tips:

可溯贷隶属于国鼎文化科技产业发展股份有限公司,华鼎国学研究基金会出资 1000 万元,占股 20%,根据可溯贷副总刘栋的介绍华鼎国学研究基金会不仅带来了资金,同时借助自身优势给可溯贷引进资源,如项目合作机构、数据合作机构等。

2. 管理团队考察

星火线下调研团队对可溯贷相关高层管理人员进行调研,考察情况如下:

表 4 可溯贷管理团队考察信息

姓名	调研	职务	简介
宋军宏	线上	CEO	从事农业产业近二十年,对于中国传统农业产业在新形势下的发展和创新有独特的见解和实践经验,并率领家族企业向现代企业制度成功转型。2014 年,看到了农业互联网领域的发展前景,提出了农业三合一平台的概念,首创智慧农业产业发展生态圈的模式。在华鼎国学研究基金会支持下,发起成立国鼎文化科技产业发展股份有限公司,担任 CEO。2015 年被华鼎国学研究基金会聘任为理事
刘栋	线下	COO	曾分别就职于银河证券(从事行业分析及上市公司研究工作)、浦发银行(从事信贷工作),有近 8 年的银行信贷工作经验

姓名	调研	职务	简介
赵小燕	线上	CFO	曾在盾安控股集团有限公司及下属子公司工作十年，担任财务经理，具备全面的财务管理专业知识和丰富的账务处理经验，在资本运作领域有着丰富的实操经验，擅长从财务角度对公司发展进行战略支持，精通金融风控的各个环节，精通财务预算管理和财务分析，熟悉资金管理和税收筹划
王倩男	线上	CTO	拥有 PMP 项目管理认证，曾参与中国电信、中国移动互联网产品研发

数据来源：星火 R 计划线下调查表。

来自星火的 Tips：

可溯贷在其官网上公布高管团队，从线下调研获取的信息来看，其公示的管理团队均真实参与公司实际管理。可溯贷向星火提供了信贷经理及法务人员的简历，人员素质较高，工作经历丰富。

3. 公司组织结构和管理制度尽调考察

公司各部门人员数量如下：金融事业部 31 人，技术研发中心 11 人，电商事业部 4 人，财务中心 3 人，人力资源中心 4 人，行政中心 9 人。

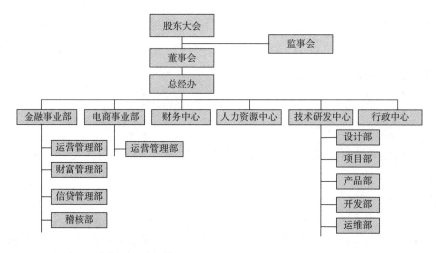

数据来源：星火 R 计划线下调查表。

图 7　公司架构图

4. 公司主营业务考察

平台主要产品有优农企融贷、优企供应通、优企供应贷、优抵速融贷、优企保理通、融资租赁贷六种。此外线上线下相互验证后，确认了平台还有正大项目集这一产品线。

正大项目集：根据正大饲料公司推荐，为其采购饲料的经销商和养殖户发放饲料采购专项贷款。正大集团作为第三方，提供饲料订单合同的真实性保证，追溯贷款资金使用，融资金受借款人委托直接打入正大账户用于饲料采购，保证用于育肥，养殖，正大和养殖户签订收购协议，销售回笼资金由正大直接打入可溯贷还款账户。正大驻场人员提供担保。

5. 项目风控流程考察

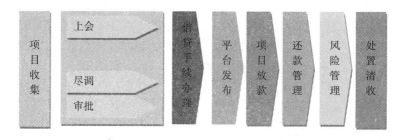

数据来源：星火线下 R 计划调查表。

图8　风控流程图

九、星火风险跟踪——DW 动态监测

DW 指标体系主要作用于 P2P 网贷平台的动态监测，对于异常情况进行预警，是 IFRM 系统能够成为动态生态系统的重要组成部分，其具体评价指标基本已经包含于 TOS 定量指标体系中。

DW 动态监测预警包括两方面，分别为大数据分析监测和舆情监测。其中，大数据分析监测主要包括平台现金流变化、综合利率变化、借款集中度变化、新借款和未来待收数据变化、平均满标时间变化、投资借款人数变动、标的金额变化和单笔借款投资额度等内容；舆情监测主要包括投资人反馈、平台或背景企业的媒体或其他渠道新闻动态、机构投资者投资动态和星火内部投监群等内容。

1. 大数据动态监测

数据显示，可溯贷自 2014 年 3 月上线累计成交额 6.8 亿元，注册会员 1037311 人。截至 2015 年 11 月 30 日，贷款余额为 20562.62 万元，平均借款期限 1.85 个月，平均满标时间 511.57 分，平均借款金额 103.33 万元，平均投资金额 0.56 万元。平台综合利率 9.65%，呈下降趋势。

表5   平台近一周基础数据

贷款余额（万元）	综合利率	借款人数	投资人数	平均借款期限（月）	平均借款金额（万元）	平均投资金额（万元）	平均满标时间（分）
2740	9.65%	49	730	1.85	103.33	0.56	511.57

统计时间：2015.11.24—2015.11.30。

数据来源：第三方数据平台。

（1）平台现金流

可溯贷的现金流持续为正，状况较好，在 45 周附近，未有明显加息活动，投资人数降低，11 月 10 日《可溯币 up！up！up！财富大爆炸》活

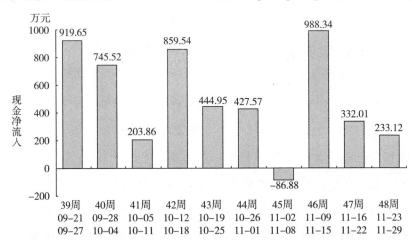

注：现金流 = 新借款 - 待收款。

数据来源：第三方数据平台。

图9 近期现金流情况

动上线人气回暖，现金流略有增加趋势。

（2）综合利率

行业降息潮的到来，可溯贷也未能幸免，其维持在 9.8% 左右的利率呈明显下降趋势。46 周即《可溯币 up! up! up! 财富大爆炸》活动上线时间，利率短期增幅较大，新老投资人体验完新鲜感，利率回落。

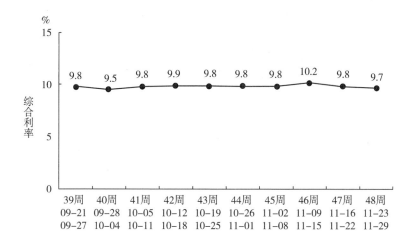

数据来源：第三方数据平台。

图 10　综合利率走势

（3）借款集中度

可溯贷平台标的大概可分为优农企融贷、优企供应通、优企供应贷、优抵速融贷、优企保理通和融资租赁通。企业质押标占比比较大，而企业质押标借款人也比较集中。这直接造成平台虽然标的种类众多，但集中度相对较大，平台前 5 名借款占比已达 44%，风险聚集度较大。

（4）未来待收数据情况

可溯贷总贷款余额为 20562.62 万元，未来 8 周待收如图 12 所示，第 50 周至第 52 周待收压力较大，平均待收额度在 650 万元以上；从第 53 周开始待收压力降低。考虑到可溯贷平台平均借款期限 1.85 个月，且多为企业借款，金额较大，未来 5 周待收压力大，在情理之中。

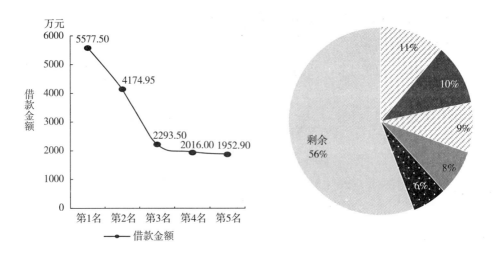

数据来源：第三方数据平台。

图 11　借款集中度

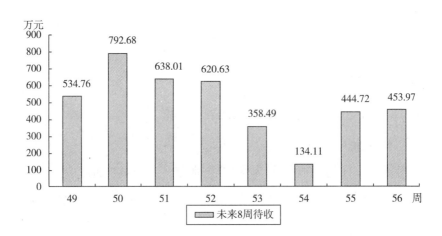

数据来源：第三方数据平台。

图 12　未来待收数据情况

（5）平均满标时间

可溯贷拆金额发标也没避免满标时间较长，近 10 周来满标时间平均为 511.57 分，且从第 43 周开始，管理团队加强运营，成功策划的活动促使满标时间明显下降。

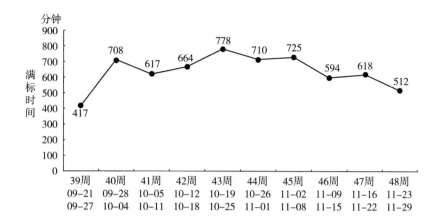

数据来源：第三方数据平台。

图 13 平均满标时间

（6）借款期限

可溯贷标的期限最短 1 个月，最长 6 个月，近期发标情况以 1 月标的与 3 月标的为主，6 月标的较少。

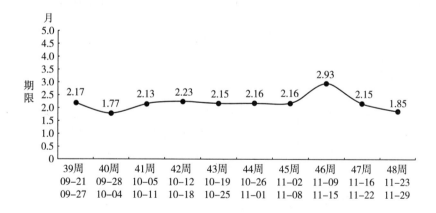

数据来源：第三方数据平台。

图 14 平均借款期限走势

（7）投资借款人数

可溯贷平台的借款人数和投资人数略有下降趋势，由于多为企业借

款，借款人数较少，也反映出借款较集中。

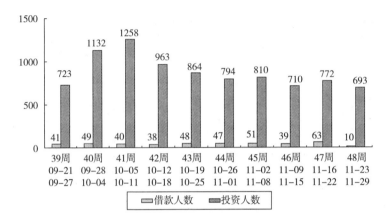

数据来源：第三方数据平台。

图15 投资、借款人数走势

（8）新老投资者情况

可溯贷42周后每周老投资人平均在700人左右，较43周前增长了一倍多；新投资人呈下降趋势。老投资人的积累也能反映平台综合能力。

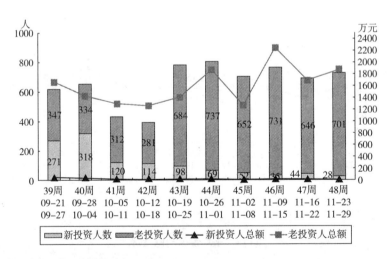

数据来源：第三方数据平台。

图16 新老投资者人数变化走势

2. 舆情监测

（1）关于提现

提现手续费 2 元/笔。有投资人反馈，提现到账时间长。

（2）关于利率

有投资人反馈，虽然现在已经降息，但有各种活动，综合收益还是很可观。

（3）关于信息披露

有投资人反馈，可溯贷平台的利率合理，羊毛比较厚，而且推广宣传力度较大，所以最近在网贷圈里还算小有名气。现在分析其中 1 个标的：

"优农企融贷 | 160033"，平台描述借款人成立于 2006 年，企业自主研发"眉茶加工过程酶控制技术及生产化生产"列入科技部星火计划项目，据此推断，借款人为安徽省石台县日新茶叶实业有限公司。公司为家族企业，实缴资本 500 万元。平台在一个月内对其放贷 200 万元，授信额度偏高。

从目前看来，平台的资金流较好，债权分散度较差，不过实际利率很高，典型的羊毛平台；平台的部分借款人存在授信额度过高的现象，而翻阅平台债权，发现许多借款人从事茶叶贸易。

来自星火的 Tips：

①关于提现：可溯贷提现手续费 2 元/笔，集中体现成本小。可溯贷投资人在确认提现后，资金会通过第三方托管汇付天下账户汇出，于 1 ~ 2 个工作日（双休和法定节假日除外）内到达投资人绑定的银行卡内，具体到账时间以收款银行为准。提现到账时间会较慢。

②关于利率：每月多多少少都有活动，如 11 月上线《可溯币 up！up！up！财富大爆炸》活动，投资送购物券等，算上活动收益，综合收益还是很可观的。

③关于信息披露：优农企融贷｜160033，可溯贷平台查有此标的，借款人为安徽省石台县日新茶叶实业有限公司属实，该授信还款来源为价值1200 万元的大宗茶，质押折扣率 3.3 折，且已存放质押仓库，防止重复质押授信，平台同时披露出质押物清单，风险可控。

十、平台总结

1. 平台本身优势分析

1）可溯贷平台于 2014 年 9 月上线至今，累计交易额 7.3 亿元，注册人数突破 100 万人。注册人数较多，有国资背景的华鼎国学研究基金会入股，增加一层信用背书，降低平台道德风险。

2）可溯贷产品丰富，涉农产品较新颖，另有强大背景公司合作，提供本息保障，在网贷平台的各类产品中竞争优势较大。

3）平台智慧农业生态链的运营模式较为新颖。

2. 平台本身劣势分析

1）可溯贷整体人气一般，满标速度较慢，收益偏低，对老用户的黏度不大。

2）平台标的信息透明度一般，未披露第三方合作机构逾期收购协议等关键信息。

3）平台产品以合作机构推荐为主，较为优质的正大项目集产品，发标量较少。

3. 风险收益特征分析

可溯贷的标的具有中等风险中等收益的特征，依据最近五年 P2P 网络借贷市场的数据，可溯贷的收益回报处于市场的中等位置。可溯贷竞争能力相对较高，风险水平相对中等，投资者可以根据自身的情况进行适当投资。

整体而言，可溯贷的管理团队经验丰富，产品多元化，并有国资基金入股，资金实力雄厚。但是考虑到平台只是作为信息中介的情况，推荐风险中立型的投资者进行适量投资。

十一、星火建议

1. 平台改进建议

（1）星火评级

综合可溯贷平台的优劣势及风险收益特征，还有此次线下调研考察的情况来看，星火在评级方面维持原评级，在新评级体系下表现为 BBB－级。

（2）平台改进建议

1）建议增强平台的信息披露程度，主要包括华鼎国学基金的情况、逾期收购协议等。

2）建议平台加强运营能力。

3）建议平台增加风险准备金保障制度。

2. 投资建议

由于其中等风险中高收益的特征以及国资背景的背书，基本可以排除该平台具有欺诈的动机，可溯贷的产品可以成为风险中立型 P2P 投资者的投资对象。

星火建议各位投资者对自己的流动资产进行合理的投资组合配置，可以将不超过 2.3% 的投资资金用于持有可溯贷的债权。期待在保持整体收益稳健的同时拥有更高收益回报的投资人，可以根据自身的风险偏好与资产状况，将对可溯贷的投资比例在 2.3% ~ 3% 的区间内浮动。

另外，根据可溯贷目前标的各方面情况的分析，建议投资者在选择可溯贷的债权时，可以适当投资流动性较高、期限较短的标的；可溯贷债权的期限多元化，投资者可以通过持有不同期限的债权对自己债权组合的流动性进行管理，并且，持有期限以 1 ~ 6 个月为最佳。区分平台保障措施进行挑选投资。

风险提示：星火提醒各位投资者，机遇与风险并重，忌盲目从众；投资前，勿忘对投资平台的风险与自己的风险期望做基本估计。

投资评级系统说明

星火互联网金融研究院在借鉴 P2P 投资机构的风险管理经验的基础上，结合市场探测和深度实地调研，将 P2P 借贷平台划分为 22 个等级，力求以客观分析和独到见解真实反映平台的偿债能力和偿债意愿。

表6　　　　　　　　　　　星火投资评级系统

	平台投资评级	原建议分散投资比例	原推荐期限
AAA 级	AAA	不超过总债权12%	1~24 个月 （一年之内最佳）
AA 级	AA +	不超过总债权10%	
	AA	不超过总债权8%	1~18 个月 （一年之内最佳）
	AA –	不超过总债权6%	
A 级	A +	不超过总债权4%	1~12 个月
	A	不超过总债权3.5%	1~12 个月
	A –	不超过总债权3%	1~12 个月
BBB 级	BBB +	不超过总债权2.8%	1~12 个月
	BBB	不超过总债权2.5%	1~10 个月
	BBB –	不超过总债权2.3%	1~10 个月
BB 级	BB +	不超过总债权2%	1~8 个月
	BB	不超过总债权1.8%	1~8 个月
	BB –	不超过总债权1.5%	1~6 个月

续表

	平台投资评级	原建议分散投资比例	原推荐期限
B 级	B +	不超过总债权 1%	1~6 个月
	B	不超过总债权 0.5%	1~3 个月
	B −	不超过总债权 0.3%	1~3 个月
CCC	CCC +	不超过总债权 0.1%	1 个月
	CCC		
	CCC −		
CC	CC		
C	C		
不投资级	D	不投资	不投资

星火互联网金融研究院

网址：www.xeenho.com

地址：岳麓区岳麓大道世茂铂翠湾商业区 4 楼

邮编：410005　电话：400 – 865 – 9559　官方 QQ 群：480605540